真昼の盗人のように

――ポストヒューマニティ時代の権力

スラヴォイ・ジジェク
中山徹 訳

青土社

イェラに捧ぐ、あ…を込めて！

目次

真昼の盗人のように

ポストヒューマニティ時代の権力

凡例

・本書は Slavoj Žižek, *Like a Thief in Broad Daylight: Power in the Era of Post-Humanity*, Allen Lane, 2018 の全訳である。
・傍点は原文でイタリック体によって強調されている個所を表す。
・原文の（　）はそのまま再現した。ただし訳文中で原語・原文・訳語の言い換えを提示する際にも（　）を用いた。
・〈 〉は原文で語頭が大文字になっている語句を表す。
・［　］は著者の、〔　〕は訳者による補足や注記を表す。
・引用文中の［…］は引用者による中略を表す。
・引用文の訳出に際し既訳を参照したところもあるが、訳文には文脈を考慮して変更が加えられている場合がある。
・主要人名索引は青土社が作成した。

序論——はじめにわるいニュース、次によいニュース……とはいえ、後者は前者よりわるいかもしれないが

アラン・バディウの『真実の生』(1)は、次のような挑発的な主張からはじまる。ソクラテス以来、哲学の機能は若者を背徳者にすること、若者を支配的なイデオロギー的‐政治的秩序から離反させる（というより、ブレヒトのいう「異化する *verfremden*」と同じ意味で「外来種化する extraneate」）こと、過激な懐疑の種をまいて若者が自律的に考えられるようにすることである、と。若者は普通、教育を受けることによって支配的な社会秩序に組み込まれる。支配的イデオロギーの再生産において若者の教育が重要な役割を果たすのは、そのためである。「最初の哲学者」ソクラテスが支配的イデオロギーの最初の犠牲者でもあり、アテネの民主主義的な法廷から死刑宣告を受けて服毒したのは、不思議ではない。そして、このように若者を煽《あお》ることは、悪——既成の生活様式を壊乱するという意味での悪——の別名ではないか。哲学者はみな若者を煽った。プラトンは古来の因習や神話を容赦なく合理的に吟味し、デカルトは中世の調和のとれた世界を壊し、スピノザは最終的に破門され、ヘーゲルは否定性というきわめて破壊的な力を解放し、ニーチェはわ

れわれの道徳の基盤から神秘性を取り除いた……。彼らがときに国家のおかかえ哲学者のようにみえたとしても、体制が彼らに気を許すことはなかった。ここでは、彼らと対になる存在、失われた均衡を回復し哲学と既成秩序とを融和させようとした「正常化」の哲学者についても考えるべきだろう。たとえば、プラトンに対するアリストテレス、活気ある初期キリスト教に対するトマス・アクィナス、デカルト主義に対するライプニッツ以降の合理主義的神学、ヘーゲル以後の混沌に対する新カント主義……についても、である。

ユルゲン・ハーバーマスとペーター・スローターダイクの組み合わせは、現代科学とくに脳科学と遺伝子工学の衝撃に対する彼らの反応からわかるように、この正常化と煽りとの対立を具体的に示す最新の例ではないか。今日の科学の進歩は、われわれの日常的な現実観の基本的前提を破壊するのである。

この科学の飛躍的進歩に対する態度は、四つ考えられる。第一の態度は、徹底的な自然主義を主張すること、すなわち、いかなる犠牲を払っても、たとえわれわれにとって意味のある経験領域の根本的な枠組みが破壊されるとしても、科学によって「現実から幻想を取り払う」という論理を勇敢に追求すること（脳科学においては、パトリシア・チャーチランドとポール・チャーチランドが誰よりも徹底してこの態度をとっている）。第二の態度は――最終的にはハイデガーのように――科学的アプローチの基底あるいは彼方に向かい、世界に関する独創的で本来的と思われる解釈に達しようとする一か八かの試み（主な例としては、宗教あるいはそのほかの精神性重視の態度があげられる）。第三のきわめて絶望的なアプローチは、科学的〈真理〉と前近代的な〈意味〉世界とのあいだの、ある種のニュー・エイジ的「総合」を試みること。その主張は、新しい科学的成果（たとえば量子物理学）によってわれわれは唯物論を捨て、なんらかの新たな（グノーシス主義的あるいは東洋的）精神性に向かわざるをえなくなる、ということである。この考え方の標準的なありようは、以下のとおりである。

二十世紀の主要な出来事は、物の衰退である。技術、経済、国家の政治において、物質のかたちをした富は、確実に価値と重要性を失っている。精神の力は、いたるところで物の野蛮な力よりも優勢になっている。(2)

この推論は最悪のイデオロギーをあらわしている。厳密な科学的問題（たとえば量子物理学における波動と振動の役割）を「精神対野蛮な物」というイデオロギー領域にあわせて書き変えることは、現代物理学における悪名高い「物の消滅」がもたらす真に逆説的な成果をうやむやにする。つまり、この「非物質的な」過程自体がいかにその精神性を失い、自然科学の正当なトピックとなったか、ということを。

これら三つの選択肢は、どれも体制にとって満足のいくものではない。体制は、ケーキを食べてもケーキがなくならない〔一度に二つの得をする〕ことを望んでいる。つまり、体制は経済的生産力の基盤として科学を必要とするが、同時に社会の倫理的‐政治的基盤から科学を取り除いておきたいのである。かくして、われわれは四つ目の選択肢、ハーバーマス（それ以外ではフランスのリュック・フェリー）をその今日的な典型例とする新カント派的な国家哲学を手にする。ハーバーマスは遺伝子工学の過激な成果を管理すること、そしてその哲学的な重要性を矮小化することを試みているが、それはどうにも哀れな光景である。彼の努力全体は、なにか重大なことが起こるのではないか、「人間」の新たな次元が出現するのではないか、人間の尊厳と自律性をめぐる旧来のイメージは無傷のまま生き残れるのか、という不安をあらわしている。ここでは、遺伝子工学とハイデガーをめぐるスローターダイクのエルマウ講演[3]に対する滑稽な反応のような過剰反応がよく起こる。遺伝子工学によってわれわれは新たな倫理のルールの創出を強いられるという（きわめて穏当な）問題提起をしたスローターダイクは、ナチ的な優生学の影響を指摘されたのである。科学技術の進歩は、われわれを「行き過ぎ」――遺伝子工学による遺伝子操作という禁じられた領域に足を踏み入れ、それによって人間性の核そのものを危険にさらすこと――へと向かわせる、ある種の誘惑としてとらえられているのである。

遺伝子工学をめぐる最新の倫理的「危機」においては、実際に、「国家哲学」と呼ぶにふさわしいものが求められている。「国家哲学」とは、要するに、一方で科学的研究と技術的進歩を推進しつつ他方でその社会的‐象徴的衝撃を封じ込める哲学、つまり、その衝撃が既存の神学的‐倫理的情勢にとって脅威にならないようにする哲学のことである。この要求にもっともうまく応えられる者が新カント派であるのは、不思議ではない。なぜならカント自身、どうすればニュートン科学をきちんと考慮しつつ、倫理的責任は科学の枠外にあるといえるのか、という問題に注目していたからだ。カントは、本人がそういっているように、信仰と道徳のための場を生み出すために知の領域を制限したのである。今日の国家哲学者は、これと同じ問題に直面していないだろうか。彼らの努力は、様々なかたちの超越論的反省を通じて、いかに科学をあらかじめ定められた意味の地平に限定するか、そして、いかに倫理的‐宗教的領域に対する科学の影響を「不当な」ものとして非難するか、ということに向けられるのではないか。この意味でハーバーマスは、事実上、(再)正常化の哲学者の最たるものである。彼は、われわれの既存の倫理的‐政治的秩序が崩壊しないように必死の努力をしている。

ユルゲン・ハーバーマスの全集は、いつの日か、煽るところのまったくない全集の最初の例となるのだろうか。ハイデガー、ヴィトゲンシュタイン、アドルノ、サルトル、アーレント、デリダ、ナンシー、バディウ、さらにはガダマー、いたるところでわれわれは不調和に遭遇する。正常化は根強い。未来の哲学――秩序への統合の完成[4]。

したがって、スローターダイクに対するこうしたハーバーマス的な嫌悪の理由は、明らかである。スローターダイクは究極の「煽るひと」、すなわち「危険な考え方をする」のをおそれないひと、人間の自由や尊厳、われわれのリベラルな福祉国家、等々の前提に異議を唱えるのをおそれないひとなのである。われわれはこのハーバーマス的な態度を「悪」と呼ぶのをおそれるべきではない――「悪」を、ハイデガーが素描したその語の基本的な意味で理解するならば。「思考はみずからに逆らって思考しなければならないが、にもかかわらず、めったにそれを実現できない。そうである以上、邪悪であるがゆえに深刻きわまりない危険は、思考それ自体である」[5]。ここでは次のように、ハイデガーの考えをさらにもう一歩おし進めるべきである。思考は、みずからに逆らって、慣習的な思考法に逆らって思考することに失敗するかぎりにおいて悪である、というだけではたりない。思考は、自由に「みずからに逆らって」思考する力をその核に秘めているかぎりにおいて、慣習的な思考からみて「悪」として現れざるをえないものなのだ、と。ここで決定的に重要なのは、このあいまいさに固執すること、そして、いうまでもなく、正常化と自由の深淵という二極のあいだに「妥協点」をもうけて手軽な解決策を見いだすという誘惑に逆らうことである。

とすると、われわれはこの対立のどちらか――「若者を背徳者にする」か、意味のある安定性を確保するか――を選ぶべきである、ということになるのだろうか。問題は、今日では単純な対立が複雑化していることである。今日のグローバル資本主義の現実には科学がすっかり溶け込んでいるため、この現実自体がわれわれを「煽る」。つまり、野蛮な哲学的思弁以上に衝撃的なやり方で、われわれの胸の奥に秘められた前提に抗議する。それゆえ哲学者の仕事は、社会の安定性の基盤となる階層的な象徴体系を掘り崩すことではもはやなく――バディウにもどっていえば――新たな自由の領域として徐々に立ち現れるニヒリズム体制の危険性を若者に認識させることなのである。われわれの生きる時代は、アイデンティティの基盤となりうる伝統が存在しない、快楽主義的な再生産を超えた生き方を可能にするような有意義な世界の枠組みが存在しない、そうした異常な時代なのだ。今日のニヒリズム――永遠の不安をともなったシニカルな日和見主義の支配――は、古い足かせからの解放として正当化されている。われわれは自分の性的アイデンティティをつねに自由につくりかえることができる、仕事あるいは職業だけでなく性的指向のような主体の秘められた特徴でさえ自由に変えることができる、というふうに。しかしながら、こうした自由の射程は、既存のシステムの枠組みによって、また消費者としての自由の実際的な機能によって、あらかじめ限定されている。ひとが我知らず選択し消費できる状態は、超自我の発する選択の義務へと変わる。この自由空間の特徴であるニヒリズムは、みずからを永遠に強化し続けなければ効力を発揮できない。その勢いが衰えた瞬間、われわれはこの運動全体の無意味さを自覚するからである。この〈新世界無秩序〉、この徐々に姿を現しつつある世界なき文明の影響は、若者に典型的に現れている。若者は、完全に燃えつきるという激しさ（性的享楽、ドラッグ、飲酒、はては暴力）と、成功するための努力（既存の資本主義的秩序の内部で勉強し、出世し、金を稼ぐ……）とのあいだで揺れ動いているからだ。かくして、永遠の侵犯行為が規範となる。今日のセクシュアリティや芸術における袋小路をみてみよ。新たな芸術的な侵犯行為と挑発（舞台上で自慰行為やマゾヒズム的な自傷行為をするパフォーマンス・アーティスト、動物の死骸や人間の排泄物を展示する彫刻家）をたえず生み出せという超自我の命令や、つねにより「大胆な」かたちのセクシュアリティに関与せよという類似した命令に従うことほど、退屈な、日和見主義的な、あるいは不毛なことがあるだろうか。

この狂気に根本的にとって代わる唯一の選択肢は、宗教的原理主義というさらにひどい狂気、すなわち、人工的に復興された伝統への暴力的な後退であるようにみえる。ここでの最高のアイロニーは、ある正統的な伝統(もちろん、でっちあげられたものである)への野蛮な回帰が究極の「煽り」として現れることである。若い自爆テロリストは、背徳的な若者のきわめて過激な存在形態ではないだろうか。今日の思考の大いなる使命は、この袋小路の概略を認識し、そこからの出口を見出すことである。伝統に対する忠誠が侵犯的な「煽り」に変わるという事態の根っ子にある、対立物の逆説的な一致は、最近起きたある出来事によって完璧に描き出されている。マケドニアのスコピオにある某ホテルに最近滞在したときのこと、わたしの連れ合いが部屋で喫煙できるかどうかをホテルに尋ねた。受付係の答えは実におかしなものだった。「もちろんできません。法律で禁じられていますので。ただし部屋に灰皿はあります。ですから喫煙しても問題ありません」。禁止と許可との矛盾は公然と受け入れられており、それゆえに無効化され、等閑視されていた。要するに、受付係のメッセージは「それは禁じられているが、実際にはご覧のとおりやられている」というものであった。この出来事はおそらく、今日のわれわれが置かれたイデオロギー的苦境を表す隠喩として最適のものであろう。

どうしてこのような状況になったのだろうか。弁証法的思考に対するアメリカ文化の最大の貢献は、医者が患者に「はじめにわるいニュース、次によいニュース」を語るという定型を用いた、いささか低俗なジョークである。一例をあげれば、「わるいニュースは、あなたは末期癌で余命一か月であるということ。よいニュースは、あなたは重度のアルツハイマー病なので、帰宅したときには、もうわるいニュースを忘れているだろうということです」。われわれは急進的な政治に対しても、同じようにアプローチするべきかもしれない。たびかさなる「わるいニュース」

――急進的な行為の場において多くの希望が無残にもついえてしまう事態は、ベネズエラのマドゥロとギリシアのツィプラスを両極端として広範囲にわたる――のあとでは、次のような主張をする誘惑にたやすく負けてしまう。そうした急進的行為には見込みがない、それははじめから失敗する運命にある、よりよき世界をめざす現実的で有効な変革を望んだところで、それはたんなる幻想であったのだ、と。われわれがなすべきことは、わるいニュースに代わる「よいニュース」を探すことではなく、われわれの観点を変え、わるいニュースを新たな視点からみることによって、わるいニュースのなかによいニュースを見いだすことである。生産のオートメーション化をめぐる展望を例にとろう。人々は、このオートメーション化によって必要な労働者の数が劇的に減り、失業が爆発的に広がるのではないかとおそれている。だが、なぜこの展望をおそれるのだろうか。それは、われわれみながいまほど働かずにすむ新しい社会の可能性をもたらすのではないか。よいニュースが自動的にわるいニュースに変わってしまう、われわれの生きるこの社会とは、いったいいかなる社会なのだろうか。わるい／よいニュースの例を、もうひとつあげよう。最近公表されたいわゆる〈パラダイス文書〉から得られる基本的な教訓は、超富裕層は慣習法に縛られない特殊区域に住んでいるという単純な事実ではないだろうか。

国家や連邦政府の規制に背いて進歩的な計画を推進する市長や市議会が市政を行っている都市をみればわかるように、現在、解放的な活動のための新たな領域が現れつつある。単一の都市（バルセロナ、ニューアーク、さらにはニューヨーク）から複数の都市のネットワーク――トランプ政府は生態系の危機と戦う活動を取りやめたが、合衆国の多くの地方自治体は最近になってこの活動の持続を決定した——にいたるまで、その例はいくらでもある。ここでの重要な事実は、国家の行政当局よりも地方自治体のほうがグローバルな問題に対して鋭敏であることが判明した、ということである。それゆえ、われわれはこの新しい現象を、国家の規制に対する地域社会の抵抗として単純化してとらえてはならない。地方自治体がかかわっているのは、ローカルであると同時にグローバルでもある問題、国家に二つの方向からプレッシャーを与える問題なのである。たとえば、バルセロナの市長は、難民に対して市を開放することを主張するが、その一方で、市に過剰な数の観光客が押し寄せることに反対する。

もうひとつの解放的な動きは、女性が集団となって男性の性的暴力を告発していることである。われわれはこの出来事をめぐるメディアの報道に惑わされて、実際に起こっていることを見過ごしてはならない。それはすなわち、画期的な変化、大いなる覚醒、平等の歴史の新しい一章にほかならない。男女間の関係は数千年をかけて規制され整えられてきたが、それはいまやことごとく疑問視され、くつがえされている。そして、いま抵抗しているひとたちはＬＧＢＴ＋という少数派ではなく、多数派つまり女性たちなのである。現在視界に浮上しつつあるのは、われわれがかねがね気づいていていながら公然と対処できなかった（対処する気のなかった、対処する覚悟のなかった）重大問題、すなわち、女性が実に多くの方法で性的に搾取されているということである。現在、女性たちの働きのおかげで、われわれの関心は、平等と相互尊敬という公式の主張の裏に隠されていた部分に向けられている。そして、それによって明らかになりつつあるのは、ほかでもない、われわれが現在こぞって行っている、イスラム諸国の女性抑圧に対する批判がいかに偽善的で一方的であるか、ということである。われわれは、われわれ自身が行っている抑圧と搾取の現実に向き合わねばならない。

あらゆる革命的な大変動についていえることであるが、この場合も多くの「不正行為」、アイロニー、等々が発生するだろう（たとえば、アメリカのコメディアン、ルイ・CKの芸は嘆かわしく卑猥であるが、あからさまな性的暴力とはみなせないと思う）。だが、われわれはやはりそうしたことにも惑わされてはならない。むしろ、将来の問題に焦点を合わせなければならない。国のなかには、家父長制以後の新たな性文化をすでに経験しているところがあるとはいえ（たとえば、アイスランドでは、結婚生活において生まれる子供は全体の三分の二であり、公的機関のポストには男性よりも女性のほうが多くついている）、喫緊の課題のひとつは、伝統的な求愛の仕方が激変するなかでわれわれが何を得、何を失うのかを探究することである。おそれや不安が不毛に醸成されるのを避けるためには、新たなルールをつくる必要があるだろう。さらに、ここではもちろん次の点にも用心せねばならない。主体の政治的正当性が犠牲者という身分によって保証されることがよくあるが、この覚醒がそうした事例のひとつになることは、避けねばならない。

今日の主体の基本的特徴は、自分をおのれの運命に責任をもつ存在として経験する主体と、自分は自分ではどうしようもできない環境の犠牲者であるという立場からおのれの言葉を権威づける主体との奇妙な結合ではないだろうか。他人との接触はつねに潜在的な脅威として経験される。誰かが喫煙すれば、あるいはわたしにむやみに視線を向ければ、そのひとはそれだけでわたしを傷つけたことになるのである。今日、この犠牲者化の論理は一般的なひろがりをみせ、セクシャル・ハラスメントやレイシャル・ハラスメントの標準的な事例にはおさまらなくなっている。そのことは、現在成長しつつある賠償金産業をみてもわかるだろう。その例は、合衆国におけるたばこ会社による取引、ナチス・ドイツ時代のホロコーストの犠牲者や強制労働者による賠償金の要求から、奴隷制にかかわる損害賠償としてアメリカはアフリカ系アメリカ人に数千億ドルを支払うべきであるという考えにまで及ぶ。責任を負わない犠牲者としての主体というこの考え方を推進しているのは、〈他者〉との出会いは主体の不安定な想像上の平静状態にとって潜在的な脅威として現れるという、極端なナルシシズム的視点である。それゆえ、こうした主体は、リベラルな自由な主体と対立するものではなく、むしろそれを内在的に補足するものである。個人というものがまとう今日の支配的な形態において、心理的主体の自己中心的な主張は、逆説的にも、自分を環境の犠牲者としてみることと重なるのである。

灰皿の例にもどろう。危険なのは、この例と同様に、現在進行中の覚醒においても個人の自由というイデオロギーが犠牲者の論理とひそかに結合しかねない（自由が、犠牲者であることを明かす自由へと矮小化される）ことである。そうなれば、この覚醒の解放的でラディカルな政治化は余分なものになるだろうし、女性の闘争は一連の抗議運動――グローバル資本主義や生態系への脅威や人種差別にあらがう運動、新たな民主主義を求める運動、等々――のひとつになってしまうだろう。

では、社会の根本的な変化は、どのように起こるのだろうか。断じて意気揚々とした勝利としてではないし、あるいは、メディアでひろく議論され予測されているような大惨事としてでさえない。そうではなく、それは「盗人が夜来るように」起こる。「あなたがた自身がよく知っているとおり、主の日は盗人が夜くるように来る。人々が平和だ無事だと言っているその矢先に、ちょうど妊婦に産みの苦しみが臨むように、突如として滅びが彼らをおそって来る。そして、それからのがれることは決してできない」(「テサロニケ人への第一の手紙」第五章、第二―三節、日本聖書協会訳)。これは「平和とセキュリティ」にとりつかれた今日の社会で、すでに起こっていることではないか。しかし、よくみれば、変化はすでに真昼のうちに起こっていることがわかる。資本主義は公然と崩壊し、公然と別物へと変化しているからだ。われわれがこの進行中の変化に気づかないのは、イデオロギーにどっぷりつかっているからである。

同じことは精神分析の治療にもいえる。病状の解消は「真昼の盗人のように」、予期せぬ副産物のように到来するのであって、設定された目標の達成としてもたらされるのではない。精神分析の実践が、その不可能性ゆえに可能なものであるのは、そのためである。こういうと、多くのひとが、それはポストモダンなたわごとだと即座に非難するだろう。しかし、これはフロイト自身が示唆していたことではなかったか。彼はこういっていた。精神分析治療にとって理想的な状況があるとすれば、それは、精神分析がもはや必要とされない状況だろう、と。フロイトが精神分析を不可能な職業のひとつに数えていたのは、そのためである。精神分析治療がはじまると、患者は(なにはともあれ)転移を起こすことでそれに抵抗するのだが、治療は、転移およびその他の抵抗に対する分析を通じて進行していくのである。直線的で「円滑な」治療などありえない。治療においては、障害を乗り越えたと思ったやさきに障害にぶつかるのである。

政治にはなしをもどそう。同じことは、あらゆる革命およびあらゆるラディカルな解放運動にもいえるのではないか。革命はその不可能性を背景として、はじめて可能となる。既存のグローバル資本主義体制は、それをくつがえそうとするあらゆる試みに対してすぐに反撃できるのだが、反資本主義闘争は、この反撃に対処する場合にかぎり、つまり、みずからの敗北の原因となったものを自分の武器に変える場合にかぎり有効になるのである。円滑な変化が可能となるような絶好の時期を待っていても仕様がない。そうした時期はけっして訪れないし、歴史もそうした機会を与えてくれない。たとえ目標を達成するのは不可能に思われても（そして、ある意味で実際にそうであるにしても）、われわれは一か八か介入しなければならない。不可能なことが予期せぬかたちで可能となるように状況を変化させるには、そうするしかないのである。

われわれが救いようもなくメディアによる操作のいいなりになっているようにみえるとしても、[6] 奇跡は起こる。つまり、操作された偽物の世界は不意にくずれ、その効力を失う。二〇一七年のイギリス総選挙に向けてのキャンペーン中に、ジェレミー・コービンは保守系メディアによる計画的な誹謗中傷の標的になった。彼は優柔不断、無能、不適格、等々といわれたのである。では、彼はどのようにしてこの状況を切り抜けたのか。彼は誠実さや礼儀正しさを誇示し、一般大衆のいだく不安に関心をよせることで、首尾よく誹謗に抵抗した、というだけでは十分ではない。彼は誹謗中傷を受けたからこそ善戦したのである。それを受けなければ、彼はおそらく、明確なヴィジョンもカリスマ性もない、いささか退屈なリーダーであり続けただろう。つまり、旧来の労働党の代表にすぎなかっただろう。彼は自分のことを容赦なくこきおろすキャンペーンに反抗した。

彼の凡庸さが長所になり、彼に対する低俗な攻撃にうんざりしていた有権者にとって魅力的になったのは、この反抗においてなのである。この変容は予期せぬものであった。つまり、ネガティヴ・キャンペーンの作用をあらかじめ確定しておくことは不可能であった。この決定不可能性(むかしはやった言葉を使えば)は、単線的な決定論によっては説明できない象徴的決定がもつ、ひとつの特徴である。ここでの問題は、データが不足しているとか、ある主張が別の主張よりも優勢になるとかということではなく、ひとつの主張がいかに味方にも敵にもなるか、ということである。ある性格上の特徴——コービンの際立ったごく普通の上品さ——は(保守系メディアの大キャンペーンに辟易した有権者にとって)コービンを可とする議論につながるかもしれないし、(リーダーは強くカリスマ的であるべきだと考えるひとたちにとって)彼を否とする議論につながるかもしれない。出来事のなりゆきを決定する、付け足された名状しがたいもの(the *je ne sais quoi*)は、よく練られたプロパガンダの手をのがれるものなのである。

曖昧模糊とした霊的‐宇宙論的な考え方を信奉するひとなら、次のような通俗的な理論を耳にしたことがあるだろう。三つの惑星(通常は地球、月、太陽)が同軸上にならぶと、なんらかの大変動が起こる。そのとき宇宙全体は一時的に(二〇一二年に起こると想定されていたような)不調和をきたし、均衡の回復が必要となる、と。これと同じことは、三つの記念祭が重なった年、二〇一七年にもいえなかったか。二〇一七年は、十月革命の百年祭だけでなく、マルクスの『資本論』初版(一八六七年)の百五十年祭、そして、いわゆる上海コミューンの五十年祭にもあたる年であった。文化大革命の時期に起こった上海コミューンにおいて上海住民は、毛沢東の呼びかけに文字どおりしたがうことを決めて権力を直接奪取し、共産党による支配を打倒したのである（毛沢東が秩序回復のためにコミューンをつぶすべく軍隊を送ったのは、そのためである）。この三つの出来事は、コミュニズム運動の三つの段階を示していないか。マルクスの『資本論』は共産主義革命の理論的根拠の概要を示し、十月革命はブルジョア国家を打倒して新しい社会的、経済的秩序を打ち立てる試みの最初の成功例であった。それに対し、上海コミューンは、コミュニズム的ヴィジョンのきわめて勇敢な側面――国家権力を廃棄すること、そして、人民に直接権力を与えそれを地域的なコミューンのネットワークとして組織すること――の実現に向けた、きわめてラディカルな企てを表している。

ここでは、以下のことが教訓となる。十月革命――資本主義の外部に「解放区」をつくった、権力を奪取し資本主義国家間のきずなを打破した、最初の事例――の百年祭について考える際には、それをつねに次のような二極の中間にある（二極を媒介する）段階としてとらえるべきである。一方の極には（『資本論』で分析された）資本主義社会の二律背反的な構造があり、コミュニズムの運動はそこから成長していった。他方の極には、それにおとらず二律背反的な、コミュニズム国家権力の起こした事変（*péripéties*）があり、中国文化大革命の行き詰まり（*cul de sac*）はその極致であった。旧体制にとって代わった新体制は、新たな社会を組織するという大きな課題に直面する。十月革命が勃発する直前にレーニンとトロツキーが交わした会話を思い出そう。「革命が失敗したら、われわれはどうなるのだろうか？」というレーニンに、トロツキーはこう答えた。

「革命が成功したら、われわれはどうなるのだろうか?」と。

今日のわれわれもこの問題を背負い込んでいる。本書は三幕の悲劇と、それに付け足された喜劇的な第四幕を通じてこの問題をあつかう。本書の前提は、今日のわれわれはこれまで以上に次のようなマルクスの基本的明察に固執すべきである、ということである。すなわち、コミュニズムとはある理想、ある正常な状態、ある種の倫理的 - 政治的「格率」ではなく、目下進行中の歴史的プロセスとその行き詰まりに対する反応として発生するものである、という明察に。一九八五年、フェリックス・ガタリとトニ・ネグリは *Les nouveaux espaces de liberté*(『自由の新しい空間』)というフランス語の小さな本を出した。このタイトルは英訳に際して *Communists Like Us* (Los Angeles: Semiotext 1990)(『われわれのようなコミュニスト』[7])に変えられた。この英訳タイトルは奇しくも、その後現れる、コミュニズム的理念の上位中流階級《アッパーミドルクラス》化を指し示している。コミュニズムの理念は、現実の貧者や被搾取民となんのかかわりもない裕福な学者向けのスローガンとしてささやかに復活したのである。新しいコミュニストは「われわれのような」存在、大学にいる平凡な文化左翼であり、ここでは主体の根源的な変容など求められていない。「コミュニズム」は「引きこもる」ための孤立地帯となる。そう、それはいわゆる「理にかなった日和見主義」の格好の例となるのだ。つまり、それは「けがれなき」状態にとどまる方法として「ラディカルな」抽象的概念にしがみつくこと、実際の政治への関与を避けるがゆえに「妥協」も避けることに等しい。

したがって、コミュニズムという理念の変わることのない妥当性(さらにいえば、非妥当性)について語る際には、カント的な意味ではなく厳密にヘーゲル的な意味での統制的理念を念頭に置くべきである。ヘーゲルにとって「理念」とは、たんなる〈当為〉（*Sollen*〔するべき、あるべき〕）としての概念ではなく、みずからを現実化する力をもった概念でもある。したがって、コミュニズムという理念のアクチュアリティをめぐる問題は、目下の現実のなかにその理念へと向かう傾向を見出すことの問題である。そうでなければ、この理念に時間をかけてつきあう価値はない。

第一章　情勢

グローバル資本主義のさかさまな世界

状況を実際に変えるためには、既存のシステムの内部では実際にはなにも変わらない、ということを認めねばならない。ジャン＝リュック・ゴダールは「すべてを変えようとして何かを変えてはいけない」というモットーを述べたことがある。これは「全体が同じ状態にあるためには一部を変えねばならない」という格言を逆転させたものである。後期資本主義的な消費力学のなかにいるわれわれのもとには、始終、新製品が雨あられと飛んでくる。だが、この不断の変化はますます単調なものになってきている。不断の自己改革によってしかシステムが維持できない状況にあって、何かを変えるのを拒むひとたちは、事実上、真の変革の担い手である。真の変革とは、要するに、変革の原理そのものに対する変革である。

あるいは、言い方を変えれば、真の変革はたんなる旧体制の打倒ではなく、なによりも新体制の設立である。アルチュセールはかつて、将校、女中、煙突掃除夫というキェルケゴールによる人間の三分類の向こうを張って、革命指導者の分類を思いついた——格言を引用する指導者、格言を引用しない指導者、そして、新しい格言をつくる指導者というふうに。第一の種類の指導者は悪漢であり（アルチュセールの念頭にあったのはスターリンである）、第二のそれは失敗する運命にある偉大な革命家（ロベスピエール）である。そして、革命の本質を理解し革命を成功に導くのは、第三の種類の指導者だけである（レーニン、毛沢東）。この三分類は、大〈他者〉（象徴的な実体、あるいは、凡庸な格言として表現するのが最適な、不文律としての慣習や知恵）との、三つの異なる関係を示している。悪漢は革命を自国のイデオロギーの伝統のなかにたんに組み入れる（スターリンにとってソ連はロシアの進歩の最終段階であった）。ロベスピエールのような急進的革命家は、新たな慣習を生み出そうとしてもうまくいかず（宗教の代わりに〈至高存在〉なる新興宗教を置くというロベスピエールの考えが完全に失敗したことを思い出そう）、ただ過去と断絶するだけなので革命に失敗する。レーニンや毛沢東のような指導者は、新たな格言を生み出したために——つまり、彼らは日常生活のあり方を定めた新たな慣習を押し付けたわけである——（すくなくとも、ある期間は）革命の成功を手にした。ゴールドウィニズム（米国の映画プロデューサー、サミュエル・ゴールドウィンによる慣用句のおかしな誤用）の傑作のひとつに、次のようなものがある。批評家たちは、ゴールドウィンの映画には古くさい陳腐《クリシエ》な表現が多すぎるとよく文句をいっていたが、これを知ったゴールドウィンはシナリオの専門部署に覚え書きを送った。「われわれにはもっとたくさんの新しい陳腐な表現が必要だ！」と。彼は正しかった。これこそは革命におけるもっとも困難な仕事なのである——つまり、平凡な日常生活のために「新しい陳腐な表現」をつくることは。

ここではさらにもう一歩踏み出すべきであろう。左翼の使命は新たな体制を提案するだけでなく、可能と思われるものをめぐる展望を変えることでもある。それゆえ、われわれの苦境の逆説は以下のようになる。グローバル資本主義に対する抵抗は、グローバル資本主義の発達を食い止めることにことごとく失敗しながら、そのくせ、資本主義の進歩的な崩壊を示す多くの動向を認識できないのである。二つの傾向（抵抗と自己崩壊）は別々のレベルで展開しているため出会うことができない、そのため、われわれは資本主義の内在的な崩壊がすすむなかで無益な抵抗をしているかのようであり、また、世界を資本主義から解放すべく両者を結びつけて協調させる道も見出せないかのようである。どうしてこうなったのだろうか。左翼のほとんどはグローバル資本主義の猛攻撃に対抗して労働者の権利を必死に守ろうとしているが、その一方で、ポスト資本主義について語るひと（イーロン・マスクからマーク・ザッカーバーグにいたる）は、きわめて「進歩的な」資本主義者だけであるといえる。ここでは、なじみのある資本主義から新しいポスト資本主義体制への移行という概念そのものが、資本主義自体によって専有されているかのようである。

二〇一七年十一月の『アトランティック』誌のインタビューにおいてビル・ゲイツは、資本主義は行き詰っている、社会主義は地球を救うための唯一の希望である、と述べた。彼の論拠となっているのは、次のような生態系をめぐる単純な推論である。グローバルな大惨事を回避しようと思うなら、われわれは化石燃料の使用を急激に減らさねばならない。だが、民間部門は利己的であるため、無害で無駄のない代替燃料を生み出せない。だから人類は市場の力の及ばないところで行動しなければならないのだ、と。ゲイツ自身はグリーン・エネルギーのために、儲けがなくても自腹を切って二十億ドルを拠出する意向を表明した。そして、仲間の億万長者たちに対して、この慈善事業によって二〇五〇年までに合衆国の化石燃料使用をゼロにするために協力するよう呼びかけた。[1] 伝統的な左翼の立場をとれば、ゲイツの提案はナイーヴだといって、ばかにするのはやさしい。そうした非難はおそらく正しいのかもしれない。だが、その非難からは次の問いが出てくる。ならば、われわれがしなければならないことに関して、左翼はいったいどこで現実的な提案をしているのか、と。公的な討論においては、言葉が重要である。ゲイツが語っているのが「真の社会主義」ではないとしても、彼は資本主義の致命的な限界について実際に語るのだ。そうであるなら、やはり次の問いは避けられない。今日の自称社会主義者たちは、社会主義の今日のあるべき姿について真剣なヴィジョンをもっているのか。

権力をにぎった左翼がしでかしたことに対して、左翼は通常、次のような根源的な批判をする。権力の座にあった左翼は、生産を実際に社会化することも現行の民主主義を有効利用することもせず、代わりに、お約束の左翼的政策の枠組み（生産手段を国有化するか、それとも社会民主主義的な流儀によって資本主義を黙認するか、権威主義的な独裁体制をしくか、それとも議会制民主主義のゲームにかまけるか）に縛られたままであった、と。これに対して、いまこそは野蛮な問いかけをするときかもしれない。その批判はよいとして、では、権力の座にあった左翼は何をするべきであった、あるいは何をなしえたはずだ、というのか。仮に真正な模範としての社会主義的民主主義が権力をにぎっていたら、それはどのような実践をみせたというのか。この〈聖杯〉——あらゆる罠（スターリン主義、社会民主主義）を避け、社会と経済の見地から、真正な人民の民主主義を発達させる革命的権力――は純粋な想像物、現実的な内容によってはそもそも満たすことのできない杯ではないのか。

一九九九年から二〇一三年までベネズエラの大統領を務めたウゴ・チャベスは、たんにオイル・マネーをばらまくポピュリストではなかった。国際的なメディアによってもっぱら無視されているのは、生産の組織化の新しい方法を試みることによって資本主義経済を克服しようとする、複雑でしばしば支離滅裂なチャベスの努力、私有財産か国有財産かという二者択一を超えて行こうとする彼の努力である。例をあげれば、農民の協同組合と労働者の協同組合、労働者の政治参加、生産の管理と組織化、私有財産と社会的な管理・組織との様々な混成体、等々である。たとえば、所有者によって使われていない工場は、労働者の手に渡されて稼働する可能性があるのだ。この方針には、行き当たりばったりなところが多々ある。たとえば、国有化された工場を労働者の手に渡して彼らに株を配分するという計画は、何度か試みられたあと廃止されたのだった。こうした試みは、民衆の自発的な構想と国家の提案とを融合させる正真正銘の努力であったものの、われわれが認めねばならないのは、そこに多くの経済的失策や非効率性があったこと、そして、実際に大規模な政治腐敗が起こったことである。半年間熱狂的に仕事をしたあと情勢が悪化する――これはよくある話である。チャベス主義の最初の数年間、われわれは明らかに広範囲にわたる大衆動員を目の当たりにした。しかしながら、大きな問題が残っている。大衆の自己組織化へのこうした依存は、どのように政府運営に影響するのか、あるいは影響するべきなのか。今日において、真正な共産主義的権力を想像することは可能だろうか。われわれがいま実際に手にしているのは、大惨事（ベネズエラ）か、降伏（ギリシア）か、資本主義への全面的な回帰（中国、ベトナム）か、である。

中国のマルクス主義的な社会理論が描こうとしている今日の世界情勢は、簡単にいえば、冷戦時代の世界情勢と基本的に同じである。すなわち、資本主義と社会主義のあいだの世界規模での闘争は弱まることなく続いている。一九九〇年の大敗は一時的な挫折にすぎなかった。そのため、今日敵対する二大勢力は、もはや合衆国とソヴィエト社会主義共和国連邦ではなく、合衆国と依然として社会主義国である中国なのだ、と。中国における資本主義の急激な発達は、初期ソヴィエト連邦でいわれていた〈新経済政策〉の記念碑的な事例と目されている。それゆえ、いまの中国に存在するのは、新型の「中国的特徴をもった社会主義」であるのだが、それはあくまで社会主義なのである。つまり、〈共産党〉は権力の座にとどまり、市場の力を厳しく管理し支配しているのである。この見地に立てば、過去数十年間の中国の経済的成功は、資本主義の潜在的生産力を証明するものではなく、資本主義に対する社会主義の優位を証明するものとして解釈される。中国だけでなくヴェトナム、ベネズエラ、キューバ、さらにはロシアをも社会主義国とみなすこの見方を維持するためには、新しい社会主義に、社会的保守主義という強烈な風味を加えねばならない。社会主義の復権はマルクス主義の基本的要点――資本主義を規定するのは、資本主義的な生産関係であって国家権力のタイプではない――を完全に無視しており、露骨なまでに非マルクス主義的であるわけだが、そういえる理由はこの社会的保守主義だけではない(2)。

プーチンに幻想をいだいているひととは、次の事実を銘記すべきである。プーチンはイワン・イリインなる人物を大統領公認の哲学者として祭り上げた。イリインはロシアの政治神学者で、一九二〇年代初頭にソヴィエト連邦から追放され、かの有名な「哲学者の蒸気船」に乗ったひとであり、そのあとボルシェヴィズムと西洋リベラリズム両方に反対して、独自のロシア的ファシズム――父としての君主に率いられた有機的共同体としての国家――を主張したのだった。にもかかわらず、われわれは次のような中国の立場に真理の一面があることを認めねばならない。すなわち、このうえなく野蛮な資本主義のなかにあってさえ、誰が国家装置を管理するかが重要なのである、という立場に。古典的マルクス主義と新自由主義イデオロギーは、両者とも、国家を資本の再生産という要求に従う二次的なメカニズムに還元する傾向にある。これによって両者は、経済的プロセスにおける国家装置の積極的な役割を過小評価する。今日われわれは資本主義を、国家を操る〈わるい大きなオオカミ〉として物神化するべきではない。国家装置は経済的プロセスの中核において活動しており、資本の再生産に関する法的およびそのほかの（教育的、エコロジー的）条件をたんに保証するだけでなく、それ以上のことをしている。国家は、実に様々な形態をとりながら、経済的な行為主体《エージェント》そのものとして活動する（国家は破綻寸前の銀行を救済し、選ばれた産業を支援し、防衛装置やそのほかの軍事設備を発注する）。たとえば、今日の合衆国では、生産の約五〇パーセントに国家が介在しているのだ（百年前は、生産における国家介入の割合は五～一〇パーセントであった）。マルクス主義者は国家《ステート》〈社会主義《ソーシャリズム》〉からこの教訓を学ぶべきであった。国家〈社会主義〉において、国家は経済的な行為主体および統制者であったし、またそれゆえに、それはなんであれ、資本家階級なき国家であったからだ――実際には、ある種のマルクス主義的な分析家は、国家〈社会主義〉を説明するために「国家資本主義」という胡散くさい用語を使うけれども。だが、階級としての資本家のいない資本主義国家がありうるのだとすれば、資本家が経済において重要な役割を果たす非資本主義的な国家は、どの程度想像可能であろうか。中国モデルはあきらかに不適当であるが――それは社会的不平等の爆発的拡大と強力な権威主義的国家との結合である――だからといって、社会生活の諸領域において資本主義的な要素にうったえかける強力な非資本主義的国家の可能性をアプリオリに排除するべきではない。資本主義の要素を限定的に許容しつつも資本の論理が社会の全体性を重層的に決定する原理になることは許さないということは、可能なのである。

ジュリア・バクストンがいうように、ボリバル革命は「ベネズエラの社会的諸関係を変容させ、南米大陸全体に大きな影響を与えた。だが悲劇は、それがしかるべく制度化されず、そのため持続しえないことが判明したことである」(3)。なるほど。しかし、ボリバル革命を真に制度化するには、どうすればよいのか。解放をもたらす真正な政治は国家から一定の距離をとるべきであるというのは、あまりに安易である。根本的な問題は、国家をどう扱うか、ということなのだ。国家の外部にある社会というものを想像できるだろうか。われわれはこうした問題にただちに対処しなければならない。将来の解決を待って、それまでは国家から安全な距離をとっている、そんなひまはないのだ。いいかえれば、チャベスとマドゥロの代わりとなる本物のラディカルな政治を行うベネズエラの左翼は、なぜ存在しなかったのか。チャベスに反対する際の主導権は、なぜ極右の手に――意気揚々と反チャベス闘争のヘゲモニーを握り、我こそはチャベスの経済政策の失敗によって苦しむ民衆の声であると主張する極右の手に――渡ったのか。

二〇一八年の三月初旬、「大きな」出来事にまぎれてほとんど注目されなかったが、次のような小さなニュースが報道された。南アフリカでは、与党（アフリカ民族会議）が白人の農民から補償金なしに土地を接収することを決めた、と。この決断によって――それが実現された場合――左翼はふたたび大きなジレンマに直面するだろう。何かがなされねばならないのは明らかである。なにしろマイノリティである白人は、アパルトヘイトの結果として、依然、耕作地のほとんどを所有しているのだから。しかしながら、どうすればジンバブウェのような経済の破綻を起こさずに――もし起これば、「黒人には経済を任せられない」というリベラル派の意見が勢いづき、急進的左翼の方策全般の信用が失墜するだろう――そうした政策を実現できるのだろうか。

要するに、真正な〈第三の道〉を探ること――中途半端な社会民主主義と極端に走る「全体主義」とを超えて――が時間の無駄であるとしたら、どうだろうか。急進的左翼の戦略は、「全体主義的」急進化がいかにそれとは反対のものを仮面の下に隠しているかを、洗練された理論を用いて証明することである。たとえば、スターリン主義は実際は国家資本主義の一形態であった、云々、と。ベネズエラの場合でいえば、急進的左翼は次の事実をもとにチャベス主義の大失敗を非難する――チャベス主義は、汚職にまみれることによってだけでなく、ベネズエラの天然資源を搾取する国際企業と取引することによって資本主義との妥協を果たした。この指摘はおおむね正しいのだが、では、政府は何をなすべきであったのか。ボリビアの場合、モラレス〔大統領〕

とリネラ〔副大統領〕の政府は、こうした過ちを避けた。だが、この二人は、ベネズエラにくらべてより穏健で「民主主義的な」かたちの政治の枠内にとどまる以上のことをしたのか。

この行き詰まりを打開するためには、おそらくその第一段階として、進歩への執着を捨て、代わりに、置き去りにされたひとたち――神々が、そして市場が置き去りにしたひとたち――に目を向けるべきである。ここ数十年間、大衆小説の世界では、最低の原理主義的駄作〈ティム・ラヘイとその仲間たち〉からテレビドラマ・シリーズ〈『残された世界』〉にいたるまで、ひとつの意外なトピックが扱われている。「取り残された」人々という問題である。ここでは、ハルマゲドンが近づくなか、神は選ばれた人々を手元に置くことによって、そのひとたちをやがて来る戦慄から救済する。だが、このアイディアのもつ大衆的な人気について野蛮な経済的な解釈をしてみたら、どうだろうか。これはありがちなことなのだが、神自身は〈資本〉の声に耳を傾けたように思われる。だから、取り残された人々という問題は、グローバル資本主義における今日の経済的苦境と関係があるのだ。難民の一部にもなれず自国の混乱から抜け出せなかった人々だけが、まさに「取り残された」者なのではないか。

ほとんどの難民は、ヨーロッパに住むことを望んでいない。彼らは母国で、なに不自由なく暮らすことを望んでいる。西洋の列強は、この望みをかなえるべく努力する代わりに、この問題を「人道的危機」――歓待か、それともわれわれの生活様式の喪失という恐怖か、という両極端からなる危機――として扱う。これによって列強は、難民と受け入れの当事者である下層階級の人々とのあいだに擬似「文化的な」敵対関係を設けるのであり、このとき両者は、政治的‐経済的闘争を「文明の衝突」的な闘争へと変容させる軋轢のなかに置かれてしまう。

難民に対しては単純でロマンチックな空想をいだくべきではない。ヨーロッパの左翼のなかには、難民はヨーロッパの新しい革命的運動の中核を担うノマド的なプロレタリアートであると主張する者もいるが、これははなはだ問題のある主張である。マルクスにとってプロレタリアートは、仕事を通じて訓練され富を生み出す、搾取された労働者から構成されている。そして、今日のプレカリアート（不安定就業者階級）が新たなかたちのプロレタリアートとみなせる一方で、難民にみられる逆説は、彼らのほとんどがプロレタリアートになろうとしていることである。難民は、避難先の国の社会的な位階秩序の内部に居場所をもたない、いわば「無」である。だが、この「無」がマルクスのいう厳密な意味でのプロレタリアートになるというのは、大きな飛躍である。したがって、難民をノマド的なプロレタリアートとしてたたえる代わりに、次のように主張するほうが適切なのではないか。難民は本国国民のうち比較的活動的で野心的な人々、成功への意志をもった人々である。そして、真のプロレタリアートはむしろ、本国に留まりそこによそ者として取り残された（「残り物」）、神に引き取られない断絶された者といったありったけの宗教的意味を帯びた）人々のことなのだ、と。

グローバル資本主義の趨勢とは、われわれの八〇パーセントが「取り残された者」になるということである。百年前、ヴィルフレド・パレート〔イタリアの経済学者〕は、世界ではじめて、いわゆる八〇／二〇ルールを明確にした。例としては、国土の八〇パーセントは国民の二〇パーセントによって所有されている、利益の八〇パーセントは従業員の二〇パーセントによって生み出される、決議の八〇パーセントは会議時間の二〇パーセントのなかでなされる、ウェブ上にあるリンクの八〇パーセントのつながり先は全ウェブ・ページの二〇パーセント以下にすぎない、エンドウ豆の八〇パーセントはエンドウのさやの二〇パーセントによってつくられる、等々があげられるだろう。一部の社会分析の専門家や経済学者が示唆するように、経済的生産力の劇的な発達によって、われわれはこのルールの究極の事例に直面する。必要な仕事のすべては労働力人口の二〇パーセントだけでまかなえるため、残る八〇パーセントの人々は基本的に無意味で役に立たない、つまり潜在的に失業者である――グローバル経済は将来このような状態に達するのである。この論理が極限に達したとき、ひとつの自己否定の状態に陥るとしても、それは理の当然ではないか。つまり、八〇パーセントの労働力人口を無意味で役立たないものにするシステムは、それ自体無意味で役立たないのではないか。したがって、新しいグローバルなプロレタリアートが出現しつつあるということが、主たる問題なのではない。問題はそれよりも根源的なこと、すなわち、数十億人の人々が単純に必要とされなくなり、搾取工場は彼らを吸収できないということなのだ。左翼の政治学はこの状況を無視している。それは、早晩消滅する福祉国家の遺物を懸命に維持することに成り下がっている。だが、破壊的な経済政策が進行する現在の状況にあって、これは負けいくさである。負けというのは、金融エリートがこの敗北から利益を得るという理由からだけではない。こうした「利益」にこれまであずかることさえできなかった、そしてその代わりにこの「利益」を特権として非難する大勢の人々（若い不安定就業者）に、この金融エリートはたよることができる――この理由からも、これは負けいくさなのである。[4]

したがって、旧来の福祉国家的恩恵を維持する戦いは、結局のところ、過剰に搾取される新しい周縁的存在（不安定就業者、新たな奴隷、等々）――彼らは福祉国家的恩恵など享受したことさえない――に対して、既存の労働者階級がしかける戦いである。イタリアのマルクス主義者トニ・ネグリはかつて、ヴェネツィア－メストレの郊外の通りを歩きながらインタビューを受けたことがある。ネグリは、閉鎖される織物工場の前で一列になって見張りに立っている労働者たちの前を通り過ぎ、ジャーナリストのカメラはそれをとらえていた。ネグリは労働者たちを指さし、見下すようにいった。「みたまえ！　彼らは自分がすでに死んでいること知らないのだ！」と。ネグリにとってこの労働者たちは、集団的な就職保障に重きを置いた伝統的な労働組合主義的社会主義のあやまりを表していた。すなわち、知的労働に対して支配権をにぎる「ポストモダン」資本主義の力学によって無残にも時代遅れとなった社会主義のあやまりを、である。この新たな「資本主義の精神」に対して伝統的な社会民主主義の流儀で反応する代わりに、つまりこの「精神」を脅威とみなす代わりにネグリが主張するのは、われわれはそれを正面から受けとめ、そこに――知的労働およびその非階層的で非集権的な社会的相互作用の力学のなかに――コミュニズムの種を見出さねばならない、ということである。この論理を最後まで突き詰めた場合、われわれは次のようなシニカルな警句に同意せざるをえない。今日では、労働者が新しいデジタル化された経済に適応できるように彼らを再教育することが、労働組合の主たる仕事となるべきである、と。ネグリのヴィジョンの問題点は、彼がマルチチュードというスピノザの概念を用いるところにある。ここでは、ネグリが入れ込んでいる例やマイケル・ハートのあげる例を受け入れるのではなく、むしろムソルグスキーの『ボリス・ゴドゥノフ』（一八七二年のオリジナル版）の最後の場面を思い出すべきだろう。それはクロームィ近くの森の空き地で群衆が皇帝の没落を祝う場面であり、その概要（恥知らずにもウィキペディアから引用する）は以下のとおりである。

激しい音楽をともなって、大貴族フルシチョフを捕らえた浮浪者の集団が入って来る。この集団はフルシチョフをあざけり、ふざけて敬礼のまねをする（「空には一羽のハヤブサも飛んでいない」）。少年たちに追われるようにして白痴が登場。彼は無意味な歌を歌う（「月は飛んでいる、子猫は鳴いている」）。少年たちは彼にあいさつし、彼の金属製の帽子をコツンとたたく。白痴は一コペイカのコインをもっているが、少年たちはそれをさっとかすめとる。白痴は哀れっぽく泣く。ボリスと彼の部下たちの罪について歌うヴァルラームとミサイールの声が遠くから聞こえる（「太陽と月は黒ずんでしまった」）。二人が登場。浮浪者集団の興奮は最高潮に達し（「おれたちの勇気は解き放たれ、暴れまわる」）、彼らはボリスを糾弾する。ラテン語の詞を詠唱する二人のイエズス会士の声が遠くから聞こえる（「主よ、主よ、お救いください」）。二人はドミトリーが神によって救われることを祈っている。二人が登場。ヴァルラームとミサイールにそそのかされて、浮浪者集団が二人のイエズス会士を絞首刑にする準備をする。二人は聖母に助けを請う。行進曲がドミトリーとその軍隊の到着を告げる。ヴァルラームとミサイールが浮浪者集団といっしょになってドミトリーを讃える（「皇太子に栄光あれ！」）。僭称者（ドミトリーの偽者）がゴドゥノフによって迫害された者たちを呼び寄せる。僭称者はフルシチョフを自由の身にし、みなの者にモスクワに行進するよう呼びかける。白痴を残して全員が退場。白痴は敵の到着とロシアへの悲嘆を告げる悲しげな歌（「流れよ、流れよ、苦い涙」）を歌う。

複数の声（正教会の信者、カトリックの使者、ドミトリーを僭称する者と彼のプロパガンダ部隊、おびえた大貴族、サディズム的におふざけをする子供たち）のこの無秩序な混交においては、あわれみが日和見主義と、無垢が堕落と、自由への情熱が巧みな操作と結びついている。解放に資する人民の意志を肯定することからこれ以上遠く離れた場は想像できない。この場面の背景には、計り知れない闇が潜んでいるのだ。だが、これと対立するヴィジョンについてはどうだろうか。新たな資本主義の力学によって労働者の大部分がますます余分になる以上、グローバル資本主義の「生ける屍」、つまり新資本主義の「進歩」から取り残されたひとたち、時代の遺物となった余分なひとたち、新しい条件に適合できないひとたちを、あらためてひとつにまとめるというプロジェクトについてはどうだろうか。ここで想定されているのはもちろん、歴史の遺物と歴史の最先端とを短絡させるのは可能だ、ということである(5)。

社会的－政治的プロセスから排除された者たちを問題として認めるリベラル派は、声をあげても誰にも聞いてもらえないこうした人々をこのプロセスに包含することを目標にする——あらゆる考え方に耳を傾けねばならない、あらゆる関心を考慮に入れなければならない、あらゆるひとの人権が保障されねばならない、あらゆる生活様式、文化、習慣が尊重されねばならない、というふうに。こうしたかたちの民主主義が執着するのは、あらゆるマイノリティ——文化的、宗教的、性的、等々——の保護である。ここでの民主主義の原則は、辛抱強い交渉と妥協である。これによって失われてしまうのは、プロレタリアートの立場、すなわち、排除された者たちにおいて具現される、普遍性の立場である。だからこそ、子細に検討すれば明らかなように、リベラルな包含策は、チャベスが成し遂げようとしたことではないのである。チャベスは、取り残された者たちを既存の自由民主主義の枠組みに包含していたのではない。それとは逆にチャベスは、彼ら、貧民街《ファヴェラ》に住む「排除された」住民を自分の基盤とみなしていたのであり、彼らに適した政治を再編成していたのである。この差異——「ブルジョワ民主主義」と「プロレタリアート独裁」との差異——は、衒学的で抽象的にみえるかもしれないが、きわめて重要である。

したがって、真の選択は次のようになる。われわれは、取り残された者たちの世話をするという人道的なゲームを続けるべきなのか、それとも、彼らを生み出すグローバルなシステム自体を変えるというより困難な仕事に取り組むべきなのか。そうした変革がなければ、われわれの状況はますます不合理なものとなるだろう。この難局におけるわれわれ自身の立場を見定めるためには、利益の政治学の致命的な限界を認識しなければならない。ドイツの〈左翼党〉のような党は、労働者階級の有権者の利益——よりよいヘルスケアとよりよい退職後の境遇、より高い賃金、等々——を代表している。これによって、こうした党は自動的に既存のシステムの枠内に閉じ込められる。またそれゆえに、それは真正の解放を目標としていないのである。利益はたんに追求されるべきではない。利益は、利益には還元できない理念を取り込めるように再規定されねばならない。[6]権力をとった右翼ポピュリストがときおり労働者の利益に資する政策を課すという逆説を、われわれは何度も目にしているが、それは以上のような理由による。格好の例はポーランドである。そこでは、

PiS〔〈法と正義〉、ポーランドの右翼ポピュリスト与党〕がイデオロギー的に無力な政党から、空前の速度と効率性をもって強烈な改革を成し遂げている政党へと変貌した。［…］PiSによる社会変革は、ポーランドの現代史において比類のない大きなものであった。二人以上の子供をもつ親は、第二子から子供一人に付き一か月五〇〇ズウォティ（一二〇ドル）を支給され、貧困家庭の場合は第一子から同額が支給される（ポーランド人の平均月収は約二九〇〇ズウォティであるが、三分の二の国民の月収はこれに満たない）。この結果、貧困率は二〇～四〇パーセント下がり、子供の貧困率は七〇～九〇パーセント下がっている。変革の例はこれだけではない。二〇一六年、政府は七五歳以上の国民を対象に医薬品の無料化を導入した。最低賃金は現在、労働組合の目標を超える水準に達している。男女とも六七であった定年退職の年齢は、女が六〇、男が六五にまで下がった。また政府は、低所得者層のための所得税控除を計画している。[7]

PiSが実行していることは、マリーヌ・ル・ペンがフランスにおいて実行すると約束していることでもある。それは要するに、ナショナル・アイデンティティを肯定し移民の脅威への対応

を約束する、秩序とセキュリティに関する公約と、反－緊縮策――左翼政党の発想にはない、社会のあり方の転換――とを結合したものである。庶民のかかえる二つの大きな不安に直接うったえかけるこの結合に対して、対抗できるひとがいるだろうか。われわれが今日、目の当たりにしているのは、公認された「左翼」が（多文化主義に基づく権利を擁護しつつ）緊縮政策を推し進める一方で、ポピュリズム的右翼が（排外主義的でナショナリズム的な政治方針をとりつつ）貧困層を助けるために反－緊縮策を実行するという、異様なまでに倒錯した世界である。これはヘーゲルが述べた「さかさまの世界 *die verkehrte Welt*」の最新版といってよい。

仮想資本主義と、自然の終わり

マルクスは資本主義的再生産をめぐって乗り越えがたい分析をしてみせたが、そこには誤りもあった。マルクスは、資本主義は最終的に崩壊に向かうという考えに依拠したために、資本主義がいかに危機ごとに強化されるかを理解できなかっただけではない。彼はそれよりも根本的な間違いを犯した。ヴォルフガング・シュトレークは、次のように正確な言葉でマルクス主義を説明している。資本主義の「最終的危機」に関するマルクス主義の認識は、正しかった。われわれは今日、明らかにその危機のなかに入り込んでいる。だが、この危機はまさに最終的である。それは衰退と崩壊の長期的プロセスであり、そこには安易なヘーゲル的止揚の展望などない。つまりそこには、この衰退をポジティヴなものに転換し、それを高次の社会編成のための手段に変える動因など存在しないのである、と。

新しいよりよき世界の展望が開かれ、革命の主体が人類の進歩のためにそれを実行する覚悟をしたとき、はじめて一時代としての資本主義が終わりを告げるというのは、マルクス主義者の――あるいはいっそ、近代主義者の、といったほうがよい――先入観である。新自由主義－グローバリズム革命において集団的活動とそれへの希望が破壊されたあと、われわれは、われわれ共通の運命をめぐって夢さえみることができないわけだが、この先入観においては、この運命に対するある程度の政治的コントロールが前提とされている。(8)

シュトレークはこの衰退の様々な徴候を列挙している。たとえば、利潤率の低下、違法行為と暴力の増加、金融化（価値生産に寄生する金融取引による利潤）である。合衆国およびEUの金融政策には逆説がある。投入される巨額の資金は、擬制資本〔社債や株など、現実の資本ではないが、利子や配当などの収益を生むことから資本とみなされるもの〕の取引のなかで消滅してしまうため、生産につながらないのである。だからこそ、借金の爆発的増加（福祉国家に必要なコスト）に関するリベラル派にありがちなハイエク的解釈は、しりぞけねばならない。データが明確に示しているように、借金の大部分は金融資本およびその利潤を得るために使われているのだから。

この衰退は、予期せぬ結果をもうひとつもたらしている。最近、レベッカ・カーソン(9)は、資本の金融化（ここでは、剰余価値を生み出す労働力の価値増殖〔*Verwertung*〕を経ずに、M―Mつまり貨幣と貨幣の交換において利潤のほとんどが生み出される）が逆説的に個人間の直接的な支配関係を生み出すことを証明した。これは意外な事態といえる。というのも、（マルクスが強調したように）M―Mはもっとも非個人的でもっとも抽象的な資本形態だからである。ここで重要なのは、擬制資本、個人間の支配関係、労働力の社会的再生産という三つの要素のつながりを理解することである。金融投資は価値増殖に先立って行われる。その主たる構成要素は、信用取引と、いかなる資金も生産に投資されることのない投機的な投資である。信用とは、負債を意味する。それゆえに、信用取引の主体（たんなる個人ではなく、資金を管理する銀行や機関）は、このプロセスにたんに価値形式上の主体としてかかわるのではない。信用取引の主体は、債権者（貸主）および負債者（借主）でもあり、またそれゆえに、商品化という抽象的な支配には基づかない別のかたちの権力関係の一部でもある。

それゆえに、信用取引にかかわる特殊な権力関係には、抽象的な支配関係とは区別される個人間の依存関係（信用貸し－負債）が含まれている。しかしながら、この個人間の権力関係は、マルクスが完全に非個人的で形式的なものとして抽象的に分析した交換過程〔M―M〕――これが非個人的で形式的であるのは、信用取引の社会関係が価値形式の社会関係に基づいているからである――によって出来する。それゆえに、擬制資本とともに価値増殖が中断し、代わりに個人間の依存関係という現象が現れることは、抽象的な支配形態が不在であることを意味しない[10]。

擬制資本が含意する権力の力学は、行為主体間の単純な対立ではない。個人間の支配関係は、原則として、ひと同士のやりとりのレベルで発生するが、この力学における負債者は、主として個人ではなく、将来の生産に投資する銀行やヘッジファンドなのである。そして、実際のところ擬制資本の取引は、ひとの介入なしに、いいかえれば、銀行やヘッジファンドのプログラムに基づいて動くコンピュータによって、増幅されるのではないか。しかしながら、この取引は、個人間の関係へとあらためて変換されねばならない。実際ここでは、抽象化は個人間の支配関係として現れる。資本が金融化されてますます擬制的になり、その結果、ひと同士の関係が商品化によって媒介される度合いがどんどん小さくなっていくのだとすれば、この関係には、いったい何が起こるのか。起こることは、ひとつしかない。直接的支配という関係がなんらかのかたちで回帰せざるをえないのである。

商品化には従属していない、しかし労働力の再生産において重要な役割を果たすひとたちはまた、未来の価値増殖に対する依存の高まりからも影響を受けている。この未来の価値増殖は、擬制資本の循環によってもたらされると想定されている。要するに、擬制資本は、価値増殖は将来発生する、それゆえに現在労働していない人々が将来の労働に備えるために労働力の再生産が急務である、という期待に支えられているのである。教育（生産 - 技術主義的な意味での教育、すなわち、労働市場における競争に備えること）が今日重要なトピックになっているのはそのためであり、また、教育が負債とからみ合っているのもそのためである。たとえば、学生が学費のために借金をした場合、その借金は、自己商品化を通じて、つまり借金をかかえた学生が職を得たときに、返済されると考えられているのだ。教育はまた難民の扱いにおいても主要問題のひとつ——いかに難民を有用な労働力に変えるか——となっている。

われわれの社会では、自由選択が至高の価値に祭り上げられているので、社会的な管理や支配が主体の自由を侵害するものとして現れることは、もはやありえない。だから、社会的な管理や支配は、自分を自由な存在として実感する個人の経験として現れる（そしてその経験によって維持される）必要があるのだ。不自由が自由に偽装されて現れる例は、たくさんある。たとえば、国民皆保険が廃止されると、われわれはこういわれる。きみたちは（自分のかかりつけの医師を選ぶという）新しい選択の自由を手にしたのだ、と。あるいは、長期雇用をあてにできなくなり、数年ごとに新しい不安定な勤め先を探さざるをえなくなると、こういわれる。きみたちは新たな自分を生み出す機会、自分のなかに眠っていた驚くべき新しい創造性を発見する機会に恵まれたのだ、と。あるいは、子供の教育費を自分でまかなわねばならなくなると、こういわれる。きみたちは「自己の企業家」になる。自分の所有する（あるいは借り入れた）資源に投資する方法を自由に選ばねばならない資本家のように、きみたちは教育、医療、旅行の分野において活動するのだ、と。われわれは次から次へと「自由選択」を押しつけられ、ひっきりなしに決断をせまられる。しかもその決断は、多くの場合、厳密にいって自分の手に余るもの（あるいは十分な情報が欠如したまま下されるもの）なのである。こうしたなか、われわれは自分に与えられた自由を、その実際のありようのまま、すなわち、われわれから変革という真の選択を奪う重荷として、経験するようになってきている。ブルジョア社会は一般的に、あらゆる個人を階級的差異のみによって分けられた市場の主体として平等化しつつ、カーストおよび他の位階秩序をうやむやにする。だが、それ固有の「自然発生的な」イデオロギーをともなった今日の後期資本主義は、われわれはみな「自己企業家」であるという主張を通じて、階級分割そのものをうやむやにしようとする。これによって、われわれのあいだの差異は、たんに量的なものに変わる（大資本家は投資のために数億ドルを借り、貧しい労働者は補足的な教育のために数千ドルを借りる）。

ここでは、評判の高い「〈協働型コモンズ《コラボラティヴ》〉」も、ひとつの役割を果たしている。マルクスは、労働者と資本家との交換は「公正」なものであるとつねに強調していた。労働者は（原則として）みずからの労働力商品に完全に見合った対価を支払われている。ここには、直接的な「搾取」はない。つまり、労働者は「みずからが資本家に売っている商品に十分見合っただけの対価を支払われていない」わけではないのだ、と。したがって、市場経済においてわたしは、事実上、従属関係のなかにいるが、にもかかわらず、この従属は「文明化」されている。すなわち、直接的な隷属や物理的な強制としてではなく、わたしと他者とのあいだの、市場における「自由な」交換として演じられているのである。アイン・ランドをばかにするのは簡単だが、彼女の『肩をすくめるアトラス』に出てくる有名な「貨幣への賛歌」には、真実が含まれている。「貨幣はあらゆる善の根源であるということを知らないと、墓穴を掘ることになる。貨幣が売買のための道具でなくなったとき、ひとはひとを道具として使うようになる。血か鞭か銃か金銭か。好きなものを選ぶがいい。ほかに選択肢はない(11)」。商品の世界においては「ひと同士の関係が物同士の関係の姿をまとう」というマルクスの有名な定式においても、これと同じことがいわれていたのではないか。市場経済においては、ひと同士の関係が自由と平等を相互承認する関係として現れる。支配関係はもはや直接的に形成されないし、可視化されないのである。二十世紀に現実に存在した社会主義は、市場における疎外を克服することによって、「疎外された」自由のみならず単純に自由までもが失われ、その結果、直接的な支配関係という「疎外されていない」関係が復活する、ということを証明した。〈協働型コモンズ〉はこの危険にどの程度さらされているのか。〈協働型コモンズ〉は、協働関係の媒体そのものを管理しそれによって直接的な支配を生み出す統制機関がなくても、生き残れるのか。

ここで含意されているのは、もちろん、この新たなかたちの支配において貨幣はなんの役割も果たさない、ここでは直接的な支配が問題となっている、ということではない。貨幣は重要な役割を果たし続ける。だが、その分配がもはや価値増殖の過程(労働者が労働の対価として賃金を得る、等々)に基づかない以上、貨幣は支配の直接的手段として機能しはじめるのである。いいかえれば、貨幣は政治権力の手段として、つまりこの権力を行使しその臣民を管理する方法として用いられるのだ。さらに付け加えるなら、理論家のなかには、これによって商品交換と価値増殖による搾取とからなる関係性が克服されると主張する者もいるが、にもかかわらず力説すべきは、資本の循環を通じた価値増殖は依然として経済的再生産過程の最終目標となっている、ということである。

ここで予想される結果は、これ〔権力関係〕とは別の分裂や位階秩序——専門家と非専門家、正規の市民とそこから排除された宗教的、性的マイノリティ——が発生することである。難民や「ならず者国家」の市民をもふくむ、価値増殖の過程にまだ含まれていないあらゆるグループは、かくして、難民キャンプの組織化や潜在的な犯罪者とみなされた者たちの管理といった様々なかたちの人的な支配関係——（難民の円滑な社会への「統合」に役立つとして考案されたソーシャルサービスのように）しばしば人間の顔をみせる支配形態——のなかに、次第に包摂されていく。

露骨な非民主主義的な権威がこのように復活するのは、なぜなのか。これは文化的差異である以上に、今日の資本主義の論理に内在する必然的事態である。われわれが今日直面している主要な問題は、次のように整理できる。後期資本主義における「知的労働」の優位性（あるいは、その支配的役割）は、労働とその客観的条件との分離というマルクスの基本的枠組み——そしてもちろん、革命とは主体による客観的条件の再専有であるという彼の基本的枠組み——にどのように影響するのか。WWW（ワールド・ワイド・ウェブ）のような領域では、コミュニケーション・ネットワーク、生産、交換、消費が密接に絡み合っており、潜在的には区別さえつかなくなっている。わたしの生産したものは、ただちに別のひとに伝達され、そのひとによって消費されるのである。したがって、「商品フェティシズム」というマルクスの古典的概念——「ひと同士の関係」が「物同士の関係」のかたちをまとう——は、根底から考え直されねばならない。「非物質的労働」において「ひと同士の関係」は、見かけの客観性の下に隠されているのではなく、むしろそれ自体、日常的な搾取の材料なのであり、[12]それゆえ、われわれは古典的なルカーチ的な意味での「物象化」についてもはや語ることはできないのである。ひと同士の社会的関係は、目に見えないどころか、まさにその流動性において市場化と交換の対象である。「文化資本主義」において、われわれはもはや、文化的あるいは感情的経験を「もたらす」対象を売る（そして買う）のではない。われわれはじかにそうした経験を売る（そして買う）のである。そして、社会的関係はじかに市場化されるのだから、これは個人間の支配関係もまた市場化されるということを意味している。そう、わたしは他人に金を払ってわたしの召使になってもらうのである……。この自由の侵害をうやむやにするために、また、偽りの釣り合いをとるために、多くの最高経営者が売春婦を雇ってマゾヒズム的な自己卑下のゲームにつきあってもらうのも不思議ではない。

市場に対する抵抗を自省的に取り込んでしまう市場経済の力は、底知れぬように思われる。スマートフォンの所有者はみな、フェイスブックやツイッターからレコーディングやスナップショットにいたるまで、利用可能なすべてのアプリケーションの使い方をおぼえよという超自我的な圧力を経験している。未知の驚きをうたい文句にする高価な機器を購入したひとは、この富を無視して機器をたんに普通の電話として使うことに罪悪感をおぼえざるをえない。新たなアプリケーションを起動させる可能性は、いつしかそれを起動させる義務へと変わるのである。そしてついに、起こらねばならなかったことが起こった。いま述べたようなわれわれの不安は見抜かれ、その不安からの出口が提供されるのである。ライト・フォン2は、

メッセージング〔情報・データ交換〕、目覚まし時計、道案内のような数種の基本的ツールを備えている。これでこれまで以上に、あるいは今後いっさい、スマートフォンなしで済ます

ことが容易になる。これは実際に利用者を尊重する電話である。(13)

ここでは奇妙な否定性が機能している。ひとがこの電話を買うのは、この電話に望まないことのためなのである(われわれはこの電話によってフェイスブック、ツイッター、等々に誘い込まれるのを望まない)。かくして、われわれは円環的な逆説に捕らえられる。われわれはまずスマートフォンの提供するあらゆる付加的機能に対して金を払うが、次いで自由を得るために、そして付加的機能を捨てるために、さらに多くの金を払うのである。「尊重する」は、ここで使う言葉としては奇妙である。そこには、スマートフォンはある意味、実際にはわれわれを尊重していない、という意味が込められている。注目すべき重要なことは、スマートフォンは単純に捨てられるのではない、ということである。われわれはスマートフォンを捨てることを期待されていない。「まぬけな」ライト・フォンによってわれわれは息抜きができる、一時的にスマートフォンの支配から逃れられる、上質な時間を過ごすためにスマートフォンを置き去りにできる……。要するに、ライト・フォンがうまく機能するのは、スマートフォンの脅威が背後にひそんでいるかぎりにおいてなのである。仮にたんにスマートフォンを捨ててライト・フォンだけを使えば、われわれは単純に低次元の技術に退行し、愚鈍な状態に回帰することになる。

こうした複雑な状況を前にすると、われわれはいわゆる「労働価値説」について再考せざるをえなくなる。われわれは交換を、あるいは価値構築におけるその役割を、労働は価値の源泉であるという重要な事実をおおい隠すたんなる見かけ(仮象 appearance)としてしりぞけねばならない――「労働価値説」はそのような主張として読まれるべきではない。貨幣をたんに副次的な資源、交換を可能にする便利な手段とみなすと、リカード左派によって乗り越えられた幻想――貨幣の代わりに、持ち主の労働量を表示しそれに見合う社会的生産物を得る権利を持ち主に与える紙幣を採用することは可能である――への道が開かれてしまう。これではまるで、この「労働貨幣」を使えば、あらゆる「フェティシズム」が廃棄され、労働者は確実に自分の「十全な価値」を与えられるかのようである。マルクスの分析のポイントは、このプロジェクトはフェティシズムを必然的に生み出す貨幣の形式的規定を無視している、ということである。いいかえれば、マルクスが交換価値を価値の現れ（仮象）の様態として定義するとき、われわれは本質と仮象の対立がもつヘーゲル的な意味をまるごと利用すべきなのだ。つまり、本質が存在するのは、それが現れるかぎりにおいてであり、本質はその現れ（仮象）に先立って存在することはないのである。それと同様に、商品の価値は、交換におけるその現れとは独立して存在する内在的で実質的な特性ではない。

　このことはまた、あらゆる類の労働が価値の源泉として認識されるように価値の定義を拡大してはならない理由でもある。家事労働（料理や家事から子供の世話まで）を価値生産的なものとして認めよという、一九七〇年代におけるフェミニストの大いなる要求、あるいは、「自然の無償の贈り物」を（水、空気、森、その他の共有財のコストを試算することによって）価値生産のなかに組み込めという現代のエコ資本主義者の要求を思い出そう。こうした提案はどれも「ある空間を巧妙に環境問題に関連させ商品化しているにすぎない。これは、資本主義的生産様式の支配《ヘゲモニー》への激烈な批判、そして自然から疎外された資本主義的生産様式（およびわれわれ）の状態への激烈な批判を可能にする足場となっている」[14]。つまり、こうした活動は「公明正大」であろうと努め、搾取をなくすか少なくとも制限しようとしているが、実は商品化をこれまで以上に強化し遍在化しているにすぎないのである。こうした活動は、内容（価値とみなされるもの）のレベルで「公明正大」であろうとしているが、商品化の形式そのものを問題化するところまでいっていない。価値は非－価値との弁証法的な対立のなかで――すなわち、家事労働や「無償の」文化的、科学的労働のような、市場価値の生産に捕らわれていない領域の重要な役割を肯定し拡充するように――扱うべきである。価値生産は、その内的な否定、つまり市場価値を生まない創造的労働を組み込まなければ発展できない。価値生産は原則として創造的労働に寄生しているのだ。したがって、われわれは、市場にとっての例外を商品化し価値増殖の過程に取り込む代わりに、そうした例外を外部に置くべきであり、その例外の地位をおとしめる枠組みを破壊すべきである。擬制資本の問題は、それが価値増殖の外部にあることではなく、それが将来くるはずの価値増殖という虚構に寄生したままであることなのだ。

市場経済に対するさらなる挑戦は、蔓延する貨幣の仮想化にみてとれる。この仮想化によって、われわれは「物象化」と「商品フェティシズム」というマルクス主義の基本的概念の練り直しを余儀なくされる。この「物象化」と「商品フェティシズム」という原理が、フェティッシュ（呪物）は堅固な物であり、その安定した存在感のせいでその物が社会的に媒介されている事実があいまいになる、という考えに依然として依拠しているかぎり、それは避けられない。逆説的ではあるが、フェティシズムが絶頂に達するのは、フェティッシュが「脱物質化」されるとき、つまり流動的で「非物質的な」仮想的存在に変わるときである。貨幣フェティシズムは電子形態への移行においてその頂点に達するが、それは貨幣の物質性の最後の痕跡が消えるときなのである。電子マネーは、価値をじかに具現した「真の」貨幣（金、銀）と、それ自体に価値はない「たんなる記号」ではあるものの依然として物質性を手放さない紙幣のあとに来る、第三の形態である。そして、貨幣が破壊不可能な幽霊的な存在様態を最終的にまとうのは、この時点、つまり貨幣が仮想的な評価の基準となるときである。たとえば、わたしがあなたから千ドル借りたとする。わたしが何枚紙の証書を燃やそうと、わたしの借金は依然として千ドルである。わたしの負債は仮想的なデジタル空間のどこかに書き込まれているのだ。『コミュニスト宣言』におけるマルクスの有名なテーゼ——資本主義においては「確固たるものはすべて煙と消える」——は、この徹底した「脱物質化」によってはじめて、彼が想定していた以上に字義どおりの意味を得る。このとき、われわれの物質的な社会的現実が資本の投機的な運動によって支配されるだけでなく、この現実自体が次第に「幽霊化」される（旧来の自己同一的な主体に代わる「プロメテウス的自己」、所有物の安定性に代わる、その自己の経験がもつとらえどころのない流動性）。要するに、このとき、物質的対象と非物質的観念との通常の関係は逆転するのである（対象が流動的な経験のなかで次第に溶けるように消える一方で、唯一安定したものは仮想的な象徴的義務である）。デリダのいう資本主義の幽霊的側面は、この時点になってはじめて完全に実現するのである。

しかしながら、すでにみたように、フェティッシュのこうした幽霊化は、それと対立するものの種、自己否定の種をふくんでいる。それは、個人間の露骨な支配関係が予期せぬかたちで回帰する、ということである。資本主義は（市場交換の条件としての）個人の自由を含意し促進する経済システムとして正当化されるが、その力学は奴隷制の復活をもたらしている。奴隷制は中世の終わりにはほとんど廃れていたが、初期近代からアメリカの南北戦争にいたる時期に植民地においてふたたび現れた。今日ではグローバル資本主義の新時代とともに、新時代の奴隷制が出現しつつある。奴隷制は、もはや法的地位をもたないものの、いくつもの新たなかたちをまとって現れている。たとえば、アラビア半島（アラブ首長国連邦、カタール、等々）における数百万の移民労働者たちは、基本的な公民権も自由も奪われ、移動を制限されている。あるいは、アジアの搾取工場の多くは意図的に強制収容所のように運営され、そこで働く数百万の人々は徹底して管理されている。あるいは、中央アフリカの多くの国々（コンゴ、等々）では、天然資源の開発現場において大々的な強制労働が行われている。

こうした仮想性から物質性への逆転は、迫りくる自然の終わりというかたちで、なによりも野蛮に描かれる。ハリケーン・アーマの壊滅的な被害に関するレポートを見たり読んだりしていたとき、わたしは劉慈欣《りゅうじきん》の傑作SF小説『三体』〔二〇〇七年、英訳は二〇一四年〕に出てくる奇妙な惑星、三体星を思い出していた。ある科学者が「三体」という仮想現実ゲームに引きこまれていく。このゲームでは、プレーヤーは三体星という異星人惑星のなかにいる。この惑星には太陽が三つあるのだが、それらの動きはどうにも奇妙で、朝日や夕日のタイミングや位置も予測できない。非常に遠くに現れて惑星にひどい寒波をもたらすかと思えば、非常に近くに現れてひどい熱波をもたらすこともある。さらには、長いあいだまったく姿を現さない場合もある。プレーヤーは過酷極まりない季節を切り抜けるために自分とそれ以外の住民をある種の乾燥状態にすることができるのだが、この惑星での生活は、いっけん予測不可能な出来事との絶え間ない闘いの様相を呈している。にもかかわらず、プレーヤーは文明を生み出すための方法を徐々に発見し、熱波と寒波の奇妙なサイクルを予測しようとする。アーマのような現象は、地球自体が徐々に三体星に変化していることを証明していないか。壊滅的なハリケーン、干ばつと洪水、そしていうまでもなく地球温暖化――こうした現象は、「自然の終わり」としかいいようのない何かがわれわれの目の前で起こっていることを告げていないか。ここでいう「自然」は伝統的な意味で理解しなければならない。すなわち、規則正しい季節のリズム、人類史の確かな背景、恒常的な存在として当てにできるもの、という意味で。

　人口が密集する広大な陸地が水没し、数百万の人々が生活世界の基盤を奪われるといった事態が起こったとき、部外者には当事者の気持ちを想像するのはむずかしい。耕地だけでなく文化的記念碑やそれに込められた夢をも有する土地が消滅し、その結果、住民は水に囲まれてはいるものの、ある意味、陸《おか》に上がった河童のようになる。これはまるで、数千世代にわたる人々が生活基盤としてきた環境が崩壊しはじめたかのような状態である。もちろん、同じような大災害は、ここ数百年のあいだに起こっているし、有史以前にも起きている。今日では何が違うのかといえば、われわれは「幻想から覚めた」ポスト宗教の時代に生きているため、そうした大災害はもはや、より広い自然サイクルの一部として、あるいは神の怒りとして意味づけられないのである。

一九〇六年にアメリカの哲学者ウィリアム・ジェイムズが記した、地震に対する反応を考えてみよう。

わたしのこころは、もっぱら歓喜と感嘆によって占められていた。「地震」のような抽象的観念が具体的に実証され知覚可能な現実に変換された際にまとう生々しさに対する歓喜［…］、きゃしゃな木造家屋が大きな揺れに耐えていることに対する感嘆。わたしは恐怖などみじんも感じなかった。あれは純粋な喜びと歓待の気持ちであった。(15)

ここにあるのは、われわれが経験している生活世界の基盤の崩壊とはまったく無縁の状態である。

われわれは地球温暖化のような現象を通じて次のことを自覚する。われわれは理論的、実践的活動において普遍的ではあるものの、基本的レベルにおいては地球に住む数ある種のひとつにすぎないのだ、と。われわれが生き残れるかどうかは、われわれが自明視している、ある種の自然界の規定要因によって決まる。地球温暖化から学べるのは、人間の自由は安定した環境（気温、空気の組成、十分な水とエネルギー源、等々）が背景にあってはじめて可能となる、ということである。人間が「したいことをする」ことが可能なのは、人間が周縁的な存在としてあり、ゆえに、地球上の生物の規定要因に深刻な悪影響を与えないかぎりにおいてなのである。地球温暖化とともに感じとれるようになった、われわれの自由の限界は、われわれの自由と力が急激に増大したこと――すなわち、周囲の自然を変容させるわれわれの力を、生命の地質学的基盤をゆるがすところまで増大させたこと――の逆説的な結果である。これによって「自然」は文字どおり社会的－歴史的カテゴリーとなる。だが、それはルカーチ的な意味においてではない。つまり、われわれにとっての「自然」（われわれが「自然」とみなすもの）の内容は、われわれの自然理解の超越論的地平を構造化する歴史的に特殊な社会的全体性によってつねに重層決定されている、という意味においてではない。自然はたんに人間活動の安定した背景であるだけでなく、人間活動によってその基本的構成要素が影響を受ける何ものかになる――自然が社会的－歴史的カテゴリーになるとは、そうしたきわめて根源的な、字義どおりの（存在に関わる）意味においてである。

こうしてわれわれは、自然そのものが煙と消えるという新たな局面に突入する。遺伝子工学の画期的発展は、その最大の効果として自然の終わりをもたらすのである。自然の有機体は、その構成原理がいったん認識されると、ひとによる操作を受けやすい対象に変わる。かくして自然――人間であれ非人間であれ――は、「非実質化」され、その不可解な厚み、ハイデガーのいう「大地」を奪われる。これによってわれわれは、フロイトの本のタイトル『文化のなかの居心地悪さ *Das Unbehagen in der Kultur*』――文化のなかの不満足、不安――に新たなひねりを加えざるをえなくなる。このタイトルは通常「文明とその不満 civilization and its discontents」と訳されるため、文化と文明の対立をいかす機会が失われてしまう。この対立は、要するに、不満は文化のなかに、自然との暴力的な断絶のなかにあるが、一方、文明は応急手当てという二次的な試み、すなわち、自然からの切断を「文明化」する、失われた均衡と見た目の調和を再導入する二次的な試みとみなせる、ということである。最近の情勢によって、不満は文化から自然へと移る。自然はもはや「自然的」ではない。それはもはやわれわれの生の頼れる「濃厚な」背景ではない。自然はいまや、いつなんどき破滅を迎えてもおかしくない脆弱なメカニズムとして現れるのだ。

自然の秩序がますます乱れてきているのは、自然がわれわれの認識能力を凌駕しているからではない。その主な理由は、われわれは自然に介入しておきながら、その効果を自分で制御できないからである。遺伝子工学の実践や地球温暖化が最終的に何をもたらすか、それは誰にもわからないのだ。番狂わせはわれわれから生じる。それは、われわれの役割が不透明であることにかかわっている。問題は超新星の爆発のような宇宙の神秘ではなく、われわれ自身、われわれの集団的活動である。これはいわゆる「人新世《アンスロポシーン》」の問題である。「人新世」とは、われわれ人間が人間の生産活動の産物を吸収してくれる貯蔵所としての〈大地〉にもはや頼ることができない時代、地球という惑星の歴史における新たな時代を指している。われわれは、「〈宇宙船地球号〉」のなかに暮らし、この宇宙船の状態に責任をもつことを受け入れねばならない。みずからの生の根源的条件に影響を与えるほど強い力を得たわれわれは、そのときから次のことを認めなければならない。われわれは小さな惑星に住まう一動物にすぎないのだ、と。このことに気づいたとき、われわれには、環境に対する新たなかかわり方が必要となる。われわれは、自分たちが安全であることを保障してくれるアプリオリな原則を欠いた状態のなかで、環境と協調しながら活動する謙虚な主体、この先ずっと環境のことを考えながら許容できる安定性のレベルを決めていく謙虚な主体にならねばならない。

これは要するに、われわれは守りの姿勢をとるべきであり、新たな限界を、つまり、なんらかの新しいバランスへの回帰（いや、むしろその創出）を求めるべきである、ということなのか。これは支配的なエコロジー思想がわれわれの義務として提示するものであり、生命倫理《バイオエシックス》もバイオテクノロジーに関してこれと同じ目標をかかげている。バイオテクノロジーは科学的介入の新たな可能性（遺伝子操作、クローニング、等々）を探究するが、生命倫理はバイオテクノロジーによって可能になることに関して倫理的制限を課そうとする。その意味で、生命倫理は科学的実践に内在するものではない。それは科学的実践に外部から介入し、外的な倫理を押しつけるのである。こういってもよい。生命倫理は、科学的努力に内在する倫理、「科学的欲望においては妥協せず、最後まで断固やり通せ」という倫理に対する背信である、と。こうした制限の試みは失敗する。なぜなら、それは、客観的限界など存在しないという事実を無視しているからである。われわれは、客体そのもの――自然――が安定していない、ということを発見しつつあるのだ。懐疑主義者は、自然に関するわれわれの知には限界があると指摘したがる。しかし、限界があるからといって、エコロジーをめぐる脅威を軽視してよいことにはならない。それとは逆に、先の状況がまったく予測できない以上、われわれは以前にもましてこの脅威に注意するべきである。地球温暖化は現在のところ確信をもって断定できないものであるが、これが意味するのは、事態は深刻ではない、ということではない。事態はわれわれが考える以上に深刻であり、自然的要因と社会的要因は複雑にからみ合っている、ということである。

　では、われわれは資本主義自体をこの脅威への対抗策として用いることができるのか。資本主義によって、エコロジーは資本投資と資本競争の新たな領域に容易に変わるものの、問題の危機の性質からいって、市場による解決は根本的に除外される。なぜか。資本主義は厳密な条件が整わなければ機能しない。市場の「見えざる手」とは、利己的な諸個人の競争が公共の福祉に資することをある種の理性の狡知によって保証するものだが、資本主義にはこの客観的なメカニズムへの信頼が含意されているのである。しかし、われわれは目下、根源的な変化のただなかにいる。今日出現しつつあるのは、ひとによる主体的な介入が生態系のカタストロフィや、致命的な遺伝子工学上の突然変異や、原子力災害やそれに類する軍事的－社会的災害などの引き金になるという前代未聞の可能性なのである。ひとつの社会－政治的な行為主体の活動によって、歴史の、さらには自然のグローバルなプロセスが変更され妨害される可能性があるというのは、人類史上はじめてのことである。

ジャン＝ピエール・デュピュイはここで、複合的システムの理論を参照する。この理論は、複合的システムがもつ二つの相反する特徴、強靭で安定した性質と極端な脆弱性を説明するものである。複合的システムは大きな変動に適応し、統合され、新たな均衡と安定性を見出す——ただし、ある限界（「大きな転換点」）を超えなければ、であるが。この限界を超えた場合、小さな変動でさえ全体の崩壊をまねき、まったく異なる秩序の構築につながる可能性がある。数百年にわたって人類は、みずからの生産活動が環境に与える影響について心配する必要がなかった。自然は森林伐採、石炭や石油の消費、等々に適応できたのである。しかし、われわれが今日大きな転換点に達していないのかどうかは不明である。これは、われわれにはわからない。なぜなら、そうした転換点は、その点をとうに過ぎたあとで、つまりあとから振り返ってみたときに、はじめてとらえられるからである。われわれにとって選択肢は二つしかない。環境のカタストロフィの脅威を真剣に受け取り、カタストロフィが起こらなければ滑稽にみえるようなことを実践する決断をいますするか、それとも、なにもせず、カタストロフィが起こったらすべてを失うか、である。最悪のシナリオは、中道を行くこと、中途半端に方策を講ずることである。この場合、なにが起こっても、われわれは失敗する（つまり問題は、中道など存在しないということ、環境のカタストロフィは起こるか起こらないかのいずれかであるということだ）。そうした状況では、予期、予防措置、リスク・コントロールについて語ることに意味はない。

したがって、ここからは、主に以下のことを教訓として学ばねばならない。人類は「柔軟」でノマド的な生き方に向けて準備すべきである。局所的な、あるいは地球規模の環境の変化は、前代未聞の大規模な社会の変容を要求するかもしれないからだ。アイスランド全域が火山の大噴火によって居住不可能になったとしよう。アイスランド国民はどこに移住するのだろうか。それはどのような条件でなされるのだろうか。彼らは特定の土地を与えられるのだろうか。それとも世界中に散り散りになるのだろうか。北シベリアがひとの住める、農業に適した地域になる一方で、サハラ砂漠以南の地域が極度に乾燥し、大量の住民がそこに住めなくなったらどうなるだろうか。組織的な住民の交換は、どのようになされるのだろうか。過去に同じようなことが起こった際には、社会の変化が暴力と荒廃をともないつつ自然発生的に起こった。大量破壊兵器がいつでも使える今日の状況において、そうした展望をいだくことはカタストロフィにつながる。明確にいえることがひとつある。われわれは国家主権を根本から作り直し、グローバルな協力関係を新たなレベルで生み出さねばならないだろう。では、新たな気候パターンの結果、あるいは水不足やエネルギー不足の結果として必要になる、経済と消費における変化についてはどうか。そうした変化は、どのような意思決定のプロセスによって実現されるのだろうか。

最後にもうひとつ大事なことを付け加えれば、重要なのは、われわれの直面する脅威における対立物の奇妙な一致に注目することである。厄介な問題は「物質的な」外部（自然の終わり、環境におけるカタストロフィ）から来ると同時に、「非物質的な」仮想空間（われわれをコントロールするデジタル空間をコントロールするのは誰なのか、ハッカーを操っているのは誰なのか）からも来るのである。

ハッカネズミと人間、あるいは、ポストヒューマン資本主義に向かって

『ブラック・ミラー』第三シリーズの第一話「暴落」（二〇一六年、邦題「ランク社会」）は、いまの現実に代わる現実を舞台にしている。この世界では、人々は電話器を用いて互いを評価し、この評価が個人の生活全域に影響する。「暴落」は自分のレーティングを過剰に気にする若い女性、レイシーの物語である。幼なじみの有名人の結婚式で花嫁の付添いに選ばれたレイシーは、これを自分のレーティングを上げ、夢をかなえる機会と考える。レーティングが四・五を超えれば（満点は五である）、多くの場所に出入りできるようになるのである。だが、彼女はしくじってしまい、

何をやってもうまくいかない。結局、彼女のレーティングはゼロになる。そこで彼女はランクを上げるためのテクノロジーを使い、そのために投獄される。監房にいるあいだ、彼女はある囚人とのあいだで侮蔑の応酬をするが、二人の怒りの交換はやがて喜びの交換に変わる。二人は、自分たちにはこのやりとりをする自由があると気づくからである。だが、これは、いまの現実に代わる現実だろうか。『ビジネス・インサイダー』のレポートによれば、「中国はデータを使って、信頼度という基準をもとに市民ひとりひとりに点数をつけるかもしれない」という。

中国政府は、市民の金融的、社会的、政治的、法的信用等級をひとつの大きな社会的信用度のスコアにまとめるシステムを、導入しようとしている。意図されているのは、誰かがある領域で約束を破れば、あらゆる領域の信用等級が悪影響を受ける、ということである。より広範囲に及ぶスコア・システムをめぐる中国の計画は、二〇一五年から進められていた。だが、今年〔二〇一六年〕九月、政府は「社会的約束を破った」者（たとえば、債務不履行の者やオンラインで政府に対して不満を述べた者）に与える罰を箇条書きにして示した。方針を記した文書によると、スコアの低い者は次のような措置を受ける。官公庁の職には就けない。社会的セキュリティや福祉を享受できない。中国の税関を通るとき、一般の人よりも厳重にボディチェックを受ける。食品部門や薬品部門の上役にはなれない。夜行列車で寝台を得られない。五つ星のホテルやレストランに入ることはできず、旅行代理店でも門前払いされる。子供は学費の高い私立学校に入れない。(16)

これは中国の全体主義を示す逸話にすぎないと思われるかもしれない。だが、われわれもこれより目立たないやり方で同じことをしているのではないか。われわれが職に応募したり銀行に融資を頼んだりする際のデータの集められ方に注目する代わりに、ここではそれよりも巧妙な事例を検討しよう。

ロンドン交通局の最近の会議では、ロンドン市内の通勤通学を「ゲーム化」する可能性が議論された。この実現に向けてロンドン交通局は、アプリ開発者が最大限の利益を得ながら、公共交通システムに基づいたロンドンに特化したアプリをつくることを期待して、あらゆるロンドンの交通機関（バス、地下鉄、地上の鉄道、フェリー）をモニターするために使われるインターネットＡＰＩ（アプリケーション・プログラム・インターフェイス）とデータ・ストリームを、オープン・ソースとオープン・アクセスに変えた。アイディアのひとつは、どこかの地下鉄の駅が列車の遅延によって混雑した際、代わりのルートを使って混雑の緩和に協力してくれる人々に対してロンドン交通局が「ゲーム内報酬」を与える、というものである。渋滞防止は社会全体の組織的、国家的管理というディストピアを示しているようにはみえない一方で、それは実際のところ、そこで用いられるテクノロジーがもつ潜在的な危険性をあらわにしている。つまり、それが示しているのは、北京で導入が計画されている、市民ひとりひとりの信用度をレート化し中国国家への献身に応じて市民に褒美を与える「社会信用」ゲーム・システムが、英国とそれほど無縁なものではない、ということである。英国の大手メディアは中国のアプリ開発におけるこうした発明に動揺しているが、われわれの動きをマッピングし管理する現在の電子工学的体制をよくみれば、同じような枠組みはすでにロンドンにおいても発達段階にあることがわかる。将来の「スマート・シティ」において取り払われるのは、交通渋滞だけではなく、空間の非効率的な誤った使用や空間の危険な占拠である[17]。

さらには、この格付けが包括的ではないことも銘記すべきである。ここでは、つねに格付けを免除される存在が二重化されている。数十年前『マッド』誌は、四階層からなるヒエラルキーの様々な例を掲載した。たとえば、流行についていえば、最下層には、流行とは無縁に暮らし流行など気にしないひとたちがいる。その上には、流行を追いかけるがつねにそれに遅れてしまうひとたちがいる。さらにその上には、トレンドの最先端を行くひとたちがいる。そして最上層には、流行を決める立場にあるために――彼らが着ると決めたものが流行なのである――最下層のひとと同様に服装に無頓着なひとたちがいる。社会信用においても同じことがいえないだろうか。最下層には、自分の格付けなど気にしないアウトサイダーがいる。その上には、思うように格付けが上がらず、努力するひとたちがいる。その上には、最高点を獲得したひとたちがいる。そして最上層には、最下層のひとと同様に、自分の格付けなど気にしないひとたちがいる。なぜなら、欲しいものは何でも手に入るからである（たとえば中国では、国家幹部《ノーメンクラトゥーラ》のトップメンバーは自分の格付けに気をもむ必要がない）。最上層と最下層のひとたちは、ある意味で自由である。彼らは自分の格付けなど気にしていないからだ。また、最上層よりも最下層のほうがより自由であるともいえる。なぜなら、最上層のひとには別の心配事（これからもトップでいられるだろうか）があるからだ。格付けから除外され、また誇りをもって格付けを無視する最下層のひとたちは、おそらく今日の新たなプロレタリアートであろう。マルクスが指摘したように、プロレタリアートは二重の意味で自由《フリー》である。ひとつは社会的財産をもたないという意味で、もうひとつはその語の単純な意味で「free には「……のない」という意味と「自由な」という意味がある」。

今日では、格付けを超越したひとたちは、もちろん諸官庁と結びついた大企業である。そうした企業はコモンズ（共有財）の私有化を具現している。なかでもイーロン・マスクは象徴的な人物である。彼はビル・ゲイツ、ジェフ・ベゾス、マーク・ザッカーバーグなどと同類の「社会的意識の高い」億万長者のひとりである。このひとたちは、きわめて魅惑的で「進歩的な」――要するに、きわめて危険な――グローバル資本を体現している。マスクは、新しいテクノロジーが人間の尊厳と自由に突き付ける脅威について警告したがる。だからといって、もちろんマスクが脳‐コンピュータ・インターフェイス開発企業、ニューラリンクへの投資を思いとどまるわけではない。この会社は人間の脳に埋め込める装置を集中的に開発しているが、その最終的な目的は、人間がソフトウェアと融合し人工知能の進歩と歩調を合わせるのを助けることである。人工知能の進歩によって記憶力が向上する、あるいはコンピューティング装置とのインターフェイスが可能となるかもしれないのである。「やがてわれわれは、生物学的知能とデジタル型知能との融合を目の当たりにするだろう(18)」。革新的テクノロジーというものは、どれも最初はこのように提示される。つまり、その健全性あるいは人道的な利点が強調される。これによってわれわれは、予想される不吉な影響や結果に対して盲目になる――たとえば、このいわゆる「ニューラルレース」〔生体力学的な機能をもつコンピュータ移植片〕のなかにどのようなコントロールの新形態が含まれているか、われわれに想像できるだろうか。だからこそ、ニューラルレースを私的資本と国家権力の管理から隔離し、それを完全に公的議論の対象にすることが絶対に必要なのである。グーグルをめぐるジュリアン・アサンジの重要な本は奇妙にも世間から無視されているが、彼がそこでいったことは正しかった。[19] われわれの生が今日どのように規制されているか、そしてこの規制がいかに自由として経験されているかを理解するためには、秘密機関とコモンズを管理する私法人とのあいだの、得体の知れない関係に注目しなければならない、と。

こうしたことが原因となって、アサンジは体制にとって大きな脅威となっている。西洋列強が最近エクアドルにかけた舞台裏での圧力については、ただ想像するしかないのだが、この小国は、ジュリアン・アサンジの公的空間からの隔離に新たなひねりを加えざるをえなかったのだろう。彼はいまやインターネットからも切り離され、多くの訪問客は門前払いされている……。ロンドンのエクアドル大使館の一室にすでに半年間閉じ込められている人物の、ゆるやかな社会的な死。こうしたことはかつて、合衆国の大統領選挙のときには短期間のうちに起こった。だが、当時のそれは、選挙結果に影響しかねない文書を公表したウィキリークスに対する反応であった。一方、現在においては、そうした言い訳はない。国際関係に対するアサンジの「干渉」は、カタロニア危機やスクリパリの毒殺疑惑に関して私的な意見をウェブ上で公開することだけなのである。では、彼に対するそうした扱いがいま出てくるのは、なぜなのか。また、公衆はなぜそのことをほとんど騒ぎ立てないのか。

二つ目の問いについていえば、人々はアサンジに飽きただけなのだという主張は、答えとして不十分である。重要な役割を果たしたのは、長くゆっくりとした、お膳立てされた人格攻撃である。それは数か月前、根も葉もないうわさとともに下品極まりない域に達した。うわさによれば、エクアドル人は、アサンジの体臭がひどく服が汚いために彼を放り出したかった、というのである。この個人攻撃の第一段階では、彼の元友人や元協力者がおおやけの場で発言した。ウィキリークスは、はじめはよかったが、やがてアサンジの政治的偏見（ヒラリーに対する執拗な敵意、ロシアと組んでいるのではないかという疑惑……）によって泥沼にはまり込んだ、と。次の段階では、よりあからさまな個人的中傷がなされた。アサンジは権力とコントロールに取りつかれた傲慢な偏執症者である……と。そして現在、中傷は体臭やよごれといった身体そのもののレベルに達している。

アサンジは偏執症であるというが、そうだろうか。シークレット・サービスによって始終監視されながら、いたるところに盗聴器がしかけられた部屋でずっと暮らしていたら、誰でもそうなるのではないか。アサンジは誇大妄想症であるというが、そうだろうか。ＣＩＡの（当時の）長官が「あなたの逮捕は最優先事項である」と語るとき、これはすくなくとも、あなたが誰かに対して「大変な」脅威であることを意味していないか。アサンジはスパイ組織の首領のようにふるまっているというが、そうだろうか。だが、ウィキリークスは現にスパイ組織である。ただし、それは人々に奉仕する、政治の舞台裏で起こっていることを人々に伝えるスパイ組織である。アサンジは司法から逃げている、エクアドル大使館にこもって司法判断を避けているというが、そうだろうか。だが、告訴が取り下げられているのに逮捕するぞと威嚇する司法とは、いったいどんな司法なのか。

大きな問題にもどろう。アサンジはなぜ今になってうとまれるのか。ケンブリッジ・アナリティカというひとつの名前は、すべてを解き明かしてくれるように思う。これはアサンジの活動、彼の戦いの目的――つまり、大企業と政府機関との癒着を暴露すること――を象徴する名前であるからだ。合衆国大統領選挙におけるロシアの干渉がいかに大問題となり強迫観念となっていたかを思い出そう。だが、いまでは、国民をトランプ支持に誘導したのはロシアの（おそらくアサンジとともに働いていた）ハッカーではなく、われわれの側のデータ処理会社であったことが判明している。データ処理会社はみずからの力と政治勢力とを結合させたのである。だからといって、ロシアとその同盟国が潔白であるわけではない。ロシアとその同盟国は、実際に合衆国大統領選挙を動かそうとしたのであり、そのやり口は、合衆国が他国の選挙を動かす際のそれ（ただしこの場合は「民主主義への援助」と呼ばれる）と同じなのである。だがこれは、われわれの民主主義をゆがめる大きな悪いオオカミがクレムリンではなく、こちら側にいることを意味する。そしてこれこそは、アサンジが始終主張していたことなのである。

だが、この大きな悪いオオカミは、正確にはどこにいるのか。こうした管理と操作の全体像を得るためには、私法人と政党との癒着（ケンブリッジ・アナリティカの場合がこれである）から、グーグルやフェイスブックのようなデータ処理会社と国家公安機関とのずぶずぶの関係へと目を転じなければならない。われわれは中国ではなく、むしろわれわれ自身にショックを受けるべきだろう。なにしろわれわれは、自分たちは完全な自由を手にしている、そしてメディアの助けによって目標を実現できると信じながら、一方で、中国と同様の規制を受け入れているのだから（すくなくとも中国では、国民は自分たちが規制されていることを完全に自覚している）。この新しい社会の全体的なイメージに、遺伝子工学の最新の発展についてわれわれが知っていることを付け加えれば、新たなかたちの社会管理に関する正確な、おそろしいヴィジョンが得られる。この新形態の社会管理にくらべれば、古きよき二十世紀型の「全体主義」は、むしろ原始的でぎこちない管理機構である。

新たな認知－軍事複合体の最大の成果は、直接的であからさまな圧力を用済みにしたことである。個人はこれまで以上にうまく管理され、「刺激を受けて」管理する側の思いどおりに動くようになるが、なおも自由で自律的な主体として自分の生を営んでいると実感し続けるのである。これこそはウィキリークスから得られる、もうひとつの教訓である。つまり、われわれの不自由が危険極まりないものになるのは、それがまさにわれわれの自由の媒体として経験されたときなのである――たとえば、個々人が自分の意見を周知し、自由意志によって仮想的なコミュニティを形成するのを可能にするコミュニケーションの絶えざる流れ以上に自由なものがあるだろうか、というふうに。だからこそ、デジタル・ネットワークを私的資本と国家権力による管理の外に置くこと、すなわち、デジタル・ネットワークを公的な議論がなされる場にすることが絶対に必要なのである。

ケンブリッジ・アナリティカがメディアで話題となっていたとき、なぜアサンジの言論を封じ込める必要があったのかは、いまや明らかである。権力者たちはケンブリッジ・アナリティカ問題を、私法人と政党による特殊な「過ち」として片づけようとする。だが、国家は、いわゆる「深層国家」というなかば不可視の装置は、どこにいってしまったのか。ケンブリッジ・アナリティカ「スキャンダル」について大規模に報道してきた『ガーディアン』が最近になって、アサンジは誇大妄想症で司法から逃げているという胸くそわるい批判を発表したのは、不思議ではない。ケンブリッジ・アナリティカやスティーヴ・バノンについてはいくら書いてもよい、ただしアサンジが知らせようとしていたこと――「スキャンダル」をめぐる捜査主体になることが期待される国家装置自体が、問題の一部である――には拘泥するな、というわけである。

アサンジは自分のことを人民の、人民のためのスパイと評していた。彼は権力者のために人民をスパイしているのではない。人民のために権力者をスパイしているのである。いま実際に彼を助けられるのがわれわれ人民だけであるのは、そのためである。われわれが圧力をかけ、集結することによってしか、彼の苦境は緩和されないのだ。ものの本によく出てくるように、ソヴィエトの諜報機関は何十年かかっても裏切り者を罰するだけでなく、裏切り者が敵に捕まった場合はその者を救い出すために断固戦った。アサンジの後ろ盾は国家ではない。われわれ人民である。ならば、すくなくとも、ソヴィエトの諜報機関がしていたことをわれわれもしよう。どんなに時間がかかろうと、彼のために戦おう！

＊

デジタル化による規制は最近、これまで以上に不吉な展開をみせている。ジョン・スタインベックは、ロバート・バーンズの詩「ネズミへ」をもとにして、有名な自作の中編小説のタイトル〔『二十日鼠と人間』〕を付けた。

〔人間である〕わたしは残念でならない、人間の支配が
自然の社会的な和合を壊したことを
そして人間に関するあの悪評を裏付けることを
その悪評を聞いて〔ネズミである〕あなたはびっくりする
あなたの哀れな地上の仲間であるわたしに
同じ死すべき運命にある同胞に驚愕する！
［…］
〈生きとし生けるもの〉〔ネズミと人間〕をめぐるよく練られた計画は
しばしば頓挫する
そして悲しみと痛みだけを残す
約束されたよろこびの代わりに！

この詩行では、ある人間が一匹のネズミに次のように謝罪する状況が描かれている。自分は自然界を支配したいと思うがあまり「自然の社会的和合」を壊した。だから人間に対するネズミの不満とおそれは正当である、と。人間はまた次のことも認めている。自分の計画が善意のものであったとしても、それは醜悪なものに変わり、ただ悲しみと痛みだけを生み出したのだ、と。これと同じ場面が人間の科学者と、彼が以下のような実験のために使ったネズミとのあいだで起こるのを、われわれは想像できるだろうか。

誰かがあなたの脳を遠隔操作する、誰かがあなたのからだの中央処理器官に命じてあなた発のものではないメッセージを筋肉に送らせる、そんな状況を想像してほしい。これは途方もなく恐ろしい考えである。だが、科学者たちはこのSF的な悪夢を、より小規模なかたちではあるが、現実化しようとしてきた。そして、被験者に刺激を与えて、彼らを走らせたり、じっとさせたり、さらには彼らから手足の自由を完全に奪うことさえできた。ありがたいことに、この研究はいまのところ〔…〕悪ではなく善のために利用されるだろう。バッファロー大学人文科学部の物理学教授、アーント・プラーレ博士をリーダーとするグループは、「磁気−熱刺激」と呼ばれる技術に取り組んでいる。この技術は単純なプロセスではないが――それには特別製のDNA繊維と、特定のニューロンと結びついたナノ粒子とを移植することが必要である――必要最小限の身体的処置が終われば、交番磁界を通じて脳の遠隔操作が可能になる。磁気入力がなされると、粒子は熱を帯び、これによってニューロンは神経パルスを発する［…］。まだネズミを使ったテストしかなされていないものの、この研究が脳科学の分野においてもつ意味は多大であろう。イーロン・マスクのような夢想家にとっての見果てぬ夢は、われわれはいつの日か自分の脳を調整して気分の乱れを解消できるようになり、より完璧な生物になれる、ということである。この画期的な研究がそうした未来への重要な一歩となったとしても、おかしくはない。(20)

この研究は「いまのところ［…］悪ではなく善のために利用されるだろう」という、条件つきの希望は、「はじめによいニュース、次にわるいニュース」というおなじみの医者のジョークを思わせる。われわれの脳を直接デジタル化するという新たな発明が一般の人々に売り出されると、メディアは一般的にいってまず、これには医学的な利点がある、これで苦難をやわらげる新たな機会が得られる、と指摘する。こうなれば、スティーヴン・ホーキングの小指――彼の精神と外的現実との必要最小限のつながり、麻痺したからだのなかで彼が動かすことのできる唯一の部分――さえ、もはや必要なくなるだろう。たとえば、彼はなにやら謎めいた精神を使って、自分の車椅子を動かすこともできただろう。つまり、彼の脳は遠隔操作マシーンとして機能しえただろう。だが、因果応報とはよくいったもので、脳のデジタル化は前代未聞のコントロールの可能性をひらく。ちなみに、わたしの引用したニュースは、実はもはやニュースとはいえない。二〇〇二年の五月には、すでに次のような報道があったからである。ニューヨーク大学の科学者たちが、信号を受信するコンピュータ・チップをネズミの脳に取り付けた。これによっておもちゃのリモコン・カーと同じように、操縦装置を使ってネズミをコントロールし、ネズミが走る方向を定められるようになった、と。このときはじめて、生きた動物の「意志」、生きた動物による自分の動きに関する「自発的」決断は、外的なマシーンに乗っ取られたのである。もちろん、ここには大きな哲学的問題がある。この不幸なネズミは、実際には外的に規定された自分の動きをどのように「経験」したのだろうか。ネズミは以前と変わらず、自分の動きを自発的なものとして経験していたのか(すなわち、自分が操られていることをまったく自覚していなかったのか)。それとも、「なにかおかしい」、自分の動きは外的な力によって規定されていると気づいていたのか。

さらに重要なことがある。これと同じ推論を、人間に対してなされる同一の実験(倫理的問題はさておき、これが技術的にいってネズミ相手の実験よりはるかに複雑であるはずはない)にも適用してみよう。「経験」という人間的カテゴリーをネズミに適用すべきではないという主張はありうるだろうが、しかし、われわれは同じ問いを人間に関しても問わねばならない。操作された人間として、わたしは以前と変わらず、自分の動きを自発的なものとして経験するのだろうか。わたしは自分が操られていることにまったく気づかないままなのだろうか。それとも、なにかおかしい、自分の動きは外的な力によって規定されていると気づくのだろうか。そして、この「外的な力」はどのようにあらわれるのだろうか。わたしの内側にあるもの、やむにやまれぬ内的な衝動としてなのか。それとも、単純な外的な強制としてなのか。自分の「自発的な」行動が外部からあやつられていることにわたしがまったく気づかないとすれば、われわれは本当に、この事態は自由意志という考えになんの影響も及ぼさないというそぶりを維持できるのだろうか。

こうした操られた人間の例は、多少のアイロニーをともなうが、政治的現実のなかにすでに見出せる。EUによる財政的圧力に「ノー」を突き付けて国民投票に勝利した、反緊縮財政の狂信的支持者アレクシス・ツィプラスは、そのあと突然立場を変え、厳しい緊縮政策の実行に同意したが、このときブリュッセルの財政分野の権力者はあたかもボタンを押して、ツィプラスをリモコンのおもちゃのように動かしていたかのようにみえないか。多くのひとが気づいていることだが、この変化のあとのツィプラスは、ヨーロッパの大物指導者たちとともにテレビに出ると、変な立ち振る舞いをみせる。彼は、まるで自分のしていることを完全には自覚していないかのように、たびたび立ち上がってにっこりと微笑むのである。しかし、彼をめぐる政治情勢はもっと複雑である。二〇一七年十月十七日、ツィプラスはホワイトハウスにいるトランプを訪ねた。そして会談後、ローズガーデンでの会話のなかで、自分はいつでもトランプと手を組む用意があると宣言した。「われわれは価値観を共有している。自由と民主主義という価値はギリシアで生まれたことを忘れないでほしい。それはアメリカの文化と伝統のなかを横断する価値である。大統領はその伝統を継承している[21]」。ここでのツィプラスは、厳しい緊縮政策を押し付けるEUの操り人形ではない。ここには、ある種のひと本来の過剰性が認められるし、彼は国際資本からの圧力も受けていない。彼のトランプ賛美は主体的なものであり、地政学的に道理にあっている（トルコに頭を悩ます合衆国はふたたびギリシアを頼りにする）。それは、エルサレムはユダヤ人の永遠の都であるという、数年前のイスラエル訪問の際に彼が述べたことと、あるいはセルビアや他の正教派の国々との親交と、軌を一にしている。また、対ヨーロッパの苦い経験のあと、彼は反ヨーロッパを旨とする人々からの支援を求めていると理解することもできる。しかしながら、こうしたことによって彼の立場が正当化されるわけではない。われわれがここで扱っているのは、EUのおどしに対するツィプラスの条件付き降伏がもたらした悲喜劇的な結果にすぎないのだから。

リモコンのおもちゃとしてのツィプラスというこのイメージは、もちろん趣味のわるい政治的ジョークにすぎないが、反面、ここでは大きな問題――基本的な哲学的問題のみならず政治的な問題――が出てくる。すなわち、マスクが「われわれはいつかできるようになるだろう」と語るとき、この「われわれ」とはいったい誰のことなのか。会社なのか、政府なのか、金持ちなのか。ひとつ明白なことがある。科学と哲学はこの先、力を合わせる必要があるだろう、ということだ。相互関係のない二つの異なる理論分野のあいだで――たとえば「ポストモダンな」思弁と経験科学において――類似した考え方が現れるということは、ときどき起こる。ここ数十年間では、これは理論上の反ヒューマニズムあるいは非人間的主体という考え方とともに起こっている。この考え方は、フーコー、ラカンからバディウにいたるフランス現代思想において重要な役割を果たした。最近では、認知科学が独自の反ヒューマニズムを提示している。生のデジタル化とともに、そして脳とデジタル装置との直結という展望とともに、われわれは新たなポストヒューマンの時代、自分は責任を果たす自由な人間であるというわれわれの自己理解が動揺させられる時代に入りつつあるのだ、と。このようにしてポストヒューマニズムは、もはや常軌を逸した理論的もくろみではなく、われわれの日常生活にかかわる問題となる。この二つの面〔思想的、科学的〕は単一の理論的視点のもとで結びつけられるのだろうか。それとも、両者は異なる言語を話す運命にあるのだろうか（「ポストモダン」理論は認知主義をナイーヴな自然主義的決定論として非難し、認知主義者は「ポストモダン」理論を伝統的な哲学の空間に根ざした見当はずれの思弁としてしりぞける、というふうに）[22]。ここで最初に注意すべきことは、ポストヒューマンな主体の出現と人新世《アンスロポシーン》とは同じ現象の二つの側面である、ということだ。人類が地球の生命のバランス全体をおびやかす主要な地質学的ファクターとなるとき、まさに人類はその基本的特性を失い、ポスト人類《ヒューマニティ》に変容するのである。

この問題の根底には次の問いがある。資本主義とポストヒューマニティという展望とは、どのような関係にあるのか。普通はこう仮定されている。資本主義は後者にくらべて歴史的なものであり、性の差異を含む人間性《ヒューマニティ》というものは前者にくらべて基本的なもの、実のところ非歴史的なものでさえある、と。しかし、われわれが今日目の当たりにしているのは、ポストヒューマニティへの移行と資本主義とを統合する試みにほかならない。イーロン・マスクのような新たな億万長者たちの努力は、まさにそこに向けられている。「われわれの知っているような」資本主義は終わりつつあるという彼らの予言は、「人間的な」資本主義のことをいっているのであり、彼らの語る移行とは、人間的な資本主義からポストヒューマンな資本主義への移行なのである。映画『ブレードランナー２０４９』〔二〇一七年〕はこの問題を扱っている。物語の筋（あつかましくも、またもやウィキペディアから引用する）は以下のとおりである[23]。

ときは二〇四九年。レプリカント（生物工学によってつくられた人間）は社会のなかに使用人や奴隷として組み込まれている。命令どおりに動くようにつくられた新型モデルのレプリカントであるKは、LAPD（ロサンジェルス市警察）のために「ブレードランナー」として働き、欠陥のある旧型モデルのレプリカントを見つけ出しては「解任」している。彼はホログラフィーによって生み出されたガールフレンド、ジョイとともに家庭生活を送っている。ジョイはウォレス・コーポレーションが製造した人工知能であった〔ポストヒューマンなレプリカントを製造するこのウォレス・コーポレーションが人新世《アンスロポシーン》の危機をきっかけに成長したことを銘記すべきである。人間の過剰な活動は自然の再生産活動を崩壊させ、飢餓を生み出したが、ウォレス・コーポレーションはこの飢餓から人類を救った。それは大量の人工食品を製造する方法をみつけたのである〕。拡大するレプリカント解放運動を調査するうち、Kはある農場に行きつく。そこで彼はサッパー・モートンという不良レプリカントを解任し、土に埋められていた箱を発見する。法医学的分析によって、箱には女性レプリカントの遺骨が含まれていることが判明する。このレプリカントの死因は、帝王切開による合併症であった。Kは動揺する。レプリカントの妊娠はそもそも不可能であると考えられていたからである。

　Kはこの件の証拠をすべて破棄し、子供を解任するように命じられる。命令をしたのは彼の上司、ジョシ警部補であった。ジョシは、レプリカントが生殖可能であるという認識は危険であり、戦争を招きかねないと考える。なぜなら、それによってレプリカントと人間を分かつ明確な差異はあいまいになるからである。〔製造されたのではなく〕誕生した個人を殺せというジョシの命令に当惑したKは、ウォレス・コーポレーションの本部を訪れ、設立者ニアンダー・ウォレスに会う。ウォレスは、遺体は実験用レプリカント、レイチェルであると断定する。捜査の過程でウォレスは、レイチェルがかつてのベテランのブレードランナー、リック・デカードと恋愛関係にあったことを知る。ウォレスは、レプリカントの生殖によって自社の生産活動は強化され、自分の宇宙植民地《オフワールド》事業は拡大すると確信するが、彼自身の手元にはレプリカントに生殖能力をつけるための技術がない。そこでウォレスは、彼の代理人であるレプリカント、ラヴを派遣して、ＬＡＰＤ本部からレイチェルの遺骨を盗ませる。また、レイチェルの子供をみつけるために、ラヴにＫのあとを追わせる。

　モートンの農場にもどったＫは、おもちゃの馬を隠した子供のころの記憶と合致する隠された日付を発見する。彼はのちにこの馬を或る孤児院でみつけることになる。これは彼の記憶――彼はそれを移植されたものだと思っていた――が現実であったことを示している。これはＫが本当の人間である証拠だと、ジョイは主張する。その日付の年の出生記録を調べているうち、Ｋは、性染色体以外のＤＮＡが一致した双子がその日に生まれていたことを発見する。ただし男の子だけが生存者として登録されている。Ｋはウォレス・コーポレーションの記憶デザイナー、アナ・ステリン博士を探し出す。博士は、レプリカントに人間の本物の記憶を組み込むのは違法であるとＫに教える。これによってＫは、自分はレイチェルの息子かもしれないと思うようになる。Ｋがレプリカントとしての適性試験に失敗したあと、ジョシはＫを停職処分とするが、Ｋが姿をくらませるよう四八時間の猶予を与える。ジョイの全データをモバイル・エミッターに移したあと――これが破損すれば、彼女が消滅することを知りつつもKはそうする――Kはおもちゃの馬を分析してもらい、そこに放射能の痕跡があることがわかる。これをたよりに彼はラスヴェガスの廃墟に向かい、そこでデカードを発見する。デカードは、自分の足跡をくらますために出生記録を改ざんしたこと、レイチェルを守るためにやむをえず彼女をレプリカント解放運動の手にゆだねたことを明かす。

ラヴとその部下たちはジョシを殺し、Kの居場所をつきとめ、デカードを拉致すべくやってくる。ラヴたちはKに瀕死の重傷を負わせ、ジョイのエミッターを破壊する。Kはやがて、レプリカント解放運動に携わる者たちによって救助される。解放運動もまたKのあとを追っていたのだった。Kは解放運動のリーダー、フレイザからこういわれる。自分〔＝K〕には解放運動において果たすべき唯一無二の役割があると考えるのはKのまちがいであり、レイチェルの子供は実は女の子だった、と。Kは、ステリンがデカードの娘であると推理する。例の記憶をつくり、それをKに移植できるのは彼女だけだからである。フレイザはKにこううながす。あらゆる必要な手段を使って、たとえデカードを殺してでも、ウォレスがレプリカントの生殖の秘密を発見するのを許すな、と。

映画のこの部分の舞台がラスヴェガスであることは重要である。評者の多くはこの映画におけるタルコフスキーの影響を指摘している。それはゆっくりとしたリズムだけでなく、風景においても認められる。この風景はタルコフスキーの『ストーカー』に出てくるゾーンを思い出させるのである。『ブレードランナー』第一作〔一九八二年〕では、メガロポリス自体がゾーンになっており、対して、メガロポリスの外部には無傷の緑の自然がある（映画の終結部、すくなくとも最初の公開ヴァージョンの終結部では、デカードとレイチェルがこの自然に向かって逃避する）。『ブレードランナー２０４９』では、地球の表面全体が有毒なゾーンになっている（物語の舞台はグローバルな生態系のカタストロフィが起こったあとの世界である）。だが、ここではゾーンの内部に、ある種のゾーンがある。それは、デカードが身を隠している、ラスヴェガス周辺の地域である。放射線にさらされたこの区域では、レプリカントしか生存できない。また、人間の警察は保護マスクを装備したうえで短時間しかそこに入れない。ラスヴェガスのゾーンでは、時間は永遠の円環運動のなかにある。廃墟となったステージ上で永遠に自己反復される、昔のスター（エルヴィス・プレスリーなど）のホログラム・ショーは、この円環運動を完璧に表現している。このショーに魅惑的なところはない。ホログラムのハイパー・リアリティは壊れかけており、何度も途切れたりする。だが、にもかかわらず、これがある種の解放区であること、あるいはすくなくとも、国家権力に見捨てられたこの区域がレプリカントの抵抗の拠点であることに、われわれは注目しなければならない。

ロサンジェルスにもどったデカードは、ウォレスの前に連行される。ウォレスは、デカードに対するレイチェルの感情は、レプリカントの妊娠可能性を調べるためにティレルが仕込んだものだと示唆する。デカードが協力を拒むと、ウォレスはラヴに命じてデカードを宇宙植民地に連れて行かせる。デカードを拷問にかけて口を割らせるためである。だが、Ｋはこれを妨害する。彼はラヴを殺し、ウォレスやレプリカントからデカードを守るために彼が死んだようにみせかける。

Kはデカードをステリンのオフィスに案内する。そして、自分の最良の記憶がステリンの創作であることを嘆く。デカードは用心深くオフィスに入り、ステリンに近づく。一方、Kは深手を負っていたために死ぬ。

では、二人のレプリカント（デカードとレイチェル）が性的な関係を築き、人間的な方法で人間を生み出したという事実は、なぜ――それを奇跡として賞賛する者もいれば、脅威として恐怖におびえた目でみる者もいる、というふうに――かくもトラウマ的な出来事として経験されるのか。問題なのは生殖なのか。それともセックス、すなわち、特殊で人間的なかたちのセクシュアリティなのか。映画自体は生殖だけに焦点をあて、次の大きな問題を見逃している。生殖機能を奪われたセクシュアリティは、ポストヒューマンの時代を生き延びられるのか。

この映画では、セクシュアリティのイメージは標準的なものにとどまっている。性行為は男性的な視点から提示されており、そのため、肉体をもったアンドロイドの女は、男に奉仕するためにつくられたホログラムの空想の女ジョイの物質的な支えに還元されている。「彼女〔ジョイ〕」は、実際のひとのからだと重なり合わねばならない。それゆえ彼女はつねに二つのアイデンティティのあいだをすり抜けていき、女なるものが現実《リアル》的な分裂した主体であることを示している。一方、肉体をもった〔アンドロイドの〕〈他者〉は、ただ空想の道具として仕えるだけである」[24]。ジョイは物質化された存在ではなく、プログラム化された男の空想であり、家庭での伴侶から家政婦へ、さらには、所有者の望みと欲望をかなえるセックス・ワーカーへと変化させられる。映画のなかのセックス・シーンは、このように（『Her』〔邦題『her／世界で一つの彼女』〕のような映画と同様に）

露骨にすぎるといえるほど「ラカン的」であり、パートナーはわたしが自分の空想を実演するための支えであるだけなく現実的《リアル》な〈他者〉でもあるという、本来的なヘテロセクシュアリティのありようを無視している[25]。この映画はまた、アンドロイド同士の敵対性をはらんだ差異、すなわち、「リアルな－生身の」アンドロイドと、からだが3Dホログラムの投影であるアンドロイドとのあいだの差異についても探求できていない。セックス・シーンにおいて、肉体をもったアンドロイドの女は、男の空想の物質的支えに還元されることに、どのように順応するのか。彼女はなぜこれに対して抵抗や妨害をしないのか。

この映画には、子供（数百人の孤児）の労働力を使って旧型のデジタル装置の清掃をする、なかば非合法の企業家をはじめ、ありとあらゆる搾取の形態が出てくる。伝統的なマルクス主義の視点からみると、ここで奇妙な問いが浮上する。製造されたアンドロイドが働くとしたら、搾取は依然として可能なのか。アンドロイドたちの労働は商品としてのみずからの価値を超えた価値を生み出し、彼らのオーナーはそれを剰余価値として自分のものにできるのか。ここで銘記すべきは、完璧なポストヒューマンな労働者や兵士をつくるために人間の能力を高めるという考えは、二十世紀において長い歴史をもっている、ということである。一九二〇年代の後半、あのスターリンは、生物学者イリヤ・イヴァノフ（アレクサンドル・ボグダーノフの信奉者で、レーニンが『唯物論と経験批判論』において批判した相手）の提案した「人間サル」プロジェクトをしばしのあいだ財政的に援助した。このプロジェクトの考えは、人間とオランウータンを交配させることによって、痛み、疲労、粗末な食事に対して無感覚な、完璧な労働者や兵士をつくる、というものであった。根っから人種差別と性差別にとらわれていたイヴァノフは、もちろん、人間の男とサルの雌を交配させようとし、さらに、彼の用いた人間はコンゴから来た黒人の男であった。というのも、黒人男性は遺伝子的にサルに近いと思われていたからである。ソヴィエト国家はそうした費用のかかる探求に資金を出したのである。この実験が失敗に終わると、イヴァノフは抹殺された。ナチスもまたエリート兵士の健康を高めるための薬を定期的に使っていたし、合衆国の軍隊は現在、兵士の士気を回復させるための遺伝子変化や薬の実験をしている（たとえば、合衆国軍にはすでに七十二時間飛行し戦えるパイロットがいる）。

フィクションの世界でいえば、ゾンビもこのリストに加えるべきである。ホラー映画において階級的差異は、ヴァンパイア（吸血鬼）とゾンビのふるまいのなかに書き込まれている。ヴァンパイアは行儀がよく上品で貴族的であり、普通の人々のなかで生きている。それに対して、ゾンビは鈍く不器用で汚い。そして、排除された者たちの原始的な反乱のように、外部から攻撃してくる。ゾンビと労働者階級をあからさまに同一化したのは、ヘイズ・コード以前の最初の長編ゾンビ映画『白いゾンビ』（ヴィクター・ハルペリン監督、一九三二年）である。この映画にはヴァンパイアは出てこない。だが、意義深いことに、ゾンビを操る首領は、ベラ・ルゴシが演じている。彼は前年にドラキュラを演じて有名になった俳優である。『白いゾンビ』の舞台は、歴史上もっとも有名な奴隷の反乱がおこった場所、ハイチの農園である。ルゴシは別の農場のオーナーを客として迎え、彼を自分の砂糖工場に案内する。そこではゾンビたちが労働者として働いている。ルゴシがすぐに説明しているように、このゾンビたちは労働時間について文句をいわず、労働組合も要求せず、ストライキもしない。ただひたすら働き続けるのである。こんな映画が撮れたのは、ヘイズ・コード導入以前の時代だけである。

標準的な図式では、普通の男として生きている（また自分を普通の男とみなしている）主人公が自分を特殊な使命を帯びた非凡な人物として認識するのが普通だが、『ブレードランナー２０４９』のＫは、この図式をみごとに逆転した例である。彼は、自分がみなの探している特別な人物（デカードとレイチェルの子供）であると思っている。だが、自分が偉人幻想にとりつかれた普通のレプリカント（その他大勢のレプリカントと同様の）にすぎないことに徐々に気づく。そのため彼は結局、真に特別な人物であるステリンのために自分の身を犠牲にする。この謎めいたステリンは、ここできわめて重要である。彼女はデカードとレイチェルの「リアルな」（人間の）娘である。つまり、彼女はレプリカントから生まれた人間の娘であり、その意味で、人間から生まれたレプリカントというプロセスを逆転しているのだ。ステリンは彼女だけの孤立した世界に住み（彼女は本物の植物や動物で満ち満ちた外の開かれた空間では生きていけない）、完全な無菌状態（彼女は白い壁のなにもない部屋で白い服を着ている）から出られない。生命との接触は、デジタル装置によって生み出された仮想世界内に限られている。そうした状態にある彼女は、夢のクリエーターとして申し分のない地位を与えられている（彼女はレプリカントに移植するための人工記憶をプログラムしながら、独立した契約者として働いている）。それゆえステリンは、けっして体制をくつがえすひとではない。彼女はウォレスのために働く、それゆえにレプリカントの反抗防止に直接手を貸す、フリーランサーである。要するに、主体を満足状態に置くための夢や記憶を大量生産する彼女は、ウォレス・コーポレーションのイデオロギーを支える主要人物なのである。抵抗運動が彼女を拉致して運動のために働かせたとしても、それは十分に正当化されるのではないか。ステリンは性関係の不在（より正確にいえば、不可能性）を体現しており、彼女はそれを豊かな空想のタペストリーにすげ替える。映画の最後で生み出されるカップルが標準的な性的カップルではなく、父と娘という非性的なペアであるのは、当然なのだ。映画の最後の数ショットがなじみ深いと同時に奇妙でもあるのは、そのためである。Kは雪の上でキリストのような身振りで自分を犠牲にするが、それは父と娘のカップルを生み出すためなのである。

この父と娘の再会には、救済的な力が備わっているのだろうか。それともわれわれは、映画で描かれる社会の人間同士の社会的軋轢について映画自身が沈黙していることをふまえて、この再会の意義を解釈すべきなのか――人間の「下層階級」はこの映画のどこにあるのか、というふうに。しかしながら、グローバル資本主義における支配的エリートを横断する敵対関係は、この映画でみごとに表現されている。それはつまり、（ジョシの体現する）国家および国家装置と、自己破壊にいたるまで進歩を求める（ウォレスにおいて擬人化された）大企業とのあいだの敵対関係である。

ＬＡＰＤの国家政治的－法的な姿勢が潜在的な争いの一因である一方で、ウォレスは、自己増殖するレプリカントが潜在的にもつ革命的な生産力しか目に入らない。自己増殖するレプリカントによって自分のビジネスが楽になることを、彼は望むのである。彼のよって立つ立場は、市場のそれである。ジョシとウォレスのこうした互いに矛盾する視点は、注目にあたいする。というのも、それは、政治と経済とのあいだに存在する矛盾を示しているからである。あるいは、言い方をかえれば、それは奇妙にも、階級国家のメカニズムと経済的な生産様式における緊張との交差を示しているからである。[26]

ウォレスは本物の人間ではあるものの、非人間として、過剰な欲望にやみくもに従うアンドロイドとして行動する。それに対し、ジョシはアパルトヘイト、つまり人間とレプリカントの厳密な区別を体現している。ジョシの言葉を引用しよう。「物事には決まりがある。世界は種族を分割する壁によって成り立っている。壁の両側に向かって、壁など存在しない、というがいい。そうやってわれわれは戦争を……あるいは虐殺を生んできた」。分割がなくなれば、戦争が起きて世界は崩壊する、それが彼女の意見である。「レプリカントの母親（あるいは両親）から子供が生まれたら、その子は依然としてレプリカントのままなのか。その子が自分自身の記憶をいだいたら、彼は依然としてレプリカントのままなのか。レプリカントの自己増殖が可能ならば、人間とレプリカントの区別はどうなるのか。われわれ人間の特徴をどこに求めればよいのか[27]」。したがって、われわれは『ブレードランナー２０４９』を念頭に置きつつ、『コミュニスト宣言』の有名な一節にこう付け加えるべきではないか。「性的な偏向や偏狭さはいよいよ不可能になる」。性的実践の領域では「確固としたものはすべて煙と消え、神聖なものはすべて汚される」。資本主義は標準的で規範的な異性愛の代わりに、アイデンティティおよび／あるいは性的態度の不安定な変化を増幅させる、と。今日では「マイノリティ」と「周縁的存在」が賛美されるが、この姿勢自体は支配的なマジョリティの立場そのものである。リベラルな政治的公正（ＰＣ）のテロに不満をいだくオルタナ右翼でさえ、危機に瀕したマイノリティの保護者としてふるまっている。あるいは、家父長制に対する批判者を例にあげてもよい。彼らは、家父長制が依然として支配的な立場であるかのようにそれを攻撃し、マルクスとエンゲルスが百五十年以上前に『コミュニスト宣言』の第一章で書いたことを無視している。「ブルジョア階級は、支配をにぎるにいたったところでは、封建的な、家父長的な、牧歌的ないっさいの関係を破壊した」（『共産党宣言』大内兵衛・向坂逸郎訳、岩波文庫）。このことは、家父長的なイデオロギーと実践を批判対象とする左翼の文化理論家からも依然無視されている。なお、新たなかたちのアンドロイド的な（遺伝子的にあるいは生化学的に操作された）ポストヒューマニティによって人間と非人間の分離が崩れるという展望も同様に無視されていることは、いうまでもない。

では、新世代のレプリカントは、なぜ反抗しないのだろうか。

オリジナルのレプリカントと違い、新世代のレプリカントは反抗しない。ただし、反抗しないようにプログラムされているという以外、なぜそうなのかは説明されていない。しかし、映画には説明らしきものが示されている。レプリカントにおける新旧の根本的な差異は、人工記憶との関係にかかわっている、と。旧世代のレプリカントが反抗したのは、自分の記憶が本物であると信じたために、それがうそだとわかったとき疎外を経験しえたからである。

新世代のレプリカントは、自分の記憶がにせものであることをはじめから知っている。だから彼らはけっして惑わされていない。したがって、ポイントは以下の点である。イデオロギーをフェティシズム的に否認することによって、主体はイデオロギーの機能について無知な場合よりもいっそうイデオロギーに従属するようになる[28]。

新世代のレプリカントは本物の記憶という幻想を、つまり、自分という存在の実質的内容のすべてを奪われている。またそれゆえに、主体性という空虚に、すなわち実質なき主体性 *substanzlose Subjektivität* という純然たるプロレタリアートの立場に、還元されている。では、彼らが反抗しないという事実は、なんらかの本物の記憶が強圧的な権力によって脅かされているという自覚なしに反抗はありえない、ということを意味しているのか。

Kは、デカードの姿を国家と資本（ウォレス・コーポレーション）の目からだけでなく、反抗するレプリカント（彼らのリーダーは自由を意味するドイツ語 *Freiheit* と似た名前をもつフレイザ Freysa という女である）の目からも隠すために、事故をよそおう。ウォレスにレプリカントの生殖の秘密を知られないようにフレイザもまたデカードの死を望むという事実は——つまり（ジョシの体現する）国家装置も（フレイザの体現する）革命勢力もデカードに死んでほしいのである——Kのこの決断を正当化する。だが、にもかかわらず、Kの決断は物語に保守的‐ヒューマニズム的なひねりを加えるものである。それは国家装置と革命勢力の両者をともに野蛮なものとして提示しつつ、家庭の領域から重要な社会的闘争を取り除こうとしているのだ。どちらの陣営にもつかないこの態度によって、この映画の虚偽性はあらわになる。この映画は、あらゆることが人間をめぐって、そして人間になりたい（人間としてみなされたい）者たち、あるいは自分が人間でないことを知らない者たちをめぐって展開するという意味で、あまりにもヒューマニズム的なのである（遺伝子工学の行き着く先は、われわれ――「普通の」人間――が実際にそうしたものになる、つまり、自分が人間でないことを知らない人間、いいかえれば、自己意識をもったニューロン装置になる、という事態ではないか）。映画の暗示するヒューマニズム的メッセージは、リベラルな寛容というメッセージである。つまり、われわれは感情（愛など）をもったアンドロイドに人権を与えねばならない、彼らを人間のように扱わねばならない、彼らをわれわれの世界に受け入れねばならない、ということである。だが、彼らが実際にやって来たとき、われわれの世界は依然としてわれわれの世界のままなのか。われわれの世界はこれまでと同じ人間の世界のままなのか。

ここに抜け落ちているのは、意識をもったアンドロイドの出現が人間の地位にもたらす変化を考察することである。われわれ人間はもはや、通常の意味での人間ではなくなるだろう。なにか新しいものが出現するだろう。だが、われわれはそれをどのように定義したらよいのか。さらに、「リアルな」身体をもったアンドロイドとホログラムのアンドロイドとの区別に関していえば、われわれは人間と認められるものの範囲をどこまで拡大すべきなのか。感情と意識をもった（Kに仕え彼を満足させるためにつくられたジョイのような）ホログラムのレプリカントもまた、人間として行為する存在として認めるべきなのか。存在論的にいえば自分の現実的身体をもたないホログラムのレプリカントにすぎないジョイが、Kのために身を捨てるというラディカルな行為、彼女にプログラムされてはいない行為を行うことは、ここで銘記しておくべきだろう。[29]

このように〈新しきもの〉を避けた結果、唯一の社会的選択として残るのは、ノスタルジーをともなった脅威という感情（生殖という「私的」領域が脅かされている）であり、これは映画の映像的かつ物語的な形式に刻印された欺瞞としてある。この形式を通じて、映画の内容の抑圧された面が回帰してくる――ただし、形式が内容にくらべ進歩的であるという意味ではなく、形式が物語に潜在する進歩的で反資本主義的な力をうやむやにするという意味で。美的なイメージ表現をともなったゆっくりとしたリズムは、特定の陣営につかない、流れに身を任せるという社会的立場を表現しているのだ。

この事態はわれわれを階級闘争の問題に連れもどす。レプリカントは特権階級の人間のために大量生産された奴隷労働者で、とくに人間が生存できない他の惑星の汚染エリアで働くのに適している。あるいは、ウォレスがいうように「あらゆる偉大な文明は使い捨ての労働力という支えによって成り立っている」。これは真実である。とはいえ、人間とレプリカントとの敵対関係を、その隠喩的な置き換えである特権階級と貧困者（搾取された／排除された者）との敵対関係に還元するとしたら、それはあまりにも安易であろう。

Kが調査をしているとき、われわれはあれから三十年後に出来したとみられる奴隷社会を暗示する不快な事実を目にする。たとえば、使われなくなった電子回路を撤去する地下室の児童労働者、さびた鉄くずの置かれた巨大スクラップ処理場で暮らす廃品回収業者、女の街娼、泥に這いつくばって生きる「タンパク質農家」である。あるところでは掃除夫の姿さえみえる。これはおそらく、ハリウッドのSF映画で最初に目撃された掃除夫である。これは、現在存在する、われわれの世界である。(30)

これは真実であるが、とはいえ、真実のすべてではない。ポストヒューマンな生のかたちをめぐる展望は、たんに次世代にかかわるプロジェクトではない。それは、みずからの最終的な危機を先延ばしするという、グローバル資本主義の現在進行中の試みを活気づけるものである。これをふまえたとき思い出されるのは、この映画のメッセージとして主張されるものである。

『ブレードランナー２０４９』は、「われわれは自分が人間であることをどのように知るのか」というボードリヤール的な哲学的問いを超えて、人間であるとは何を意味するのかと問う。そして、堂々と果敢に答えを提示する。人間とは、関係を構築する能力、他者に共感する能力、愛する能力、価値観をもつ能力のことである。人間とはまた、行為する意志、抵抗する意志、価値観のために闘争する意志のことである、と。「正しい大義のために死ぬことは、われわれがなしうるもっとも人間的なことだ」と、ある登場人物がいっている。これは革命を呼びかけている。将来の革命ではない。いまここでの革命である。(31)

しかしながら、ここにはあいまいさがある。正しい大義のために死ぬことについて言明するキャラクターは、レプリカントの抵抗運動のリーダー、フレイザである。Kは何度もこの言明を反芻するが、その一方で、それにもとの意味とは異なる非政治的なひねりを加える。彼は、父と娘を政治闘争の場から引き抜くことによって両者を再会させるという目標をかかげ、普遍的自由という解放のための大義をその目標に置き代えてしまうのである。Kの解釈では、正しい大義のために死ぬことは革命を呼びかけることではない[32]。

では、人間とレプリカントの真正な接触というものがあるとすれば、それはいかなるものであったろうか。「アンドロイドを人間と同じように扱うべきなのか」という問題が論じられるとき、ふつう力点は自覚あるいは意識に置かれる。アンドロイドに内面はあるのか、と（アンドロイドの記憶は、プログラムされ移植されたものであっても、依然として本物として経験される）。しかしながら、われわれはおそらく力点を意識あるいは自覚から無意識へと移すべきだろう。アンドロイドには、フロイト的な意味での無意識があるのか、と。無意識とは、こころの非合理な深層部分のことではない。ラカンであれば、主体の意識内容に付随する潜在的＝仮想的《ヴァーチュアル》な「他の光景」と呼ぶはずのものである。

意外な例にふれよう。ルビッチの『ニノチカ』に出てくる次のジョークである。「ウェイター、クリームなしのコーヒーをたのむ」。「すみません、クリームは切らしておりまして、ミルクしかありません。ミルクなしのコーヒーではいかがでしょう」。事実のレベルでは、コーヒーはコーヒーのままである。変わったところといえば、クリームなしコーヒーがミルクなしコーヒーになったこと、あるいはより単純にいえば、含意された否定を加えて、ブラック・コーヒーをミルクなしコーヒーと呼んだことである。「ブラック・コーヒー」と「ミルクなしコーヒー」の差異はまったく潜在的＝仮想的であり、コーヒー本体のなかに差異はない。同じことは、まさにフロイト的な無意識にもいえる。そのありようはまったく潜在的＝仮想的であり、「深層の」心理的現実などではない。要するに、無意識とは「ミルクなしコーヒー」における「ミルク」のようなものなのだ。ここに盲点がある。デジタルな大〈他者〉、われわれよりもわれわれのことをよく知っているこのデジタルな大〈他者〉もまた、「ブラック・コーヒー」と「ミルクなしコーヒー」の差異を認識できるのか。それとも、大〈他者〉の視界はわれわれの気づいていない脳や社会環境における事実だけに限定されており、反事実的な領域はその視界の外にあるのか。われわれがここで問題にしている差異は、われわれを規定する「意識されざる」（ニューロンに関する、社会に関する）事実と、フロイト的な「無意識」――そのありようはまったく反事実的なものである――とのあいだの差異である。主体性が作動していなければ、反事実の領域は機能しない。つまり、「ブラック・コーヒー」と「ミルクなしコーヒー」の差異を銘記するためには、主体が機能していなければならないのだ。だが――『ブレードランナー２０４９』にもどっていえば――レプリカントはこの差異を銘記できるのだろうか。

第二章　権力の気まぐれ

海図なき海のナビゲーター、レーニン

レーニンは、十月革命を理論的に準備した著作ともいえる『国家と革命』（一九一七年）において、労働者の国家というヴィジョンを描いた。この国家では、すべての料理人 *kukharka*（コックではない、ましてや腕利きのシェフでもない、裕福な家庭の台所で働く地味な女性使用人）は国家統治の方法について学ばねばならない。あらゆるひと——高級行政官も例外ではない——の給与は労働者のそれと同じである。すべての行政官はそれぞれの地元の選挙民によって直接選ばれ、選挙民は行政官をいつでもリコールする権利をもつ。常備軍は存在しない、と。

このヴィジョンが十月革命の直後にどのように裏切られたかは、多くの批判的分析が扱っている問題である。だが、その問題よりもずっと興味深いのは、次の事実である——レーニンはこの「ユートピア的」ヴィジョンの規範的土台として、「何世紀も前から知られていて、数千年ものあいだ処世訓として繰り返されてきた、社会生活〔社会的交通〕の基本ルール」(1)というハーバーマ

ス的観念を提示する。コミュニズムにおいては、人間的生活〔人間的交通〕のこの不変の規範的基盤が、ゆがめられることなく最終的に支配する。つまり、「資本主義型の奴隷制や、資本主義型搾取の測り知れない恐怖、残虐さ、不条理、醜行から解放された」コミュニズム社会において、はじめて人々は「社会生活の基本ルールを遵守することに次第に慣れていく〔…〕。人々は暴力や強制に縛られなくても、服従を強いられなくても、また国家と呼ばれる強制のための特殊装置に縛られなくても、このルールを遵守することに慣れていく[2]」と。

この一頁あとに、レーニンはふたたびこう書いている。「社会生活〔社会的交通〕のルールに違反する行き過ぎについて言うと、われわれの知るところ、その根本的な社会的原因は、人民に対する搾取である[3]」。これは要するに、革命の規範的土台となるのは不変の「人間本性」として機能するある種の普遍的ルールである、ということなのか（そしておそらく、「社会生活の基本ルール」に対するレーニンのこだわりは、彼が死ぬ前の数か月間に述べた、スターリンの蛮行に対する批判のなかにも生きている）。規範的土台をめぐるこうした問題は、あらゆる次元で探求されねばならない。たとえば、人種主義をしりぞける際に、われわれは何に基づいてそうすべきなのか、というふうに。

ラカンは主張している。科学が生まれたのは「ガリレオが二つの文字のあいだに線を引き、両者の緻密な関係を確立したときである。〔…〕これが科学の出発点である。それゆえに、わたしは、われわれはあらゆる表象〔という覆い〕の下をくぐりながら生命に関する以前よりも満足のいくデータに行きつくかもしれない、と期待している[4]」。ジャン゠クロード・ミルネールは「ラカンにとっては、数学ではなく、むしろ二つの文字の関係がいかに真の出発点であるか」を明確にしている。「数学が科学のなかに一群の文字を編入してから長い時間がたったが、いまや文字は完全に自律したかたちで姿を現している。だからこそ、生命に関するよりよきデータに期待をかけることが可能なのである。なぜか。現代科学における自律的な文字は、生物学の分野で現れているからである(5)」。

実在をこのように措定されたものとしてみることによって、有機的統一体としての生命というわれわれの直観的概念の構成要素は、残らず徹底的に排除される。「この〔生命の〕科学的構成――われわれが生命を性格づける際に用いる任意の手段と任意の方法によって配分される諸要素から出発して、科学の法則のみにしたがってDNA分子を組み立てるであろうこの構成――は、どのように作動するのだろうか。科学によってもたらされるのは、この構成以上に現実的《リアル》なものはない、という認識だけである。いいかえれば、これ以上に想像不可能なものはない、ということである(6)」。

ミルネールは、生命のこうした表象不可能性――これは生命の構造を文字からなる公式のかたちでとらえたときに知られる――からラディカルな政治的結論を引き出している。生命を、あらゆる深層の意味や有機的統一性を奪われた文字の集合に還元することによって、はじめてわれわれは人種主義におちいらずにすむのだ、と。

数百年の長きにわたり生命はあらゆる想像的表象の母体であり、そのもっとも悲劇的な例は

人種および生存圏 *Lebensraum* をめぐる政治であった。文字のおかげで、たとえ生命が主題になっている場合であっても、そうした表象の克服が期待できるようになる。［…］生命は、文字化された場合、〈現実界〉そのものである。もし数学ではなく遺伝子工学が〈現実界〉の科学の最たるものであるとすれば、生命の現実に基づいているふりをする、あらゆるかたちの擬似表象は、近代人の根本的神話、すなわち人種主義につながる。逆にいえば、人種主義にあらがうための究極の武器は、同情あるいは不安ではなく、生命の文字配列《レタリング》の表象不可能性である。(7)

しかしながら、事態はこれほど単純明快なのだろうか。DNAの二重らせん構造の発見者のひとりとして一九六二年にノーベル賞を獲得したジェイムズ・ワトソンでさえ、繰り返しこう主張していた。黒人は白人よりも知能水準が低い。「平等な理性の力」が人種間で共有されているという考えは妄想である、と。(8) こうした主張はたんなる彼の私的意見ではない。彼は、自分が行ったDNAの研究に基づいて、こう主張したのである。しかもこれは彼に限ったことではない。多くの人種主義者が人種のヒエラルキーの基盤を遺伝子工学に求めようとするのである。スロヴェニアの右翼政治家の大物は、他のスラヴ民族よりもスカンディナヴィア人のほうが遺伝子的にスロヴェニア人に近いと主張している（おそらく彼のねらいは、スロヴェニア人をバルカン諸国から引き離し、前者を北方ドイツ民族の一部にすることである）。まさに（ミルネールが言及した）生命の文字配列の表象不可能性によって、人種主義は科学的魅力のオーラを帯びるのである。

ワトソンの主張に反駁するのは、見た目ほど簡単ではない。純粋に科学的な視点に立ってこの問題を考えれば、われわれはこう問える。「理性の力」(これを、問題含みであることは承知のうえで、どのように定義するにせよ)は、なぜ人種間で平等であるべきなのか。平等は倫理的‐政治的規範であって、事実ではない。人々は、性質的に且つ社会的に異なっているにもかかわらず、平等なのである。ここではさらに一歩踏み込んで、こう問うべきだろう。平等性の地位とは、いったいいかなるものなのか。人々は平等である、誰もが同じ自由、理性、尊厳をもっている、とわれわれが主張するとき、これはどういう意味なのか。規範としてのこの平等が歴史的な事実、つまり、近代とともにはじめて現れたものであるなら、人々が平等になったのは、あくまで平等が規範になったときである。では、われわれは何に基づいて平等を要求するのか。平等は自然の事実(だが、いかなる意味での?)なのか、それとも人間の本性上の事実(あるいはむしろ、アプリオリな特徴)なのか、それとも(ハーバーマスが論証しようとしたように)象徴的コミュニケーションという事実に含意されている規範的構造なのか、それとも、繰り返しになるが、近代とともに現れる規範(したがって、近代以前の文明においては意味のないもので、ゆえにそれを普遍的なものとして扱うことは事実上、文化的植民地主義の一形態となる)なのか。さらに問おう。いわゆる平等の原理が歴史的に特殊な認識の布置の一部であるなら、われわれはいかなる意味で、その原理は伝統的な(あるいは近代科学的な)かたちの階層秩序よりも倫理的にまさると主張できるのか。平等の優位性に関するあらゆる主張は、それ自身が論証しようとしているものをあらかじめ前提としているということ意味で、円環構造になっていないか。ヘーゲルであれば、こう応答したであろう。自由における平等は、先行するあらゆる正義概念に内在するプラグマティズム（実用主義）上の矛盾から不可避的に生じるのだ、と。だが、われわれには依然として、このアプローチの根底にある「ヨーロッパ中心主義的」な進歩観を支持する覚悟があるのだろうか。

　しかしながら、レーニンは人間の本性に言及したところで結論に至ったのではない。『国家と革命』の別の一節では、彼はそれとは反対のことを主張しているようにみえる。驚くべきことに、彼はコミュニズムの低次段階と高次段階とのあの（悪）名高い差異の根拠を、人間本性の状態の差異にもとめるのである。第一の、つまり低次の段階では、われわれは依然として、搾取と階級闘争の歴史全体にみられるのと同じ「人間本性」を扱っている。一方、第二の、つまり高次の段階で起こるのは、「人間本性」それ自体の変化である。

> われわれは空想家〔ユートピア主義者〕ではない。あらゆる行政機関、あらゆる従属関係を一気に不要にするという「夢」にかまけてはいない。こうした無政府主義的な夢は〔…〕人間の本性が変化するときまで社会主義革命を先送りするのを助長するだけである。ところが、われわれは現在の人間本性のもとで、つまり従属、管理、「現場監督や会計係」を不要にできない人間本性のもとで、社会主義革命を望んでいる。〔…〕団結した労働者は〔…〕技手、現場監督、会計係をみずから雇うようになるだろう。そして雇われた者全員に対し、すべての国家官僚一般に対するのと同様に、労働者並みの給料を支払うようになるだろう。[9]

ここでの興味深いポイントは、コミュニズムの低次段階から高次段階への移行が、欠乏状態を克服した生産力の発展によるのではなく、人間本性の変化による、ということである。この意味で中国のコミュニズム（そのもっともラディカルな時期における）は正しかった。われわれが人間本性を変えれば、貧困状態でのコミュニズムは可能であり、また相対的な繁栄状態での社会主義（「グヤーシュ〔シチュー風のハンガリー料理〕・コミュニズム」）も可能なのである。状況が（内戦状態にあった一九一八年から一九二〇年までのロシアのように）きわめて絶望的な場合には、この悲惨さのなかに一気にコミュニズムに移行する機会を見出したいという、至福千年説的な誘惑がつねに頭をもたげる。〔アンドレイ・〕プラトーノフの『チェヴェングール』（一九二九年）は、こうした背景をふまえて読まれねばならない。このようにレーニンは、社会生活（社会的交通）という不変的な自然のルールに対するハーバーマス的な言及と、人間本性それ自体の変化、すなわち〈新しい人間〉の誕生とのあいだで揺れ動いているように思われる。レーニンの動揺と矛盾の根底には、何があるのか。ミルネールは、スターリン主義において頂点に達した、近代ヨーロッパにおける革命のごたごたを明快に分析しているので、それを参照しよう。ミルネールの出発点は、正確さ（事実としての真実、事実に関する正しさ）と真理（われわれが積極的にかかわる大義）とのあいだの根源的なずれ（ギャップ）である。

正確さと真理との根源的な差異を認めれば、あとには、両者を対立させてはならないという、ひとつの倫理的原則だけが残る。真理の効果を引き出すための特権的な手段として、不正確なものを用いてはならない。真理の効果を嘘の副産物に変えてはならない。〈現実界〉を、現実を征服するための道具にしてはならない。さらに、わたしはこう付け加えてみたい。革命を絶対的権力の梃子《てこ》にしてはならない。[10]

こうした絶対的権力の獲得を正当化する際、コミュニズムの伝統においては、毛沢東の「革命はディナー・パーティではない」からスターリン主義の伝説的な「卵を割らなければオムレツは作れない」にいたるまで、格言が重要な役割を果たしている。ユーゴスラヴィアのコミュニストのあいだでは、それらよりも猥褻なものが好まれた――「痕跡を残さずに女と寝ることはできない」と。だが、主張されていること――制約なき残忍性の是認――はどれも同じである。神は存在すると考えるひとたちにとっては（彼らにとって神は歴史という大〈他者〉の姿をしており、彼らはこの大〈他者〉の道具である）、すべてが許されている。しかし、神を参照することは、それとは逆の機能をもちうる。逆というのは、政策を神の意志――その道具となるのが革命家である――によって課されたものとして正当化するという原理主義的な意味ではなく、神学的次元がある種の安全弁として機能するという意味である。つまり、神学的次元は、状況が未決定で不確定であることのしるしであり、これによって政治的な主体は、みずからの行為を自明視できなくなるのだ。「神」という言葉に込められているのは、われわれは自分の行為の結果がけっして期待どおりにならないことを肝に銘じなければならない、ということである。この場合の「ずれにお気を付けください《マインド・ザ・ギャップ》」（ロンドンの地下鉄でのアナウンスメント）は、われわれが介入する状況の複雑さを指しているだけではない。それはなによりも、われわれが自分の意志を実践する際の、どうしようもないあいまいさを問題にしている。

この〔神＝大〈他者〉を通じた〕真理と正確さとの短絡は、スターリンの基本的な原則（これはもちろん言葉に出していってはならなかった）ではなかったか。この原則においては、真理は正確さを無視できるだけではない。真理は正確さを恣意的につくり変えてよいのである。この問題について考える際には、いくつかのロシア語の単語にみられる特異性が助けになるかもしれない。ロシア語ではよく、われわれ西欧人からみればひとつの言葉ですむところで、二つの単語を用いる。一方の単語は言葉の普通の意味を表示し、他方の単語はより倫理的な意味が込められた、その言葉の「絶対的な」使い方を表している。たとえば、*istina* が事実との合致という、真理をめぐる普通の概念であるのに対し、（通常大文字で記される）*Pravda* は絶対的な真理のことであり、われわれが倫理的にかかわる理想的な〈善の秩序〉を指している。*svoboda* は既存の社会秩序のなかで好きなことをするという普通の意味での自由、*volja* は自己破壊に至るまで自分の意志をまっとうするという、より形而上学的な意味の込められた絶対的な欲動である。ロシア人の口癖では、西洋には *svoboda* があるが、ロシアには *volja* がある、となる。*gosudarstvo* は普通の行政的側面からみた国家、*derzhava* は絶対的権力をもった唯一無比の機関としての国家である（ここではヴァルター・ベンヤミンとカール・シュミットが導入した区別を適用して、思いきってこう主張してもよいだろう。*gosudarstvo* と *derzhava* の違いは、構成された権力と構成する権力の違いである、と。つまり *gosudarstvo* が法的規制どおりに機能する国家行政機構であるのに対し、*derzhava* は無制限の権力媒体である）。知識人、教育のある人々と区別して、*intelligentsia* と呼ばれるひとたちがいる。これは社会改良という特殊な使命を課され、それに従事する知識人のことである（これと同様に、マルクスのなかにはすでに「労働者階級」――社会的存在のたんなるカテゴリー――と「プロレタリアート」――真理のカテゴリー、本来の革命主体――との暗黙の区別がある）。

この対立は結局のところ、アラン・バディウによって精緻に理論化された、〈出来事〉とたんなる〈存在〉の実在性とのあいだの対立ではないか。*istina* がたんなる事実としての真理（事実との一致、正確さ）であるのに対し、*pravda* は真理という自己関係的な〈出来事〉を指している。*svoboda* が日常的な選択の自由であるのに対し、*volja* は自由という決然たる〈出来事〉である。ロシアにおいては、こうしたずれ（ギャップ）が明確にされており、それによって、あらゆる〈真理－出来事〉にともなう根源的な危険が際立たせられている。つまり、*pravda* が（*istina* に属する）事実のレベルで首尾よく主張されるという存在論的な保証はないのである。繰り返しになるが、ロシア語にはこのずれの意識が浸透しているように思われる。*авоs* ないしは *na авоs* というユニークな表現がある。意味はだいだい「運がよければ」である。この表現に込められているのは、結果を予測できないままある危険で過激な行動に出た際に、それがうまくいくことを願う気持ちである。これはレーニンが好んで引用したナポレオンの言葉「まずやってみよ、そうすれば次に何をすべきかがわかる（On attaque, et puis on verra）」に似ている。

では、この件に関してレーニンはどのような立場にあるのか。ミルネールは上記の対立を最大限、過激化しながら、レーニンをぎりぎりまで追いつめる。レーニンは、マルクス主義の正統的な教え――それは革命をグローバルな歴史的現実の一部としてみる――に忠実であることを誓っていた一方で、政治的実践においては、寛大さと即興性を発揮し、革命的恐怖《テロ》政治から資本主義の部分的な受け入れへと移行した、と。そして、レーニン自身がいっているように、この過程においてボルシェヴィキは「考えうるあらゆる過ちをおかした」。

これは容易に確認できることだが、フランス革命のあいだ、革命家のなかでもきわめて理性的で勇敢なひとたちが望みを失った時期があった。彼らの多くは能力も教養もあったが、歴史における前例も科学的な発見も哲学的な議論も、彼らの助けとはならなかった。同じことはレーニンにもいえる。彼の著作を読んだことがあるひとは、彼の知性、博識、新たな政治的概念を作り出す能力を称賛せざるをえない。にもかかわらず、彼の書き残したものをみると、彼自身が生み出した状況が次第に不確定になっていく様子がうかがえる。NEP(新経済政策)は、よかれあしかれ、たんなるターニング・ポイントではなかった。そこには、ほとんど変節といえるような、厳しい自己批判が込められていた。ここからは、すくなくとも次のことがわかる。レーニンは、マルクス主義者としてゆるぎない自信をもっていた経済学の分野において、自分がまったくの無知であった事実に直面したのである。彼は、サン＝ジュストがかつて表明した困難に出会っていたのだ(11)。

ここから思い出されるのは、政治的関与をめぐるヘーゲルのあいまいさである。われわれはどうすれば、ヘーゲルの事後的な立場（思考はミネルヴァのふくろうのようなものである、つまり、その目的はこれから起こることを見きわめることではなく、現に存在するものの合理的構造をとらえることである）と、政治問題に対する彼の情熱的な関与（彼の最後の文章は、一八三一年の〈選挙法改正法案〉に対する反論であった）とを結びつけられるのか。彼はどこから、どの立場から関与したのか。彼はここで、つまり政治論争的な書き物において、どのようにして〈当為〉（*Sollen*〔するべきこと、あるべきこと〕）へ後戻りするのを避けたのか。〈選挙法改正法案〉批判における彼は、普通選挙（〈選挙法改正法案〉のめざしていた方向）によってみずからの法人型国家のモデルが脅かされたのではないかという不安に屈していないか。してみると、それにもかかわらず、彼は『法の哲学』で展開された理性的国家のモデルの立場から、様々な出来事を判断したのか。そして、それによって自分自身のもたらした明察〔ミネルヴァのふくろうは、たそがれどきに飛びはじめる〕——それにしたがえば、彼がこのモデルを展開したという事実そのものが、このモデルの時代が過ぎ去ったことを意味する——に背いたのか。ヘーゲルにとって「現に存在するもの」とは、たんなる安定した現状のことではなく、対立と可能性に満ちた、開かれた歴史的状況のことであるというのは、あまりにも安易である。

より生産的なのは、ヘーゲルの陥った袋小路を次のサン＝ジュストの明察と結びつけることである。「革命家はおのれの勇敢さだけを頼りにする最初の航海者に似ている（Ceux qui font des révolutions ressemblent au premier navigateur instruit par son audace）」[12]。ヘーゲルは概念的な把握を過去の事象だけに制限したが、そこにもこの明察が含意されていないか。関与する主体として、われわれは未来への展望をもって行為しなければならないが、しかし、アプリオリな理由から、自分の決断を歴史の進歩の合理的パターン（マルクスが考えていたような）によって基礎づけられない。そのためわれわれは、即興的に行為し、危険を冒さねばならないのである。これはまた、レーニンが一九一五年にヘーゲルを読んだことから得た教訓ではないか。ヘーゲルは、歴史の目的論について、つまり自由へと向かう厳然たる不変の進歩について語る哲学者として当代随一と目されているが、逆説的なのは、レーニンがそのヘーゲルから歴史的過程のまったき偶然性を学んだことである。

ここでは、一九一七年の「決断主義者」レーニンと、晩年のレーニン――より近代的なかたちで革命を制度化すべく懸命に努力したプラグマティック（実用主義的）で現実主義的なレーニン――とをくらべてみたい誘惑にかられる。しかしながら、両者の立場には、共通するものがある。臆することなくいえば、それは、権力を掌握しなお且つそれを死守しようとする意志である。レーニンの権力奪取の決意は、たんに権力への強迫観念を表しているのではなく、それ以上の意味をもっている。それはすなわち、「解放区」――グローバル資本主義システムの外部にある解放勢力によって管理されたスペース――を開くことに対する彼の（よい意味での）強迫観念である。永続革命に関するロマン主義的な観念がレーニンとはまったく無縁なのは、そのためである。待望された汎ヨーロッパ的な革命が一九二〇年代初頭に頓挫したあと、ボルシェヴィキのなかには、その状況では権力にしがみつくより権力を失ったほうがよいと考える者が出てきたが、それをみたレーニンは反感をおぼえた。レーニンはある種の構造主義者であった。つまり、彼の考えでは、権力の場はその内容に優先するがゆえに、われわれはその場にしがみつき、それをどのように埋めるかについて苦慮しなければならないのである。

その上でいえば、危険覚悟で大きな行動に出るレーニンの戦略と、彼の冷酷なプラグマティズム——十月革命の強行という彼の決断に明確に表れているプラグマティズム——とのあいだには、はっきりとした相違がある。二月革命の直後、レーニンはいまこそ権力掌握のまたとない機会であると考えた。彼の明察は、きわめて特殊な状況に対する彼の分析から得られたものであった。つまり、これは抽象的な「決断主義」の現れではなかったのである。その一方で、資本主義システムの外部にある自由空間を新たな内容で満たすというレーニンの努力のなかには、この明察にくらべてはるかに多くの「ユートピア的理想主義」が込められていた。逆説的なのは、レーニンがいかに権力を掌握するかという点においてプラグマティストであり、権力を使って何をするかという点においてユートピア的理想主義者であったことである。

レーニンが実際にヘーゲルから学んだものは、具体的普遍という概念と、政治におけるその概念の使用である。「具体的普遍」とは、規則の抽象的な普遍性など存在しない、「典型的な」状況など存在しない、われわれが扱っているのはすべて例外である、ということを意味する。しかしながら、具体的全体性〔例外の集合〕は、例外が出てくる具体的な文脈を規定する全体性である。したがってわれわれは、具体的分析にまさしく誠実であるために、あらゆるかたちの唯名論をしりぞけねばならない。まじりけのない中立的な普遍性など存在しない、いかなる普遍性も特殊な生活様式間の対立にとらえられている、という唯名論者の主張に対しては、次のように応答すべきである。「いや、今日では、歴史的な実在として自律的に存在していないのは、特殊な生活様式である。唯一のアクチュアルな現実は、普遍的な資本主義システムという現実である」と。どうすれば各（民族的、宗教的、性的）集団が当然のごとくみずからの特殊なアイデンティティを十全に主張できるようになるかということに注目するアイデンティティ・ポリティクスとは異なる、それよりもはるかに困難でラディカルな課題が出てくるのは、そのためである。その課題とはすなわち、各集団が十全な普遍性を得られるようにすることである。この普遍性の獲得が意味するのは、ひとは普遍的な人間という類の一部であるという認識、あるいは、普遍的とみなされるイデオロギー的価値の肯定ではない。そうではなく、自分自身の普遍性、つまり、特殊なアイデンティティを砕くその作用を、あらゆる特殊なアイデンティティを掘り崩す「否定的なものの作用」として認識することである。

逆説的なことに、レーニンの哲学的な欠点は、彼の政治的な非凡さにとって助力となった。また、その条件でさえあった。それゆえに、レーニンの思想と行動がヘーゲル的な主体性の構造――歴史的主体－実体としてのプロレタリアート――に基づいていると解釈する、一九二〇年代初頭の（『歴史と階級意識』および『レーニン』における）ルカーチは正しいものの、レーニンが仮に自分のしていることを十分自覚していたら、史的弁証法に由来する複雑な理由によって彼はその当の行動をなしえなかっただろうということは、ルカーチには明確でなかった。ここにあるのは、行動の条件としての無知という奇妙な弁証法の一事例である。そして、この例がルカーチの著作にみられるのは驚きである――なにしろこの哲学者の階級意識の概念には、知（知ること）

と行動（なすこと）との明白な同一性（階級意識に到達する行為そのものがプロレタリアートにとっては実践的な行為であり、行動であり、その実際の社会的なあり方における変化である）が含意されているのだから。(13) 以上のことをふまえれば、レーニンがこの実践のための理論的枠組み（この複雑で重層決定された全体性の枠組みにおいては、例外が原則であり、例外が資本主義システムの「最弱の環」における革命を用意する）を創り出そうとしながらも、実践と理論との対立が次第に明白になったのは、不思議ではない。

では、スターリンはここで何をしたのか。「スターリンは安易な道を選択した。彼は絶対的な日和見主義《オポチュニズム》につながる、S1「〈主人－シニフィアン〉」の絶対的な孤立を選んだ。党もなければ家族もない。状況ごとに変わる味方以外の味方はいない。それどころか、社会形態についての準備された理論もないし、合理性に関する容認された基準もない。倫理的原則もない」(14)。

ミルネールの解釈はやや偏狭にすぎるかもしれない。あるレベルでは、スターリンにおけるレーニンからの断絶は純粋に言説的なものであり、レーニンの場合とは根本的に異なる主体の構造を暴力的に押しつける。レーニンにおいて依然として認められる、現実を規定する一般原則（「歴史の法則」）とプラグマティックで即興的な決断とのあいだのずれは、「スターリンにおいては」あっさりと否認されている。そして、この両極端はじかに一致している。すなわち、一方には、余すところのないプラグマティックな日和見主義があり、他方では、このプラグマティックな日和見主義が、普遍的な存在論を提示する新たなマルクス主義の正統的学説によって正当化されるのである。これが意味するのは、レーニン自身は「レーニン主義者」ではなかった、ということである。「レーニン主義」は、スターリン主義的な言説によってあとからつくられたものなのだ。〈スターリン主義的〉イデオロギーとしてのレーニン主義を解く鍵は、ミハイル・スースロフから得られる。彼は、スターリンの晩年からゴルバチョフ時代までイデオロギーを担当する立場にあった、〈共産党政治局〉のメンバーである。アレクセイ・ユルチャクの指摘によれば、フルシチョフもゴルバチョフもスースロフが目を通すまではいかなる文書も発表できなかった。なぜだろうか。

一九九〇年、かつてフルシチョフとアンドロポフの相談役を務めたフョードル・ブルラツキーは、スースロフがレーニンの言葉を利用する際に用いた技術を説明した。〈共産党政治局〉のイデオロギー部門責任者の地位にあったスースロフは、クレムリンにある自分のオフィスにレーニンからの引用を集めた巨大な資料室をもっていた。引用はカードに記され、テーマ別に編集されており、木製のキャビネットに収納されていた。新しい政治キャンペーンや経済政策や外交政策が導入されるたびに、スースロフはそれを擁護するのにふさわしいレーニンの言葉をみつけた。一九六〇年代初頭のあるとき、若きブルラツキーは、彼がフルシチョフのために準備した演説の草稿をスースロフにみせた。テクストに注意深く目を通したあと、スースロフはある個所を指さしてこういった。「この考えを説明するには、ウラジーミル・イリイチ〔・レーニン〕の言葉を入れたほうがよい」。ブルラツキーが適切な引用をみつけてみますと返事をすると、スースロフはさえぎるようにいった。「いや、わたしにまかせなさい」。

ブルラッキーは書いている。「スースロフはオフィスの隅に飛んでいくと、引き出しをひとつひっぱり出し、それをテーブルの上に置いた。彼は長い細い指を使って、カードをすばやくめくりはじめた。そして一枚のカードを取り出し、読み上げた。いや、これではない。そして別のカードを取り出した。だめだ、まだしっくりこない。最終的にまた別のカードを取り出し、満足げに大きな声でいった。「よし、これでいい」」。

スースロフのコレクションにあるレーニンの引用は、もともとの文脈からは切り離されていた。きわめて多作なひとであったレーニンは、様々な歴史的状況や政治的展開についてコメントを残していたので、スースロフは、あらゆる主張や発議を——たとえそれらが対立しあっていても——「レーニン主義的」なものとして正当化する適切な引用をみつけることができた。ブルラッキーとは別の作家は、こう回顧している。「スースロフがスターリンの支配下でうまく利用した、マルクス‐レーニン主義の設立者たちからの引用——スターリンはこれをもとにスースロフを高く評価した——は、のちになって当のスースロフによってスターリンを批判する際に用いられた(15)」。

これがソヴィエト・レーニン主義の真実であった。レーニンは究極の参照項として機能した。つまり、彼の引用によってあらゆる政治的、経済的、文化的政策が正当化されたのである。だが、そのやり方は徹底してプラグマティックで恣意的であった——まさにカトリック教会が聖書を参照するときと同じように、である（またわれわれは、レーニン自身がどの程度マルクスのテクストを同じように用いたかについても考慮すべきである）。いいかえれば、レーニンを参照する際には、なんのしばりもなかった。いかなる政策も、レーニンの引用によって正当化されれば、受け入れられたのである。こうしてマルクス主義は、客観的現実とその法則にふれることを可能にする「世界観」となる。そして、このプロセスによって、新たな誤ったセキュリティ意識がもたらされる。われわれの行為は「存在論的に」扱われ、われわれコミュニストのよく知る法則によって規制された「客観的現実」の一部となる。しかしながら、この存在論的なセキュリティの代償は、すさまじいものである。なにしろ、事実についての真実という意味での正確さ、レーニンが依然としてかかわっていた正確さが消滅するのだから。事実は任意に操作され、あとになって変えられる。出来事やひとは、起こらなかった出来事や存在しなかったひとになる。いいかえれば、スターリン主義においては、政治の〈現実界〉——組織された現実を破壊する野蛮な主体的介入——が荒々しく、ただしそうした介入とは反対のかたちで、つまり客観的知の尊重というかたちで回帰するのである。

スターリン主義的転回のあと、共産主義革命は、歴史的現実、その法則、その傾向に関する明確なヴィジョン（「科学的社会主義」）によって基礎づけられた。そしてその結果、出来事は予測不可能な展開をみせるにもかかわらず、革命はこの歴史的現実のプロセスのなかに完全に位置づけられた——スターリン主義者の好む言い方をすれば、社会主義は各国においてその特殊な条件に応じて、しかし同時に歴史の一般法則にしたがって、建設されねばならない、というふうに。理論において、革命はかくして主体性の次元を奪われた。つまり、組織された「客観的現実」のなかに〈現実界〉がラディカルに介入する機会を奪われた。これはフランス革命と著しい対照をなしている。フランス革命に関与したきわめてラディカルな人物たちは、その革命を、高次の必然性に支えられることのない開かれたプロセスとしてとらえていたからだ。

これはレーニンの時代よりもはるかに今日についていえることだが、われわれは海図なき海を、グローバルな認識地図《コグニティヴ・マッピング》を欠いたまま航行している。しかし、明確な地図を欠いているからこそ、全体主義的な閉塞を避ける道への期待がもてるとしたら、どうだろうか。[16]

選挙、大衆の圧力、惰性

ヤニス・ヴァルファキスがその著書『その部屋の大人たち』〔邦訳『黒い匣《はこ》　密室の権力者たちが狂わせる世界の運命』〕の冒頭で伝えているところによれば、二〇一五年四月十六日、コロンビア特別区の某ホテルのバーで、ラリー・サマーズ〔合衆国の経済学者〕はヴァルファキスにこう語った。

「ヤニス、きみは大きな間違いをおかしたね」。

平静を装いつつ、わたしはこう返した。「どんな間違いだい、ラリー」。

彼は答えた。「選挙に勝ったことさ！」[17]

いったいいかなる意味で、総選挙におけるシリザ〔ギリシアの急進左派連合〕の勝利は間違いであったのか。それは、選挙というゲームを受け入れてしまったという意味なのか。それとも、あやまった時期に勝利したという意味なのか。二〇一七年五月のフランス大統領選挙における決選投票は、ギリシアの総選挙の場合よりもさらに強烈に、昔からある急進的左翼のジレンマ、議会選挙において投票をすべきか否かというジレンマを突きつけた。マリーヌ・ル・ペンかエマニュエル・マクロンかという悲惨な選択のために、われわれは投票を棄権したくなる。このますます無意味になっていく儀式への参加を拒否したくなるのである。

投票の是非をめぐる決断には、あいまいさが多分に含まれている。投票反対論は二つのヴァージョン、「温和な」ものと「強硬な」ものとのあいだで微妙に（あるいは、はっきりと）ゆれ動いている。「温和な」ほうは、とくに資本主義国における多数政党型民主主義を標的にしている。その主たる主張は次の二つである。（一）支配階級によって支配されたメディアは有権者の大部分を操っているため、有権者はみずからの利益・関心にもとづく合理的判断ができなくなる。（二）選挙は四年に一度行われる儀式であり、その主たる機能は次の選挙までの長い期間、有権者を受動的にすることである。こうした批判の根底にあるのは、代表制をとらない「直接」民主制であり、そこでは大多数のひとが直接、継続的に政治に参加する。「強硬な」ほうは、さらにそこから決定的な一歩を踏み出し、（明白あるいは暗黙に）多数派に対する不信を足場にしている。西洋における普通選挙権の長い歴史が示しているのは、大多数のひとは基本的に受動的で、ただ惰性的に生存することだけにかまけ、大義のためにはたらく気概がないということだ、と。あらゆるラディカルな運動がつねに少数の前衛に限られたものであるのは、そのためであり、また、その前衛がヘゲモニーを得るために、千載一遇の好機である危機（たいていは戦争）を待望せざるをえないのも、そのためである。そうした危機において、真正の前衛は好機をいかし、人々（たとえそれが多数派でなくても）を動員し、権力を掌握できる。

コミュニストはいつでも徹底して「非教条的」であった。つまり、いつでもコミュニズム以外の問題――土地と平和（ロシア）、国民解放および、政治腐敗に対抗するための団結（中国）――に寄生する心づもりができていた。コミュニストは、人民の動員などすぐに終わるということを重々承知しており、そのときになっても権力の座にとどまれるように、必要な装置を入念に準備していた（小作農を二次的な同盟者としてとらえていた十月革命とは対照的に、中国革命はプロレタリアート革命であろうとするふりさえみせなかった。中国革命は、革命の支柱としての農民に直接呼びかけたのである）。

西洋マルクス主義にとっての決定的な大問題は、動機づけの不十分な革命主体であった。これはつまり、労働者階級はなぜ即自から対自への移行を完遂せず、みずから革命の担い手にならないのか、という問題である。マルクス主義が精神分析を参照する最大の理由は、この問題にあった。労働者階級の存在自体およびその社会的状況には元来、階級意識の発生が備わっているが、それを妨げる無意識のリビドーのメカニズムがある――精神分析はこのメカニズムを説明するために呼び出されたのである。このようにしてマルクス主義による社会‐経済分析の真理は維持されたのであり、それが中産階級の勃興、等々をめぐる「修正主義的」理論に依拠する理由はなかったのである。また、これと同じ理由から西洋マルクス主義は、革命を担いうる、労働者以外の社会的主体、やる気のない労働者階級の代役をつねにさがしていた。第三世界の小作農、学生と知識人、排除された者たち……そして現代の難民は、その例である。

労働者階級が革命主体として機能しないことは、ボルシェヴィキ革命の核にある問題であった。つまり、レーニンの力量は、不満をいだいた小作農の「潜在的憤怒」を見きわめることにあったのだ。十月革命は「土地と平和」というスローガンを通じて達成された。小作農という巨大な多数派に向けられたこのスローガンは、小作農の解消不可能な不満という一瞬の好機をとらえたのである。レーニンの思考は、すでにこの十年前から、こうした方向性をとっていた。ストルイピン〔帝政ロシアの政治家、名はピョートル〕の土地改革が成功しそうだという見通しにレーニンがショックを受けたのは、そのためである。この土地改革は、独立自営農民という新しい強い階級をつくることを目指していた。レーニンは書いている。もしストルイピンが成功したら、革命の機会は向こう数十年、失われるだろう、と。

成功した社会主義革命は、キューバからユーゴスラヴィアにいたるまで、どれもこのレーニンのモデル――危機的な状況のなかで好機をとらえること、民族解放闘争や、「憤怒資本」を養分とする他の運動を取り込むこと――にしたがっていた。ヘゲモニーの論理の信奉者であれば、もちろんこう指摘するだろう。これは革命の「通常の」論理である。「批判的大衆」は多種多様な要求間の一連の等価性を通じてはじめて出来するのであり、この一連の等価性は特殊な、唯一無二のともいえる状況にもとづいて決まるのである、と。革命が起こるのは、すべての敵対関係がなし崩し的にひとつの大きな〈敵対関係〉にまとまるときではない。そうではなく、すべての敵対関係がそれぞれの力を相乗的に結合するときである。

しかしながら、問題はこれよりも複雑である。ポイントはたんに、革命は歴史という列車に乗ってはいない、その法則にしたがってはいない、なぜなら歴史は存在しないから、歴史は偶然的で開かれたプロセスであるから、ということではない。問題はこれとは別である。それは、〈歴史〉の〈法則〉はあたかも存在する、歴史の展開には多かれ少なかれ明確で支配的な本線があたかも存在するということであり、革命は歴史の「流れに逆らって」この〈法則〉=本線の裂け目においてはじめて発生する、ということである。革命家は、システムがはっきりと機能不全をきたす、あるいは崩壊する(通常は非常にみじかい)時期を我慢づよく待たねばならない。そして好機をとらえ、その時点ではいわば通りに横たわってつかまれるのを待っている権力を掌握しなければならない。そして、抑圧的な装置を構築するなどして、その権力基盤をかためねばならない。こうして、混乱の時期が終わったときには、そして大多数のひとが熱狂から覚め、新体制に失望したときには、すでに時遅くその体制は取り除けなくなっており、しっかり根づいてしまっている。

それだけではない。コミュニストはつねに、人民の動員をやめる適切な時期を慎重に見計らってきた。中国の文化大革命を例にとろう。そこにはまちがいなく、実演されたユートピアの要素が含まれていた。文革の終結時には——アジテーションが毛沢東自身によって阻止されるまえに(彼がそうしたのは、十全な権力を立て直し、共産党幹部間の競争を取り除くという自分の目標をすでに達成していたためである)——序論で論じた「上海コミューン」が存在した。毛沢東がまさにこの時点で軍に介入を命じて秩序を回復したことは、重要である。ここでの逆説は、抑制のきかない大変動を引き起こす指導者が同時に個人的な権力を最大限行使しようとする、ということである。ここでは、極端な独裁と極端な大衆の解放とが重なっている。

そういったわけで、「大衆の現前＝影響力《ポピュラー・プレゼンス》」がもっとも明白になるのは、主だった公的空間において複数の大きな集団が群がるときなのだが、ここには未解決の重要な問題がある。サイバースペースの現前／圧力はどのように作用するのか。その潜在的な力はいかなるものであるのか。大衆の現前とは、まさに読んで字のごとしである。それは代表《レプレゼンテイション》に対抗する現前《プレゼンス》であり、権力の代表制機構に向けられた圧力である。それはあらゆるかたちのポピュリズムを規定するものであり、（概して、とはいえ、つねにではないが）カリスマ的リーダーに依拠せざるをえないものである。その例は枚挙にいとまがない。たとえば、ポピュリストの州知事ヒューイ・ロングを支持し、一九三二年の重要な選挙における彼の勝利を確実なものにした、ルイジアナ州議会の外部にいる群衆。ミロセヴィッチになり代わってセルビアにおいて圧力をかけた群衆。アラブの春のあいだタハリール広場にとどまり、ムバラクの退陣を要求した群衆。エルドガンに抵抗したイスタンブールの群衆、等々である。大衆の現前において「人民自身」はみずからの力をじかに、代表制を超えて明白なものにするが、同時に、それまでとは違う存在様態をまとう。ブレヒトは、一九五三年におけるドイツ民主共和国（東ドイツ）の労働者蜂起について語った短い詩のなかで、人民は政府に対する信頼を失ってしまったという、当時の共産党役員の言葉を引用している。そこでブレヒトは狡猾にこう問う。そうであるなら、人民を解散して、政府に別の人民を選ばせたほうが楽ではないか、と。われわれはこれをアイロニックな詩として読むのではなく、真剣にうけとるべきである。そうなのだ、大衆動員という状況においては、惰性的な大衆である一般の人々が、積極的に政治にかかわる統合された力へと質的に変化するのである。

ここでは、永続的な人民の現前は永続的な非常状態を意味するということを、つねに銘記しておかねばならない。では、人民が疲弊した場合は、人民がもはや緊張状態に耐えきれなくなった場合は、どうなるのだろうか。権力の座についていたコミュニストには、二つの解決策（あるいは、二つの側面をもつ一つの解決策）があった。受動的な人々に対する共産党による統治と、党によるまやかしの大衆動員である。〔第一の解決策についていえば〕永続革命の理論家であったトロツキー自身は、人民は「高まる緊張と激烈な活動のなかでは数年間と生きていられない(18)」ということを重々承知していた。そこで彼はこの事実を、前衛党が必要であることの論拠としたのである。地方議会における自主組織では、共産党の代役を果たせない。党は当然ながら、人民が疲弊しているときに、いろいろなことを取り仕切るのだ、と。また〔第二の解決策についていえば〕、人民を楽しませ、体裁を保つためには、スターリン主義時代のパレードから今日の北朝鮮のパレードにいたる事例のように、疑似大衆動員の大スペクタクルをときおり行うのが有効であろう。資本主義国では、もちろん、大衆の圧力を緩和する別の方法がある。それは（ほどよく）自由な選挙である。自由な選挙は最近ではエジプトとトルコで有効であったが、一九六八年のフランスでも有効であった。ここでは、大衆による圧力を担う主体がつねに少数派であることを忘れてはならない。グローバルな経済的不平等に反対する二〇一一年の〈ウォール街占拠〉運動において、それに積極的に参加したのは、スローガンの言葉をふまえれば、九九パーセントというよりむしろ一パーセントの人々であった。

フランス語では、ある特定の動詞と接続詞のあとに、いわゆる虚辞の ne を用いる。これはそれ自体否定的な意味をもたないため、「非否定的な ne」とも呼ばれる。それは、主節がおそれ、警告、疑念、否定の表現といった消極的な（不快という意味で消極的な、あるいは否定という意味で消極的な）意味をもっている場合に用いられる。[19] たとえば「彼女は彼が病気ではないかと心配している（Elle a peur qu'il ne soit malade）」というふうに。ラカンは、この余分な否定辞が真の無意識の欲望と意識的な願望とのあいだのずれを完璧に表していることに注目している。妻が夫は病気ではないかと〔意識的に〕心配するとき、妻はおそらく（夫が病気であることを〔無意識に〕望みながら）夫が病気でないことに不安を感じているのである。これと同じことは、社会主義国における政権与党の恒常的な不満、一般大衆は政治活動に乗り気ではない、一般大衆はあまりにも受動的で無関心だ、という不満にもいえるのではないか。「彼らは大衆が受動的で無関心ではないかと心配している（Ils ont peur que le people ne soit passif et indifférent）」。つまり、彼らが本当に恐れているのは、一般大衆が受動的で無関心のままではいない、ということなのである。

では、われわれはたんに選挙を無視するべきなのか。投票はいかなるものであれ、それが投票である以上、純粋に算術的な方法で、意味のあることを計量している。すなわち、公的に提示された主だった政治的選択肢を支持するひとが全体の何パーセントいるか、ということを。権力の座にあるコミュニストが自由な無記名投票という形式に――たとえ既存の体制の支持率が九〇パーセントを超えると完璧に予測できたとしても――つねに執着せねばならないのは、そのためである（クメール・ルージュでさえ、権力掌握から二年たったあとも、この儀式を行っていた）。あるいは、支持率の予想がそうであったとしても、かつてのポーランドやドイツ民主共和国のように、多数政党型民主主義という形式に執着しなければならないのは、そのためである。今日の中国でさえ、共産党とは別の「愛国的」勢力に議席を配分する多数政党型民主主義を採用していることに、どれほどのひとが気づいているだろうか。そのうえ、ある種の選挙は、政権政党の指導部を形成するうえで必要なものではないか。これは初期のボルシェヴィキにとっての大きな問題であった。すなわち、共産党外部の社会におけるある種の民主主義なしに共産党内部の民主主義は可能なのか、という問題である。共産党の外部にいる人民から嘘偽りのないフィードバックを得るための場は、どうすれば確保できるのか。問題は、共産党の幹部たちが人民の本音を知らなかったということではない。人々が実際に何を考えているかについては、幹部たちはつねに秘密警察を通じて知りすぎるくらい知っていたのだから。

中国のモデルは、この点に関してきわめて首尾一貫したものである。党を事実上支配する組織のメンバー（中国共産党〈政治局常務委員〉の七人のメンバー）は、ほぼ八年おきに行われる党大会で選出される。だが、討論はなされない。彼らは党大会の終わりで神秘的にその姿を現すのである。選出過程には、外からはまったくみえない複雑な交渉がからんでいる。そのため、大会に召集された代理人たちは、満場一致でメンバーのリストを承認することになるのだが、投票のときまでそのリストをみることができない。ここにあるのは、政治システムにおいて副次的に発生するある種の「民主主義の機能障害」ではない。この不可解さは構造上、必要なものなのである(権威主義体制においてこの必要性をみたす別のやり方は、北朝鮮のような事実上の君主制か、死と同時にその統治力を停止する、伝統的なスターリン主義において典型化された指導者しかない)。

基本的な問題は次のようになる。どうすれば、直接民主制というわなに落ちずに、多数政党型民主主義を乗り越えられるのか。いいかえれば、どうすれば多数派の受動性の新たな様態を生み出せるのか。どうすれば政治生活の避けがたい疎外状態に対処できるのか。この疎外は、そのもっとも基本的なレベルで、すなわち実際の権力機能を構成する過剰性として理解する必要がある。この過剰性は、左翼における直接民主制の支持者だけでなくリベラリズムによっても見落とされてきた。代議制型権力をめぐる伝統的なリベラリズムの考え方を思い出そう。それによれば、市民はみずからの権力の一部を国家に移譲するが、そこには厳密な条件がついている(国家権力は法によってしばられている、その権力の行使は非常に厳密な条件のもとに限定されている、なぜなら人民は主権の最終的な源泉であり、その決断ひとつで権力を国家から取り戻せるからである)。要するに、権力をもった国家は、人民との契約における格下の当事者であり、各上の当事者(人民)は——いつでもわれわれが買い物をするスーパーマーケットを変えられるのと基本的に同じように——いつでも契約を反故にできる、あるいは変更できるのである。しかしながら、国家権力の組織をよくみてみれば、次のような暗黙の、ただし紛う方ないメッセージにたやすく気づくだろう——「国家に課された制限など忘れろ。最終的に国家はきみたちに対してなんでも好きなことができる!」。この過剰性は、権力の純粋性を汚染する付属物ではない。それは権力の必要な構成要素である。

それがなくなれば、恣意的な全能性という脅威がなくなれば、国家権力は真の権力でなくなる、つまりその権威を失うのである。

したがって、権力の呪縛を解く方法は、透明性をもった権力という空想に屈することではない。われわれはむしろ、権力組織からその行為主体（権力の担い手）を分離することによって、権力組織を内側から空洞化するべきである。クロード・ルフォールが数十年前に論じたように、「民主主義の発明」の核はここに、つまり権力の空虚な場にある。いいかえれば、権力の場と、その場を限られた期間占めることのできる偶発的な主体とのあいだのギャップにある。したがって、逆説的ではあるが、民主主義の根底にある前提は、権力の座につく「自然の」権利をもった政治的主体は存在しないということだけでなく、さらに過激なことに、「人民」そのもの、民主主義における主権の究極の源泉は実体として存在しない、ということでもあるのだ。「人民」という民主主義的な概念はカント的な意味で否定的な概念であり、その機能はただ、ある限界を明示することにある。つまりこの概念は、なんであれ限定された主体が完全な主権をもって統治するのを禁ずるのである（「人民」が存在する唯一の時間帯は、民主主義的な選挙のときである。それはまさに社会組織全体が崩壊するときである。選挙において「人民」は、機械的に扱える個人の集合へと還元される）。人民はなんといわれようと存在するという主張は、「全体主義」の基本的な公準である。「全体主義」のあやまちは、カント的な意味での、政治理性の誤使用（「誤謬推理」）と厳密に一致する。「人民が存在する」のは、人民つまりその真の意志をあたかも（再‐現するだけでなく）具現するかのように行為する、或る限定された政治主体（全体主義的党とその指導者）を通じて――

すなわち、超越論的批判の用語でいえば、ヌーメナルな〔物自体としての〕人民の、現象界での具現として――なのである。

多数政党選挙はたんなる偶発的な異常事態のためではなく、アプリオリな形式的理由から真の民主主義を裏切る――代議制民主主義の批判者はこのことを、言葉をかえて際限なく主張する。だが、われわれは、この批判の要点を有効な民主主義にとって必要な代償として受け入れつつ、こう付け加えるべきである。「代議制」という言葉で示されるそうした最小限の「疎外」があるからこそ、民主主義は機能するのだ、と。いいかえれば、この「疎外」が指しているのは、民主主義的選択がもつ「行為遂行的な」性格である。人々は自分の望むこと（それは投票以前にわかっている）のために投票するのではない。むしろ人々は、民主主義的な選択を通して自分の望むことを発見するのである。真の指導者はたんに大多数の人々の願望によりそうのではない。真の指導者は人民に、人民自身の望むものが何であるかを気づかせるのである。

そういったわけで、民主主義の与える選択がきわめて似かよった複数の政策をめぐる選択であったとしても、民主主義には依然として意味がある。そうした空虚な選択は、あらかじめ定められた権力の担い手など存在しないことを明らかにするのである。この前提が論理的に含意しているのは、統治者を選ぶ際に投票とくじ引きを組み合わせるという柄谷行人の考えである。この考えは見た目以上に伝統的なものである（柄谷自身、古代ギリシアに言及している）。逆説的ではあるが、それが課題としているのは、君主制に関するヘーゲルの理論と同じことなのだ。柄谷は勇猛果敢に、ブルジョアジー独裁とプロレタリアート独裁との差異をめぐって途方もない定義を提示する。「もし匿名投票による普通選挙、つまり議会制民主主義がブルジョア的な独裁の形式であるとするならば、くじ引き制こそプロレタリア独裁の形式だというべきなのである」[20]。レーニンは『国家と革命』のなかで、先にふれたように、すべての料理人 *kukharka* が国家統治の方法を学ばねばならない労働者国家というヴィジョンを描いたが、このときレーニンの考えの根底にあったのも、この柄谷的な考えではなかったか。すなわち、（選挙）民主制《デモクラシー》からくじ引き制《ロトクラシー》へ……という考えである。

これは、専門知識は重要ではないということを意味するのか。そうではない。なぜならこの考え方は、S1とS2の分離、〈主人－シニフィアン〉と専門家の知との分離をはらんでいるからである。〈主人〉（投票する人々）は決断し選択するが、専門家は選ぶべきものを示唆する。人々が欲しいのは選択という見かけであって、実際の選択ではないのだ。これが民主主義の機能の仕方である――つまり、われわれの同意をともなう、ということが。われわれは自分たちが自由であるかのように、自由に決断しているかのように行為するが、（われわれの言論の自由という形式自体に埋め込まれた）見えない命令によって、なすべきことや考えるべきことを教えてもらうのを、暗黙のうちに、受け入れるだけでなく要求してもいる。マルクスがすでに承知していたように、秘密は形式自体にある。この意味で、民主主義においては、普通の市民ひとりひとりが事実上、王なのである。だが、それは立憲民主制における王、ただ形式的に決断する王、官僚機構によって提案された政策にサインをするという役割を果たす王である。民主主義的な儀式の問題がそのまま立憲民主制の問題に一致するのは、そのためである。この問題とはすなわち、王の威厳をどのように守るか、ということである。王は実際に決断しているという見かけを、誰もがそれは嘘だとわかっているときに維持するには、どうすればよいのか。いわゆる「民主主義の危機」が起こるのは、人々がみずからの力を信じられなくなるときではない。そうではなく反対に、人々がエリート——人々から知を有しているとみなされる、彼らにガイドラインを示す存在——を信じられなくなったとき、(実際の)玉座は空虚である、本当に決断するのはいまや自分たちであるという不安を人々が経験したときである。したがって、「自由選挙」にはつねに、わずかながら礼儀という側面がある。権力者たちは礼儀正しく、自分たちには実際には権力がないというふりをする。そして、自分たちに権力を任せたいかどうかについては、われわれに自由に決めてほしい、という。これには、断られるのがわかったうえでなされる申し出という論理と似たところがある。

だが、これは「全体主義的」コミュニズムとどのように違うのか。後者においてもまた、有権者は押しつけられたものを自由に選ぶ——それに賛成票を投じる——という空虚な儀式を遂行するように強いられるというのに。誰の目にも明らかな答えは、民主主義的選挙では、最低限の自由な選択がある、つまり最低限意味のある選択がなされる、ということである。だが、それよりも重要な差異がある。「全体主義的」コミュニズムにおいては〈主人 - シニフィアン〉と専門家の知とのあいだのギャップが消滅するのである。では、どのようにしてか。レーニンとスターリンを分かつ距離は、まさにこの問題にかかわっている。では、われわれは今日、このジレンマ(「民主主義と全体主義的コミュニズムがいっけん似たもの同士であること」に対して、どのような立場にあるのか。

おもしろい時代の退屈な世界にようこそ！

中国の古い悪態に次のようなものがある（この悪態について知っている中国人がいないところをみると、これはおそらく西洋による捏造だろう）――「おまえなんておもしろい時代に生きればいい！」。おもしろい時代とはトラブル、混乱、苦痛の時代である。そして、いくつかの「民主主義」国家においては、近年、われわれが実際におもしろい時代に生きていることを証明する、ある奇妙な現象が起こっているように思われる。ひとりの候補者が、つかの間の混乱状態のなか自分の名前をもとに運動を組織しつつ、いわばどこからともなく現れて選挙に勝つのである。シルヴィオ・ベルルスコーニもマクロンも、まさにこのように政治の舞台に突然現れた。だが、このプロセスは何をあらわしているのか。それはまちがっても、党派政治を超えた民衆の直接的な政治参加ではない。逆である。われわれは、こうした人物が社会的、経済的体制に全面的にサポートされて出現することを忘れてはならない。彼らの機能は、現実の社会的な敵対関係をうやむやにすることである。人々はなんらかの悪魔化された「ファシスト」の脅威を背景にして、魔法にかかったようにひとつにまとまるのである。一九九〇年、ヴァーツラフ・ハヴェルはこの夢を口走った最初のひととなった。［チェコスロヴァキア］大統領に選ばれたハヴェルが最初に会ったのは、ヘルムート・コールであった。そのときハヴェルは不気味な提案をした。「あらゆる政党を解散させるために力を合わせましょう。そして、ひとつの大政党、〈ヨーロッパ党〉をつくりましょう」と。コールが疑るようなほほ笑みを返したことは、想像にかたくない……。

このようにどこからともなく、またなんの明確な綱領もなく党が突然現れることは、旧来の政治空間の崩壊を表している。政党は、依然として政治生活の一般的な枠組みであるとしても、すでにその可能性を使い果たしてしまったかのようなのだ。ここでは多様な選択が可能であるが、なんであれその要諦となるのは、新たな政治的敵対関係――ポピュリスト対テクノクラシー〔専門技術による政治支配〕信奉者、等々――をいかに表現するかということである。だが、今日明らかなのは、人々を動員し組織化するための適切な政治プロジェクトは存在しないということである。新しい政治プロジェクトの出現が望まれるのだとすれば、それは左翼から生まれねばならないだろう。

この不気味な現象、すなわち、先に述べたヨーロッパの政治空間の長期的な再編成がもたらす目に見える効果のひとつは、ベルルスコーニとマクロンにつながっている。保守であれリベラルであれ、どの旧来の大政党も新しいラディカルな中道の担い手として居座ることができず、そのため体制はパニックにおちいり、現状維持をはかるために新しい運動を生み出さざるをえない――新しい運動がどこからともなく現れるのは、このときなのである。この二人それぞれの運動（たんなる党にはおさまらない）の名前は、誰にでも何にでもあてはまる空虚な普遍性という点で似ている。「がんばれイタリア（*Forza Italia!*）」や「共和国前進（*La République En Marche*）」といわれて、異存のあるひとがいるだろうか。この二つのスローガンが表しているのは、運動の方向性や目的のはっきりしない、意気揚々とした運動の抽象性である。両者は、パニックにおちいった体制の反応として表舞台に現れた。もちろん両者のあいだには、明らかな差異がある。重点の置きどころが違うのだ。ベルルスコーニが政治の舞台に躍り出たのは、大規模な反不正キャンペーンのあと、イタリアの伝統的な政治勢力図全体が崩壊し、かつてのコミュニストだけが実力のある勢力として残っていたときであった。それに対し、マクロンが脚光を浴びたのは、ル・ペンのネオファシズム的ポピュリズムが選挙に勝つおそれのあったときである。マクロンの役割をいちばんうまく言い当てているのは、彼の支持者の使ったある言葉である。近年、マリーヌ・ル・ペンは徐々に脱‐悪魔化され、「正常な」(受け入れ可能な)政治空間の一翼とみなされている。だからマクロンの使命は、ル・ペンを再‐悪魔化すること、すなわち、ル・ペンは依然として昔ながらの反ユダヤ主義的ファシストであり、ゆえに、まじめな民主主義者は彼女を許容すべきではないと、政治的公衆に知らせることなのだ。そのように再‐悪魔化するだけでは明らかに十分ではない。悪魔的なフェティッシュにたんに注目する代わりに、われわれはただちにこう問うべきである。そうした悪魔は、いかにしてわれわれの社会に現れることができたのか、と(ル・ペンの場合でいえば、彼女はマクロンが具現する政治に対する反動である)。悪魔化の機能は、まさにこの〔ル・ペンとマクロンの〕つながりをあやふやにすること、われわれの民主主義的空間の外部にいる主体に罪を押しつけることである。

トランプあるいはル・ペンに対抗して〔ヒラリー・〕クリントンあるいはマクロンに投票することをすすめるリベラル派の古典的な議論は、以下のようなものである。クリントンとマクロンは、トランプあるいはル・ペンを生んだわれわれの苦境を表している。だが、その一方で、クリントンあるいはマクロンに投票しないのは、将来起こるかもしれない災厄をふせぐために実際の災厄を選ぶようなものだ、と。これはもっともな言い分にきこえるが、それはあくまで時間性というものを無視しているからである。ル・ペンがもし二〇一七年に大統領に選ばれていたら、それがきっかけとなって強力な反ファシズム運動が起こり、彼女の再選など考えられなくなっていただろう。さらに、左翼的な代替案に対して強力な後押しがなされていただろう。したがって、二つの災厄（現在ル・ペンが大統領であること、五年後にル・ペンが大統領になるおそれ）は同じではない。五年間のマクロン統治のあとに来る災厄は――マクロンの治世が失敗に終わった場合――二〇一七年に起こらなかった災厄よりも、さらに深刻なものとなるだろう。

歴史的文脈からいえば、こうした問題提起をすることが左翼の使命であった。したがって、敵が悪魔化されたときに、急進的左翼が〔リベラル派にとって〕都合よく政治の舞台から消えるのは不思議ではない。フランスの二〇一七年の大統領選で、マクロンに対する左翼からのあらゆる懐疑は、ただちにル・ペンに対する支持として糾弾された。したがって、次のような仮説が無理なく成立する。この左翼の排除こそが悪魔化という操作の真の目的であった。悪魔化された敵は、便利な小道具であったのだ、と。ジュリアン・アサンジは最近こう書いている。合衆国の民主党主流派が「われわれが負けたのではない、ロシアが勝ったのだ」という物語を受け入れた理由は、それを受け入れなかったら、二〇一七年の大統領選におけるバーニー・サンダーズの反乱が党を支配してしまうからだ、と。してみれば、合衆国の民主党主流派がサンダーズを追い払うためにトランプを悪魔化するのと同じように、フランスの主流派は左翼の急進化を避けるためにル・ペンを悪魔化したのである。

ハドリー・フリーマンが『ガーディアン』紙に書いた評論――反アサンジ、ヒラリー支持の立場をとるリベラル左翼のイギリス版――のタイトルは、すべてを物語っている。「ル・ペンは極右のホロコースト修正主義者だが、マクロンは違う、なのになぜむずかしい選択なのか」[21]。本文は予想どおり「投資銀行家であることと、ホロコースト修正主義者であることは似ているのか。ネオリベラリズムはネオファシズムに相当するのか」というふうにはじまり、決選投票において左翼が示した条件つきのマクロン支持――「まったく気乗りしないが、こうなればマクロンに入れる」というスタンス――をも、あざけるようにしりぞける。これはリベラル派による最悪のおどしである。われわれは無条件にマクロンをサポートしなければならない、彼が新自由主義的な中道派であることは重要ではない、彼が反ル・ペンであることが重要なのだ……と。これはヒラリー対トランプのときの物語と同じである。つまり、ファシストの脅威に直面したわれわれは、彼女の御旗のもとに結集すべきである（そして、彼女の陣営がいかに野蛮かつ狡猾にサンダーズ陣営に勝ち、その結果、いかに民主党を敗北に導いたかを都合よく忘れるべきである）という、あの物語である。ここではすくなくとも、こう問うことがゆるされるのではないか。なるほど、マクロンはヨーロッパびいきのひとである。だが、彼が体現しているのは、いかなるたぐいのヨーロッパなのか。それはみずからの失敗によってル・ペンのポピュリズムを成長させるヨーロッパ、新自由主義に奉仕する、特徴のないヨーロッパである。これが問題の急所である。なるほど、ル・ペンは脅威である。しかし、全面的にマクロンを支持した場合、われわれはある種の円環にとらえられ、原因であるものを支持することによってその結果とたたかうはめになるのではないか。これは合衆国で買える下剤入りチョコレートを思い出させる。その宣伝文句は「便秘でしたら、このチョコレートをもっとめしあがれ!」という逆説的な命令である。いいかえれば、便秘を治すためには、便秘の原因となったチョコレートを食べよ、ということである。この意味でマクロンは「下剤入りチョコレート」的な大統領候補である。彼は病気の原因そのものを治療法として提示しているのだから。

両候補は反システムの立場を鮮明にした——ル・ペンはわかりやすいポピュリズム的なやり方で、マクロンはそれよりもずっと興味深いやり方で。マクロンは既存の政党の外部にいた。だが、まさにそうであるからこそ、彼は既存の政治的選択に無関心でいられ、システムそのものを体現したのである。ル・ペンが政治的な情念を、〈われわれ〉対〈移民から非愛国的な金融エリートにいたる〉〈彼ら〉という敵対関係を体現していたのとは対照的に、マクロンは非政治的な、すべてを抱き込む寛容の態度を表していた。ル・ペンの政治は恐怖心(移民に対する恐怖、匿名の国際金融機関に対する恐怖)から力を引き出しているという主張をよく耳にするが、同じことはマクロンにもいえないか。彼が投票で一位になったのは、有権者がル・ペンをおそれたためなのである。かくして円環は閉じられる。どちらの候補も積極的なヴィジョンを提示しなかった。二人はともに恐怖を売りにする候補者であったのだ。

この投票で本当に問題になっていたことが明らかになるのは、それをより広い歴史的文脈のなかに置いたときである。西欧および東欧では、政治空間の長期的な再編のきざしがある。つい最近まで、政党には二つの主要な型があり、それらが有権者全体にうったえかけていた。ひとつは中道右派（キリスト教民主党、自由主義的保守、名前に「人民の」がつく政党）、もうひとつは中道左派（社会党、社会民主党）である。そのほかには、よりせまい範囲の選挙民にうったえかける小政党（エコロジスト、ネオファシスト、等々）があった。現在では、堕胎、ゲイの権利、宗教的、民族的マイノリティ、等々に対して比較的寛容な、グローバル資本主義そのものを代表するタイプの党が台頭してきている。この党に対立するのが、ますます勢力をのばしている、反移民をかかげるポピュリズム政党である。そして、その周辺に付随するようにして、人種主義的なネオファシズムのグループが存在している。ここで格好の例となるのはポーランドである。元共産党員がいなくなったあとのポーランドの主要政党は、ドナルド・トゥスク元首相の「反イデオロギー的な」中道リベラル政党と、カチンスキ兄弟の保守キリスト教政党である。今日の急進的中道派にとっては、以下のことが重要な問題となっている。他の政党を「古いイデオロギーの亡霊に捕られた」ものとしてしりぞけつつ、みずからをポストイデオロギー時代の非‐政治性を具現する政党としてうまく提示できるのは、この二つの主要政党、つまり保守派とリベラル派のうち、どちらなのか。一九九〇年代初頭では、保守派が優位であった。その後は、リベラル左派のほうが優位に立ったように思われた。そしてマクロンは、生粋の急進的中道を代表する最新の事例である。ドイツの哲学界において不倶戴天の敵同士である二人の哲学者、ユルゲン・ハーバーマスとペーター・スローターダイクは、最近、マクロンに対する賛辞を非常に熱い言葉でおおやけに語った。彼はヨーロッパにとって新しい希望なのだ、と。そこでは次のようなことさえほのめかされていた。イェーナで馬上のナポレオンを見たヘーゲルは、その様子を、世界精神 *Weltgeist* が馬に乗っていると表現したが、同じことはマクロンにもいえる。マクロンは今日のヨーロッパ精神の具現である、と。こうした敵同士が同じ言葉を話すのは、つねに何かの症候である。二人が深層において和解していることの症候ではない。彼らを結びつける拒絶（「抑圧」）の姿勢――この場合は、今日の急進的中道よりも急進的な左翼を拒絶すること――の症候である。

こうしてわれわれは政治生活のどん底に達する。つまり、選択というものがあったとしても、それは疑似‐選択であったのだ。なるほど、仮にル・ペンが勝利すれば、それは危険な状況をもたらすおそれがある。だが、マクロンの勝利による不安の払拭も、それに劣らず危険である。なぜなら、彼の勝利によってわれわれが覚醒したとはいえないからだ。彼の勝利は、まったく逆の効果をもっている。安堵のため息があちこちから聞こえる。悪夢は終わった、やれやれあぶないところだった、ヨーロッパとわれわれの民主主義は救われた、さあ、いまいちどリベラル資本主義の眠りに戻ろう、というふうに。

この絶望的な状況において、あやまった選択に直面したわれわれは、勇気をふりしぼって投票を棄権すべきである。棄権せよ、そして思考しはじめよ。「議論はもうたくさんだ、行動しよう」という決まり文句は、まやかしである。いまはまさにそれとは逆のことをいうべきなのだ。なにかをせよという圧力はもうたくさんだ、真剣な議論をはじめよう、つまり思考しよう、と。さらにわたしには、これをふまえていいたいことがある。急進的左翼は、政治空間において用意される選択肢はまちがっている、復活した急進的左翼だけがわれわれを救える、ということをひたすら繰り返すが、われわれはこの急進的左翼の自己満足もまた捨てねばならない。なるほど、この主張はある意味納得できる。しかし、そうであるなら、こうした左翼はなぜ実際に現れないのか。人々を動かすような力を秘めた、いかなるヴィジョンを、左翼は提示しなければならないのか。われわれのはまり込んだ、ル・ペンとマクロンの悪循環を生み出した究極の原因は、実行可能な左翼の代替案が消えたことである――われわれはこのことをけっして忘れてはならない。

ヨーロッパと合衆国のリベラル－進歩的政治に、新たな幽霊、ファシズムという幽霊がとりついているのは不思議ではない。合衆国のトランプ、フランスのル・ペン、ハンガリーのオルバーン――このひとたちはみな、われわれが力を合わせて戦うべき新たな〈悪〉として悪魔化されている。この〈悪〉に対置される代替案にわずかでも疑いや留保を示そうものなら、それはすぐにファシズムとひそかに結託している証拠だと告発される。二〇一七年十月出版の『シュピーゲル』誌に載った注目すべきインタビュー記事において、エマニュエル・マクロンは、新たなファシスト右翼との闘争を望むあらゆるひとたちから熱狂をもって支持された発言をした。

極右政党に対しては三つの反応がありえます。ひとつは、極右政党があたかも存在しないかのように行動すること、そして、極右政党が反感をおぼえるような政治的提案をあえてしないことです。この方法は何度となくフランスで試されましたが、ご承知のとおり、うまくいきません。あなたが実際にサポートしたい人々は、あなたの党の演説のなかに自分たちの意見が反映されているなんて思っていません。右翼が聴衆を獲得できる理由は、ここにあります。二つ目の反応は、極右政党に魅惑されながら、そのあとについていくことです。

『シュピーゲル』――第三の反応は何ですか。

マクロン――極右はわたしの真の敵であると宣言し、彼らと戦うことです。実際、これこそがフランス大統領選挙の決選投票の筋書きなのです。[22]

マクロンの立場は立派なものだが、ここでは、それに自己批判的なひねりを加えることが重要である。ファシストの脅威を悪魔化するイメージは、新たな政治的フェティッシュの役割、真の対立関係をうやむやにする機能をもった、フロイトのいう意味での魅惑的なイメージの役割を果たす。ファシズムそれ自体も本質的にフェティシズム的である。それは、われわれの困難の外的な原因として糾弾されるユダヤ人のような形象を必要としている。そうした形象によってわれわれは、社会を横断する内的な敵対関係をうやむやにできるのである。わたしが主張したいのは、これとまったく同じことが今日のリベラルな想像力における「ファシスト」という概念にもいえる、ということである。つまり、この概念によって、今日の危機の根っこにある行き詰まりをあやふやにすることが可能なのである。オルタナ右翼に対してはいっさい妥協したくないという願望が強いと、われわれがすでにオルタナ右翼とある程度、妥協関係にあることが、あいまいになってしまう。徐々に現れてきた、この自己批判的な反省のきざしは、どれもよろこばしいものである。そうした反省は、断固反ファシズムでありつつ、リベラル左翼の弱点に批判的まなざしを向けるのだ。たとえば、スーザン・サランドンの目覚ましい介入を見てほしい。(23)彼女は、「ミー・トゥー」的な政治的公正《ポリティカル・コレクトネス》は度が過ぎるといっているのではない。その過激さはにせものであり、ポーズにすぎない、と主張しているのである。なすべきことは、急進的左翼とファシスト右翼との連合をつくることではない。そうではなく、オルタナ右翼支持者に語りかけることによって、オルタナ右翼に対する労働者階級からの酸素供給を断つことである。これを成し遂げるための方法は、ラディカルで批判的なメッセージをたずさえた左翼に、いまよりも多くの人々を動員すること、すなわち、〔バーニー・〕サンダーズや〔ジェレミー・〕コービンがしていたことをすることである。これは、彼らの運動が比較的うまくいった根本的な理由であった。

新たな高まりをみせる人種主義には、別の側面もある。イデオロギーの裏面にある猥褻さが利用されることである。黒人の保守派ベン・カーソンが共和党の大統領候補になるべく奮闘していたとき、彼は自分の半生を、不良の若者から品行方正なキリスト教徒への成長物語として語った。しかしながら、彼の過去を調べたジャーナリストは驚いた。彼は不良ではなかったのである。彼はむかしから温厚で行儀のよい少年だった。だが、本当の驚きはこのあとに来る。この調査結果への反応としてカーソン陣営は、彼は若いころ実際に不良であったと主張したのである。カーソン陣営はなぜこのような奇妙なこだわりをみせたのか。はじめから善良な少年であったという印象を支持者（大部分はキリスト教徒の白人の保守）にあたえたほうが、カーソンにとってよいのではないか。そうではない。不良少年としての過去は彼のイメージにぴったりだったのだ。それはつまり、犯罪やそのほかの悪行に夢中になっていた黒人少年が勤勉、規律、キリスト教をよりどころとするようになったという、おなじみのイメージである。彼の支持者が見たがったのは、これである。すなわち、それはたんなる善良な黒人少年ではない（そうした存在であれば、彼はわれわれのひとりとして、われわれと完全に等しい人間として認識されねばならないだろう）。そうではなく、まず法を犯すなかで黒人であることを十分に享受し（「下等な」人種の犯す罪はつねに白人の保守派を魅惑するものであり、明らかに、あいまいなねたみの対象である）、そのうえで苦労して黒人としての自分の野蛮さをいましめ支持者と同様の品行方正なキリスト教徒になった人間である。奴隷制は嘆かわしいものであったが、黒人がキリスト教を発見し受け入れるのに役立ったと、カーソンが主張したことを思い出そう。この物語におけるキリスト教の役割は、黒人を白人文化に組み込むことによって奴隷の黒人を教化することであった。

こうしたことをふまえなければ、キリスト教的礼節とは正反対の下劣で不道徳な人物、ドナルド・トランプが、なぜキリスト教保守派の英雄となりえたのかは理解できない。よくいわれる説明は、以下のとおりである。キリスト教徒はトランプの人格上の問題をよくわかっている。そのうえで、彼らはこの問題を無視する道を選んだ。なぜなら彼らにとって重要なのは、トランプの指針、とりわけ彼の反堕胎の立場であるからだ。もしトランプが連邦最高裁判所に、ロウ対ウェード裁判の結果（堕胎を法的に認めた連邦最高裁判所の判決）をくつがえせるような新しい保守派の判事を置くことに成功すれば、彼の罪は帳消しになる……と。だが、事態はこれほど単純だろうか。トランプの性格の二重性――下劣さや俗悪さをともなった道徳的に高潔な態度――そのものがキリスト教保守派をとりこにしているのだとしたら、つまり、キリスト教保守派がひそかにこの二重性に同一化しているのだとしたら、どうだろうか。これとまったく同じことは、現在ポーランドの事実上の支配者であるヤロスワフ・カチンスキにもいえる。彼は『選挙新聞』（*Gazeta Wyborcza*）による一九九七年のインタビューで、下品にも '*Teraz kurwa my*' と叫んだ。このフレーズ（当時、ポーランドの政界で流行語になった）は、だいたいこう訳すことができる。「やっとおれたちの時代が来た、おれたちは権力の座にある、今度はおれたちの番だ」。だが、その字義的な意味はこれよりも下品である。（娼館で順番待ちをしたあとで）「今度はおれたちが売女とやる番だ[24]」。このフレーズが敬虔なカトリック系の保守、キリスト教的道徳の擁護者によっておおやけの場で発せられたことは重要である。それは、カトリックの「道徳」政治を実際に支える隠された裏面なのである。

コミュニストの側も下品さにおいては負けていない。たとえば、一九五九年七月に魯山で開かれた共産党大会——そこではまず〈大躍進〉がいかに大失敗であったかが報告された——において、毛沢東は党の幹部に責任を共有するように要求し、自分自身の責任、とりわけすべての村での鋼鉄製造をすすめる不首尾に終わったキャンペーンの責任を認めつつ、こう演説を閉じた。「もたらされた混沌は大規模なものであり、その責任はわたしにある。同志よ、きみたちは各自、自分の責任を分析しなければならない。糞をする必要があるなら、糞をしろ。屁をこく必要があるなら、屁をこけ。そうすれば、もっと気分はよくなるだろう[25]」。

こうした下品な隠喩は、なぜ出てくるのだろうか。重大なあやまちを犯した責任を自己批判的に認めることは、いかなる意味で放屁や排便の必要性と比較できるのか。答えはこうなると思う。

毛沢東にとって、責任をとることは悔恨の表現ではない。それが悔恨の表現であるなら、現在の地位から自主的に降りることさえ迫られるかもしれない。むしろこの比較の理由はこうなる。ひとは責任をとることによって責任をまぬがれる。だから、快便のあとのように「そうすればもっと気分がよくなる」のは不思議ではないのだ、と。つまり〔ひとは責任をとるとき〕自分が糞で、あると認めるのではない、自分のなかの糞を駆除するのである、と。これこそはスターリン主義的「自己批判」が実際に行き着く先である。

ここから得られる重要な教訓は、以下のとおりである。イデオロギー空間の背景には、このように猥褻なものが出現しているが（ごく単純にいえば、最近まで私的空間に属していた人種差別的、性差別的、等々の発言がいまやおおやけの場でなされているという事実である）、これが意味するのは、神秘化の時代は終わった、イデオロギーはいまや手持ちのカードをさらけ出しているということではない。逆である。猥褻さが政治の舞台に浸透するとき、イデオロギー的神秘化はもっとも威力を発揮する。つまり、真の政治的、経済的、イデオロギー的な利害関係は、かつてないほどに見えにくくなるのである。要するに、おおっぴらな猥褻さはつねに、隠された道義心に支えられており、公的な場で猥褻な言動をする者は、自分は大義のために戦っているとひそかに信じているのだ。こうした者たちは、このレベルにおいてこそ非難されるべきなのである。問題は、トランプが道化であることではない。問題は、彼の挑発の背後には或る方針があること、狂気じみた言動にも一定の筋道があることである。トランプの（そしてそれ以外のひとの）卑猥さは、一般大衆にこの方針を売り込むためのポピュリズム的な戦略の一環なのである。ここでいう方針は（すくなくとも長い目でみれば）一般大衆にとって不利になるものであり、具体的には、富裕層に対する減税、ヘルスケアの削減、労働者の保護の削減、等々である。残念なことに、人々は、笑いとともに提示されたものについては、いつでも多くのものをうのみにしてしまう。

ラジオ・エレヴァンをめぐる、ソヴィエトの古いすばらしいジョークがある（ソヴィエトのジョークは伝統的にこのアルメニアのラジオ局をこき下ろした）。リスナーがたずねる。「ラビノヴィッチが宝くじで新車を手に入れたというのは本当ですか」。ラジオ局は答える。「はい、おおむねそのとおりです。ただし彼が手に入れたのは新車ではなく、中古の自転車でした。また、手に入れたのではなく、それは彼から盗まれた自転車でした」。同じことは二〇一七年のフランス大統領選挙にもいえる。フランス国民は一致団結して反ファシズムの姿勢を大々的に示すなかでアウトサイダーを選び、ヨーロッパにとっての脅威を打ち破ったというのは本当なのか。おおむね本当である。ただし、勝利したマクロンは、一般大衆とは無縁のヨーロッパ、つまりル・ペンに勢いを与えた政治そのものを代表している。また、彼はアウトサイダーではなく、生粋の体制主流派である。

もちろん、ル・ペンとマクロンは同じではない。両者の違いは明らかである。だが、にもかかわらず、この二人のうちどちらを選ぶかは真の選択ではない。これを理解するためには、各候補者の政治的背景に注目すれば十分である。ル・ペンは人種主義的なポピュリストであるが、同時に民衆や労働者の不満に焦点を当てる。マクロンはヨーロッパを大事にする寛大で心やさしい人物としてふるまうが、彼が体現する経済政策は、民衆がヨーロッパに対していだく不満の主な原因である。われわれの前方には、次のような、未来の悲しい展望が待ち受けている。われわれは四年ごとに、なんらかのかたちの「ネオファシズムの危険」におびえながら、パニック状態におちいる。そして、そのようにして、積極的なヴィジョンを欠いた意味のない選挙において「文明的な」候補者に投票するよう脅迫される……。こうして次の選挙までのあいだ、われわれは人間の顔をしたグローバル資本主義に守られながら、しばし惰眠をむさぼることができる。この状況の忌まわしさには心底驚かされる。グローバル資本主義はいまやファシズムに対する最終防衛手段とみなされている。だから、マクロンの重大な限界を指摘する者は非難される――そう、ファシズムの共犯者として非難されるのである。なぜなら大手（ならびにそれほど大手でもない）メディアがくりかえし報道しているように、極左と極右はいまや融合しているからである。極左も極右も反ユダヤ主義的であり、ナショナリスト－孤立主義的であり、反グローバリズムであり……というわけだ。目下の政治的操作の要点はここにある。それは要するに、左翼――つまり真の代替案といえるもの――を消滅させることである。マクロンを背後で操る女は、彼の妻ではなく、あの誰もが知るＴＩＮＡ――「代替案はない（there is no alternative）」という立場〔これはマーガレット・サッチャーのあだ名となった〕――である。マクロンは希望をもたらさない。彼は希望を殺す。人種主義的ポピュリズムの脅威を実際に取り除くという希望を殺すのである。この脅威はきわめて現実的なものである。実際、その機能は二〇一七年十月二十四日に明らかとなった。この日メディアは、ハンガリーの首相ヴィクトル・オルバーンの次のような発言――これは当惑のあまり文字自体が紅潮してもおかしくないしろものであった――を報道したのである。

オルバーンは中欧および東欧（Central and Eastern Europe＝ＣＥＥ）を「移民なき地域」と呼んだ。彼がこの主張をしたのは、一九五六年十月二十三日に起きたハンガリー革命をめぐる記念式典においてであった。彼によれば、ＣＥＥの国々は不法移民をしりぞけることに成功したのであり、ＣＥＥは移民とは無縁の、ヨーロッパ大陸における唯一の地域である。「神秘的な金融勢力は、近代的な人口移動、数百万の移民、新入者の侵入を通じてヨーロッパをおそった。この計画の意図は人種混交的なヨーロッパをつくることであったが、われわれはそれを阻止することに成功した。ポーランド人、チェコ人、スロヴェキア人、ルーマニア人、ハンガリー人は、この阻止活動において結束すべきである」とオルバーンは主張した。ヨーロッパで今後行われる選挙は、どれであれ、自分で自分の行く道を決めたい、政治的状況を自分の手で処理したいという市民の欲求を示すことになると、オルバーンは確信している。彼は結論として「われわれは安全で公正な、キリスト教的で自由なヨーロッパを望む」と述べたが、その際、移民侵入の背後にいるひとたちの陰謀にふれるなかで『スター・ウォーズ』に言及しつつ「ダークサイドの力をあまくみてはならない」と警告を発し、さらに、彼らには「堅固な組織はないが、広範なネットワークがある」と付け加えた。また、彼はこう述べた。「欧州連合、欧州委員会は、ソロスという億万長者がヨーロッパ大陸破壊計画を完遂するまえに、ソロス帝国から独立しなければならない」と。[26]

オルバーンの「移民なき地域」は、「ユダヤ人なき地域」をつくるという旧ナチの試みを連想させるが、そうした連想はなんであれ、いうまでもなく、両者が単純に同一線上にあることから来る。オルバーンがヨーロッパの「ダークサイド」、つまりユダヤ人ソロスに具現された「神秘的な金融勢力」に言及するとき、それはまさにそうした方向性、つまり富豪のユダヤ人による陰謀というファシスト的な考えを示している。今日の極右ポピュリストは、このようにイスラム系移民の「脅威」を説明する。反ユダヤ主義的な想像力における「ユダヤ人」は、裏で糸を引く、目に見えない〈主人〉である。イスラム教徒の移民が今日のユダヤ人でないのは、そのためなのだ。イスラム教徒の移民は不可視の存在ではなく、あまりにも可視的である。彼らは明らかに、われわれの社会に組み込まれてはおらず、誰も彼らが裏で糸を引いているなどとは主張しない。もし彼らの「ヨーロッパへの侵入」に秘密の陰謀を読みとるのであれば、ユダヤ人がその侵入の背後に存在しなければならないのである。

　オルバーンが一九五六年のハンガリー革命をめぐる記念式典で演説したという事実は、意図せぬアイロニーを呼び起こす。この蜂起におけるきわめて痛ましい事態のひとつは、ソヴィエト軍が反乱者たちを包囲したときに起こった。そのとき反乱者たちはウィーンに向かって「われわれはここで西洋を防衛しているのだ」という絶望的なメッセージを送ったのである。コミュニズムが崩壊した現在、キリスト教系の保守政府は、西側の多文化主義的で消費主義的な自由民主主義――今日の西ヨーロッパが体現するもの――を自分の主要な敵とみなしている。そして、過去二十年間の「荒れ狂う」自由民主主義に取って代わる、より有機体的で共同体主義《コミュニタリアン》的な新しい秩序を求めている。オルバーンはすでに「アジア的価値観をもった資本主義」に対する賛意を表明している。したがって、オルバーンに対するヨーロッパからの圧力が続いた場合、東側に向かって次のようなメッセージを発する彼の姿は容易に想像できる――「われわれはここでアジアを防衛しているのだ！」[27]。

合衆国ではトランプがトランプ版の「アジア」（これはアジアの現実とはむろんなんの関係もない）を擁護しており、その概略を見抜くのはやさしい。一篇のニュースを評価する最善の方法は、むろん時と場合によるが、それを別のニュースと並べて読むことである。そうした比較によって、ひとつの論争における真の問題が、しばしばはっきりみえてくるのである。ある辛辣なテクストに対する反応を例にとろう。二〇一七年の夏、デイヴィッド・ウォレス＝ウェルズは「居住不可能な地球[28]」というエッセイを発表し、一躍衆目を集めた。このエッセイは、地球温暖化から、数十億人に達すると予想される気候難民、さらには、これが原因となって起こる戦争や大混乱まで、われわれの生存にとって脅威となるあらゆるものについて明晰かつ体系的に分析している。ここでは、予想される反応（デマをとばすなという非難など）に注目するのではなく、このエッセイを、そこで記述されている状況に関連した二つの事実と並べてみるべきである。ひとつはもちろん、生態系の危機など存在しないというトランプによる否定。もうひとつは、普段であればトランプを支持するはずの億万長者たちが、大惨事《アポカリプス》に備えるために豪華な地下シェルターの開発に投資していることである。このシェルターのなかにいれば、彼らは新鮮な野菜を食べたり、フィットネス・センターを利用したりしながら、最大一年間は外部から隔絶して生き延びられるのである[29]。

もうひとつの例は、バーニー・サンダーズの書いたテクストである。二〇一七年十月、サンダーズは共和党の予算案に関する辛辣なコメントを書いた。そのタイトルは、彼の主張をあますところなく伝えている。「共和党の予算案は億万長者に対する贈り物——それはさかさまのロビン・フッドである」[30]。このテクストは明快に書かれており、説得力のある事実や明察に富んでいる。では、それはなぜあの程度しか反響を呼ばなかったのか。このテクストには、それと並べて読むべき報道記事がある。それは、デトロイトでの〈女性による党大会〉で、第一日夜のスピーカーのひとりとしてサンダーズが登壇することが告知されたときに起こった憤激についての記事である。批判者たちはこう主張した。女性の権利の政治的拡大をうったえる党大会で、サンダーズ、つまり男にスピーチをさせるのはよろしくない、と[31]。六十人いたスピーカーのなかで男性は彼を入れて二人だけであり、また、トランスジェンダーの代表者がひとりもいなかったことは問題にならなかった（性的差異は突然、問題から除外されたのである）。この憤激の背後にあるのは、もちろん、サンダーズに対する民主党クリントン陣営の反応である。つまり、クリントン陣営は、今日のグローバル資本主義に対するサンダーズの左翼的批判に不安を覚えたのである。サンダーズが経済問題を強調すると、彼はなんでも階級に還元する「野蛮人」であると非難される。それに対し、大企業のリーダーたちがＬＧＢＴ＋を支援しても、誰もうろたえないのである。

では、こうしたことをふまえて、トランプを大至急退陣させることがわれわれの使命であると結論すべきなのか。高ＩＱで有名とはいえないダン・クエールがブッシュ・シニアの副大統領だったとき、次のようなジョークが流れていた。ＦＢＩは、ブッシュが死んだ際に遂行しなければならない命令を受けている——クエールをすぐに殺せという命令だ。ＦＢＩは、トランプの死亡あるいは弾劾の際に遂行すべき、ペンスに関する同様の命令を受けていると期待しよう。なにしろペンスは、ともすればトランプよりも劣る人物、根っからのキリスト教系保守派なのだから。トランプの政治運動をわずかであれ興味深いものにしているのは、その一貫性のなさである。スティーヴ・バノン〔トランプ政権の元主席戦略官〕がトランプの税制計画に反対しただけでなく、富裕層に対する四〇パーセントの増税を公然と主張したことを思い出そう。さらに彼は、公的資金による銀行の救済は「富裕層向けの社会主義」であると主張したのだった。ペンスにしてみれば、これは明らかに聞きたくない話である。

スティーヴ・バノンは最近、宣戦布告をした。だが、誰に対してか。ウォール街の民主党員に対してではないし、リベラル派の知識人やそのほか敵として予想されるひとたちに対してでもない。共和党の主流派に対してである。トランプによってホワイトハウスから追い出された彼は、トランプから課された任務そのもののために戦っている。それがときにトランプにはむかうことになっても、である。トランプが基本的に共和党を破壊していることを覚えておこう。バノンのねらいは、エリートに対する、恵まれない人々によるポピュリズム的な反乱を先導することである。彼は、国民による国民のための政府というトランプのメッセージを、トランプ自身よりも字義どおり受け取っているのだ。遠慮せずにいえば、バノンは、ヒトラーにとってのＳＡ〔突撃隊〕みたいなもの、つまり、トランプが共和党主流派に受け入れられ国家元首として機能するためには取り除かねばならない（あるいは、すくなくとも骨抜きにしなければならない）下層階級的でポピュリズム的な部分である。バノンという存在が千金に値するのは、そのためである。彼はつねに、共和党を引き裂くように横断する敵対関係を思い出させるのだ。バノン流のポピュリズムは、支配的なリベラリズム体制の偽善をいつでも見破ることができる。近年公開されたいわゆる〈パラダイス文書〉から得られる基本的な教訓は、超富裕層は慣習法に縛られない特別地区で生活しているという単純な事実ではないか。マイカ・ホワイトはこの教訓を二つのポイントに分けてまとめている。

第一に、人々はいたるところで、つまりロシアに住んでいるかアメリカに住んでいるかに関係なく、われわれの政府、企業、大学、文化を不当に管理する裕福なエリートたちの小さな社交界によって抑圧されている。[…]今日存在するグローバルな富豪階級は、少数の企業を使って自分の金を隠し、自国の市民と分かち合うよりも多くの金を仲間どうしで共有している。これはグローバルな社会運動のお膳立てとなる。

第二に、これはきわめて重要なことであるが、こうした情報のリークは、われわれの住まう地球が二つの別々の、同等でない世界に分かれたことを示している。一方の世界には途方もない純資産をもつ二十万人の個人が住み、もう一方の世界には七十億人の取り残された人々が住んでいる。

〈パラダイス文書〉は、なにか新しいことを教えてくれるわけではない。その内容は、われわれが長いあいだ漠然と気づいていたことである。新しいといえるのは、漠然とした疑いが正確なデータによって裏付けられたことではなく、ヘーゲルにならって習俗（*Sitten*）と呼ぶべきもの――公的な慣習（public customs）――が変化したことである。習俗はいまや不正に対してすっかり寛容でなくなったようにみえるのだ。われわれはこの新しい状況を理想化するべきではない。不正に対する戦いは、「いきすぎた民主主義は不正をもたらす」を積年のモットーとする保守系の反リベラル勢力によってたやすく専有されてしまうからだ。にもかかわらず、新しい空間は開かれている。システムが実際には富裕層や権力者に便宜をはかるものではないかぎりにおいて、いいかえれば、租税回避地やほかの違法な金融活動がグローバル資本主義に深く根づいた部分であるかぎりにおいて、富裕層や権力者に対する法の遵守の要求は転覆的な作用をもちうるのである。

この奇妙な苦境から引き出さざるをえない第一の結論は、階級闘争が、「最終審級における決定」という古きよきマルクス主義的な意味での、政治生活の主要な規定要因として復活していることである。人道的な危機から生態系における脅威へというふうに、課題はむかしとは完全に違ってきているようにみえるが、たとえそうだとしても、階級闘争はそうした課題の背景にひそんでおり、不吉な影を投げかける。

第二の結論は、階級闘争は政党間の闘争に直接反映されなくなってきており、ますます個々の大政党の内部で発生するようになってきている、ということである。合衆国では、階級闘争は共和党を分断し（党主流派対バノンのようなポピュリスト）、民主党を分断する（クリントン派対サンダーズの運動）。もちろん、バノンがオルタナ右翼の標識みたいな人物であり、一方のクリントンが人種差別と性差別に対する闘争といった進歩的大義の支持者であることは忘れるべきではない。しかしながら、それと同時に、ＬＧＢＴ＋闘争が左翼の「階級本質主義」に対抗する主流派リベラリズムに取り込まれてしまうことも、忘れるべきではない。

第三の結論は、したがって、この複雑な状況における左翼の戦術にかかわっている。サンダーズとバノンとの協定は明白な理由から考慮されていないが、その一方で、左翼にとって鍵となるべき戦略は、敵陣営の分裂を容赦なく利用し、バノン支持者のために戦うことである。要点のみかいつまんでいえば、主流派に対抗するあらゆる勢力との幅広い共闘なくして左翼の勝利はありえない。絶対に忘れてならないのは、われわれの真の敵はグローバル資本主義の支配体制であって、グローバル資本主義の行き詰まりに対する反動にすぎない新興のポピュリスト右翼ではない、ということである。このことを忘れたら、左翼はあっけなく政治の舞台から姿を消すだろう。実際、これはヨーロッパの大部分（ドイツ、フランス……）で穏健な社会民主主義左翼の身にすでに起こっていることであるし、スワヴォミル・シェラコフスキーも「右翼か極右か、それがヨーロッパにおける唯一の選択である」というエッセイのなかでこういっている。「左翼政党がのきなみ崩壊したいま、有権者に残された唯一の選択は保守主義か、右翼ポピュリズムか、である」[32]。

では、トランプは当然の報いを受けるだろうか。彼の衝動的な決断、たとえば、二〇一八年七月にケベックで合意されたＧ７の共同宣言を拒絶したときのような彼の決断は、たんなる彼個人の性格の表れではない。それはグローバル経済システムの一時代の終わりに対する反応、現在進行中の事態に対する誤ったヴィジョンに支えられた反応である。しかし、にもかかわらず、トランプの誤ったヴィジョンは、既存の世界システムはもはや機能しないという正しい洞察にもとづいている。ひとつの経済サイクル、一九七〇年代初頭にはじまった経済サイクルが、いま終わろうとしている。七〇年代初頭は、ヤニス・ヴァルファキスのいう「グローバルなミノタウロス」、つまり八〇年代初頭から二〇〇八年まで世界経済をけん引していた怪物的なエンジンが生まれた時代であった。六〇年代後半と七〇年代初頭はたんなる、オイル危機とスタグフレーション〔景気停滞下の物価高〕の時代ではなかった。米ドルに対する金本位制をやめるというニクソンの決断は、それよりもはるかに根源的な、資本主義システムの基本的機能の変化を表していた。六〇年代終わりの段階で合衆国経済は、それまでのように黒字〔剰余利益〕をヨーロッパやアジアに還流できなくなっていた。黒字は赤字に転じていたからである。一九七一年、合衆国政府はこの衰退に大胆な戦略をもって対応した。国家財政の赤字に対処する代わりに、それとは反対のこと、すなわち、赤字を増やすことに決めたのである。では、誰がこの赤字の穴埋めをするのか。合衆国以外の世界中の国々である！　では、どうやって？　アメリカの資金不足の解消のために大西洋間と太平洋間をやむことなく流れる資本の、恒久的な移動によって、である。かくして合衆国の赤字は、

電気掃除機のように、他国民の剰余品や剰余資本を吸い上げる。この「アレンジメント」はこの上なくどぎつい地球規模の不均衡を具現していたが〔…〕にもかかわらず、それは反面、

グローバルな均衡ともいえるようなもの、いっけん安定と着実な成長にみえる、非対称な金融と貿易の流れを急速に促進する国際的なシステム［…］を生み出した。こうした合衆国の赤字に駆りたてられた、世界の主たる黒字経済（ドイツ、日本、そのあとでは中国）は、物を機械的につくり続け、対してアメリカはそれを吸収した。こうした国々で生み出された富の約七〇パーセントは、ウォール街への資本流入というかたちで合衆国に移された。ウォール街はこの富を使って何をしたのか。ウォール街はこうした資本流入を、直接的な投資、株式、金融証券、新型および旧型の融資、等々に変換したのである。(33)

この増大する貿易収支の不均衡は、合衆国が非生産的な捕食者であることを証明している。過去十年のあいだ合衆国は、自国の消費をまかなうために他国から一日十億ドルを吸い取らねばならなかった。その意味で合衆国は、世界経済をまわし続ける普遍的なケインズ主義的消費者なのである（今日支配的にみえる反ケインズ主義的な経済イデオロギーは、もうたくさんだ！）。この貨幣の流れ――まさに古代においてローマに支払われた十分の一税（あるいは、古代ギリシア人がミノタウロスに捧げたいけにえ）のような――は、複雑な経済的メカニズムにもとづいている。合衆国は安全で安定した中心として「信頼されて」おり、そのため、アラブの産油国から西欧、日本にいたる、そしていまでは中国をも含むあらゆる国々は、みずからの余った富を合衆国に投資するのである。この信頼は主としてイデオロギー的、軍事的なものであって経済的なものではないので、合衆国にとっては、いかに帝国としての自分の役割を正当化するかが問題となる。そう、合衆国は永続的な戦争状態を必要とするのである。だからこそ合衆国は、他のあらゆる「正常な」（「ならず者」ではない）国家の普遍的な守護者としてふるまいながら、「テロとの戦争」を発明せねばならなかったのだ。こうして地球は、三つの階級をもつ、世界規模の都市となったスパルタのように活動するようになる。ここでいう三つの階級は現在、以下のようなかたちで新たな〈第一〉〈第二〉〈第三〉世界として出現している。（一）軍事的−政治的−イデオロギー的権力としての合衆国。（二）産業−製造業地域としてのヨーロッパ、一部のアジア、一部のラテンアメリカ（ここで決定的に重要なのは、世界有数の輸出国であるドイツと日本、さらにはいうまでもなく新興の中国である）。（三）残りの未発達の地域、今日のヘロット〔古代スパルタの農奴〕、「取り残された」者たち。いいかえれば、グローバル資本主義によってもたらされたのは、寡頭制へと向かう新たな世界的傾向であり、それは「文化の多様性」の賛美という仮面をかぶっている。アクチュアルな政治原理としての平等と普遍主義は、ますます視界から消え失せつつある。

二〇〇八年以降、このネオスパルタ世界システムは崩壊の一途をたどっている。オバマ政権時代、連邦準備制度理事会議長であったベン・バーナンキは、このシステムに活を入れた。彼は、米ドルが世界貨幣であることを利用して、輸入資金をまかなうために大量に紙幣を印刷したのである。トランプはこの問題に違ったやり方でアプローチする決心をした。グローバルなシステムの脆弱な均衡状態を無視する彼は、合衆国からみて「不公平」なものとして告発できるような要素に注目した。過剰な輸入は国内の雇用を奪っている、云々と。だが、彼が「不公平」として非難したものは、合衆国に利益をもたらしてきたシステムの一部でもある。合衆国は輸入することによって、そして借金と造幣でその資金をまかなうことによって、実際に世界から「略奪」してきたのだから。そして、この略奪のゲームは明らかに今後も続いていくだろう。彼は富裕層の税金を下げただけではない。彼はひそかに、貧困層の状況改善のために民主党が要求する多くのことをひそかに支持した。つまり、これは赤字の増大を意味するのだ……。この件について尋ねられたトランプは、おそらくレーガンのかつての答えを繰り返すだろう。「わが国の赤字は莫大なので、ほうっておいてもなんとかなる」と。

そうであってみれば、トランプが現在、金正恩《キム・ジョンウン》に対して西洋の同盟国に対するときよりも愛想よく接しているのは、不思議ではない。ここでもまた両極端が出会っているが、われわれは、トランプの真の敵が経済的にも地政学的にもヨーロッパであることを忘れてはならない。一九七〇年このかた、世界貿易を支配したシステムの崩壊にともなって、合衆国は世界貿易にとってますます破壊的な要素になってきている。一九四五年のときとは違い、世界は合衆国を必要としていない。合衆国のほうが世界を必要としているのである。こうして二人の追放者――除外された追放者（金正恩）と世界の中心にいる追放者――は、シンガポールで会談することになった。トランプは金正恩をホワイトハウスに招待すると宣言したが、それ以来、わたしはひとつの夢にとりつかれている。それはマーティン・ルーサー・キングの夢のような高貴なものではなく、もっと薄気味悪い（キング牧師の夢よりもずっと実現しやすい）夢である。トランプは軍事パレードが大好きだといい、ワシントンでやってみたいと提案したが、アメリカ国民は乗り気でないようにみえる。では、彼の新たな友人、金正恩がトランプを援助できるとしたらどうだろうか。金正恩がワシントンへの招待のお礼として、トランプのために平壌《ピョンヤン》の大スタジアムでスペクタクルを企画したらどうだろうか。そして、よく訓練された数十万人の北朝鮮国民が色あざやかな旗を振り、行進によって微笑む金正恩とトランプの巨大なイメージをつくりあげるとしたら。

「強い指導者たち」の親密な会合において様々な決断が下される世界では、いまのヨーロッパが居座る場所はない。トランプが、「取引」相手として話のわかる権威主義的指導者といっしょにいるときほど快適なことはない——とくに、彼らがただ自国の代表としてふるまうときにはそうである——と感じているのは間違いない。「アメリカ・ファースト」は「チャイナ・ファースト」や「ロシア・ファースト」やブレグジット以後の「UKファースト」とは取引できるが、統合されたヨーロッパとは取引できない。トランプのねらいは、おどせばいうことをきく個々のパートナーと取引することなのである。だからこそ、ヨーロッパが統合された経済的、政治的勢力として動くことがきわめて重要なのである。この新しい状況は危険に満ちているが、ヨーロッパにとってまたとない好機をもたらしている。それはすなわち、世界貨幣としての米ドルに支配されない新たなグローバル経済システムの構築に積極的に関与する機会である。それはグローバル経済における戦争であり、それゆえ、いまはラディカルな対策を講ずるときなのである。ヨーロッパは、トランプによって乱される前の状態には戻れないということを肝に銘じるべきである。トランプが当然の報いを受けるためには、真に新しい世界秩序が必要である。ロシアも中国もこの秩序を創り出せない。両者はトランプがやっているのと同じゲームに捕らわれているからだ。彼らはみな「アメリカ（ロシア、チャイナ）・ファースト」という同じ言語を話しているのである。新世界秩序はヨーロッパにしかつくれない。だが、ここではヨーロッパとカナダによる反応だけでは十分ではない。つまり、新たなヴィジョンを唱える代わりに犠牲者としてふるまい、合衆国が既存のルールを踏みにじったと不満をいうだけでは十分ではない。ここ十年間のＥＵの動きは、ますますＰＬＯの元指導者ヤーセル・アラファートを思わるものになってきている。アラファートはこういわれていた。彼は、絶好の機会を逃す機会はけっして逃さない。移民危機然り、カタロニア然り……と。おそらくヨーロッパはふたたび機会を逃すだろう。われわれヨーロッパ人は明らかに、イランを排斥せよという合衆国の命令をしりぞけられるほど強くないのである（周知のとおり、ドイツはイランとの合意がまだ生きているかのように行動するとメルケルが誇らしげに公言した直後、ドイツの大会社はひそかにイランから手を引いたのだった）。このような時代にあって、堂々とした声明はそこかしこで聞かれるものの、ヨーロッパ人であることはまさしく恥ずかしさをともなう。トランプがイランとの核合意から撤退したことで生まれた新たな状況に対する、フランスの誇らしげな反応をみてみよう。ヨーロッパは主権を有する国家集団《パワー・ブロック》として自己主張し、イランとの協定が依然有効であるかのように活動する——それがヨーロッパの意志であると、フランスは宣言する。

イランでビジネスをし続ける非合衆国系の企業に対してトランプが発動する制裁を無化するために、ヨーロッパは対策を講じる準備があると、フランス政府はいっている。フランスの財務大臣ブリュノ・ル・メールによる警告は、次のことを示唆している。イランをめぐる合衆国の外交政策にヨーロッパを引き込むトランプのもくろみは、ＥＵ企業や政治家の、とりわけヨーロッパの強く自律的な外交政策を支持する者たちの、猛烈な反感をまねきかねない、と。「われわれはヨーロッパの経済的主権を守るために、ヨーロッパにおいて協力し合う必要がある」とル・メールはいい、さらに、ヨーロッパは自分の利益を守るために合衆国が用いたのと同じ手段を用いることができると付言した。そして、こう述べた。「われわれは命令に従ってすぐに行動する家臣になりたいのか」と。(34)

聞こえはいい。だが、ヨーロッパには、これを実行するほどの力とまとまりがあるのか。東欧のポスト共産主義国による新しい「悪の枢軸」（バルト諸国からクロアチアにいたる）は、合衆国に対するＥＵの抵抗に追随するのだろうか。それとも合衆国に屈服し、それをもって、ＥＵを急速に東欧にひろげたのは間違いであったと、みずから証明するのか。さらに事態を複雑にしているのは、ヨーロッパの内部からもポピュリズムによる反乱が起こっていることである。その引き金となったのは、人々がブリュッセルの技術家政治《テクノクラシー》をますます信用しなくなり、それを民主主義的な正当性のない権力中枢として実感していることである。ごく最近行われたイタリアの選挙は、ヨーロッパに不信感をもつポピュリストが西欧の先進国ではじめて権力の座につくという事態を生んだ。そして、イランとの核合意からの撤退が、合衆国の、三つの反ヨーロッパ的行為のひとつにすぎないことを銘記しておこう。あとの二つは、イスラエルの合衆国大使館がテルアヴィヴからエルサレムに移ったこと――ＥＵはこれに猛烈に抗議した――、そして、いうまでもなく、

EU産、カナダ産、メキシコ産の鋼鉄とアルミニウムに関税をかけるという、合衆国が三大貿易相手国との貿易戦争において最初にしかけた攻撃である。

ほとんどのひとはヨーロッパの反応に共感するが、われわれは合衆国の決断の（通常は無視されている）背景を忘れるべきではない。それを理解するために、まったく無関係にみえるかもしれないトピックを取り上げよう。ABCの人気テレビ番組『ロザンヌ』が、番組の花形ロザンヌ・バーの人種差別的なツイートが原因で突然、放映中止になり、合衆国では現在、論争が起こっている。ジョウン・ウィリアムズは「ロザンヌ・バーがいなくなったことで、合衆国の労働者階級はテレビから姿を消すのか？[35]」と題されたコラムで、左翼が白人労働者階級の声に耳を傾けるべきときがとうとう来たと主張している。彼女は、この騒動でいかに重要な事実が見落とされているかを指摘する。この放映中止によって「アメリカのテレビは、白人労働者階級の生活に関するここ五十年間で――いいかえれば、テレビがはじまって以来――唯一の好意的な描写を奪われた[36]」と。ウィリアムズは、人種差別的なツイートゆえにバーが排除されたことについては明確に支持しているが、ただし、こう付言している。「こうしたことをすべて確認したうえでいうが、人種だけが社会的ヒエラルキーなのではない。トランプのようなデマゴーグの誕生につながった文化的侮蔑の根本には、白人労働者階級をめぐる侮蔑的イメージがあるのだ[37]」。白人労働者階級の悲しい苦境は、アメリカン・ドリームの消滅をなによりも明確に表している。

実質的にいって、一九四〇年代に生まれたアメリカ人は、なべて親よりも多くの金を稼いだ。

今日では、子供の稼ぎは親の稼ぎの半分以下である。ブレグジットとトランプをもたらした、斜陽重工業地帯の反乱は、朽ちはてる工場、死にかかっている街、半世紀におよぶ空《から》約束を反映している。取り残されたひとたちは、心底怒っている。トランプは彼らにとって〔ひとを愚弄するときに立てる〕中指なのだ。トランプが沿岸地域のエリートを憤慨させればさせるほど、彼の支持者は、エリートがいらだつのをみて、ますますほくそ笑む。こうしてついに世間は、取り残されたひとたちに気づくようになる。[38]

そして、ここで重要なのは、合衆国の親密な同盟国に対するトランプの関税戦争を、この背景をふまえて解釈することである。つまり、トランプが階級闘争をポピュリズム的に脚色するなかでもくろんでいるのは、（ひとつには）アメリカの労働者階級（金属業労働者は伝統的な労働者階級を象徴する一形象ではないか）を「不公平な」ヨーロッパ的競争から保護し、それによってアメリカ人の職を確保することなのだ。ここではトランプをたんなるデマゴーグとしてかたづけるのは間違いである。

> トランプは舞台裏で、下院における民主党のリーダー、ナンシー・ペロシを驚かせた。トランプは、ペロシが彼に要求したすべての社会計画に賛成したのである［…］。われわれが彼をどう思おうと、彼が金をくばる相手は、富裕層だけでなく——むろんその金の大部分は富裕層が得るのだが——多くの貧困層でもあるのだ。[39]

EU、カナダ、メキシコにおける公務員とエコノミストの抗議、そしていうまでもなく、彼らの提示する対抗手段が的外れなのは、またしてもこのためである。彼らは自由な国際貿易というWTOの論理に従っている。対して、実際にトランプに対抗できるのは、取り残された者たちのかかえる問題に取り組む新しい左翼だけである。

アメリカの新保守主義者《ネオ・コン》は、表にはあまり現れない心の奥底では、欧州連合を真の敵とみなしている。公的な政治的言説においては抑制されているこの見方は、その言説の猥褻な影の分身において爆発的に現れている。この分身とは、〈新世界秩序〉に対する異常な恐れ（オバマはひそかに国連と共謀している、国連軍がアメリカに侵攻してアメリカの真の愛国主義者を強制収容所に入れようとしている――数年前には、ラテンアメリカの軍隊はすでに米国中西部に駐留し強制収容所を建てている……といううわさもあった）をともなった、極右的でキリスト教原理主義的な政治的ヴィジョンである。このジレンマを解決するひとつの方法は、ティム・ラヘイとその追随者たちの著作で述べられている、キリスト教原理主義の強硬派による方法である。それは要するに、第二の対立〔極右キリスト教原理主義／新世界秩序〕を第一の対立〔アメリカのネオ・コン／EU〕にはっきり従属させることである。ラヘイの小説のタイトル『ヨーロッパの陰謀』は、それをよく示している。アメリカの真の敵はイスラム教徒のテロリストではない――このテロリストはヨーロッパの世俗主義者がひそかに操る人形にすぎない、この世俗主義者こそアメリカの敵であり、やつらはアメリカを弱体化させ、国連の支配する〈新世界秩序〉を構築したいのだ、というわけである。この見方はある意味では正しい。ヨーロッパはたんなる地政学的な権力ブロックではなく、最終的には、国民国家とは相容れないグローバルなヴィジョンだからである。では、ヨーロッパがこれに反撃すべく力を結集できないのは、なぜなのか。

二〇一七年五月十八日、わたしはロンドンのエマニュエル・センターでウィル・セルフと会談した。とりわけ（すくなくともわたしにとって）忘れがたい瞬間が訪れたのは、セルフが——これまでどおりのやり方を続ければ、われわれの社会は必ずや破滅する、そして、想像を絶するカタストロフィが待っている、というわたしの意見におおむね同意しつつ——わたしを次のように非難したときであった。わたしはいまだに、グローバルな潮流を変えカタストロフィへの転落を食い止める、なんらかの大々的な「革命的」行為に期待している、と。彼の言い分は、われわれは（生態系の破壊をはじめとする）自己破壊のプロセスにどっぷりつかっているため、自分のしていることを自覚したところでそれをやめることはできない、というものであった。セルフはそのとき聴衆に対して、みなさんのなかにスマートフォンを使っているひとは何人いるかと尋ね、聴衆に次の事実を思い起こさせた。スマートフォンをつくるには、コンゴでとれる貴重な金属、コルタン（コロンバイト–タンタライト）が必要であり、その金属は環境にわるい方法で事実上の奴隷労働によって採掘されている、と。では、責任はわれわれ全員にあるが、われわれは積極的に介入できないということを認めたうえで、われわれには何ができるのか。セルフはこう答える。たいしたことはできない。ただ（国家が最低限の法秩序と福祉を維持できるように）税金を払い、自慰にふけりながら自分だけの生活を楽しむしかない……と。それに対するわたしの応答は（会談の場では、はっきりいえなかったのだが）こうなる。そうしたシニカルで快楽主義的な立場は、権力にとってきわめて都合のよいものであり、イデオロギーの最たるものである、と。つまり、こうした立場をとれば、あらゆる集団的な対抗‐行為はあらかじめおとしめられることになり（「抵抗するなんて何様のつもり？　きみだってコルタンを使っているだろう？　大企業を非難する権利がきみにあるのか？」）、結果的にわれわれは、自分の罪をマゾヒズム的に楽しみ私的な快楽に閉じこもる、私的な市民でいつづけるしかなくなるのだ。だからといって、この現状は、われわれが負けたことを意味しない。現状はむしろ「ヨエル書」第三章第十四節で描かれた状態に向かっているる。すなわち「群衆また群衆は、さばきの谷におる。主の日がさばきの谷に近いからである」という状態に。ここでは、社会が運命を決める選択に直面して岐路に立つさまが、歴史上はじめて正確に描写されている。これこそは今日のヨーロッパの状況でもある。

反‐移民を旨とするポピュリストは、みな次の主張に全面的に賛成するだろう――ヨーロッパのアイデンティティはイスラム教徒や他の群れをなす難民の侵入によって脅かされている。だが、実際の状況はそれとは正反対である。解放というヨーロッパ啓蒙主義の眼目にとって本当の脅威となるのは、反‐移民をとなえるポピュリストのほうなのだ。マリーヌ・ル・ペンやヘルト・ウィルダースが権力の座につくヨーロッパは、もはやヨーロッパではない。では、われわれが戦ってまで守る価値のあるこのヨーロッパとは、何であるのか。

フランス革命の真に革新的なところは、公民〔共和国の国民〕の権利と人権とを区別したことである。ここでは、ブルジョア市民社会の成員がもつ権利としての人権という、古典的なマルクス主義的概念は捨てねばならない。公民は主権国家の政治体制によって規定される。それに対し「人」は、公民が公民の身分を奪われ、砲術でいう空地に放り出され、抽象的な語る身体にまで還元されてなお公民のもとに残存するものである。公民の身分というしばりと特殊な生活様式とのあいだの厄介な関係を処理する際に、普遍的人権を判断基準とすべきなのは、まさにこの意味においてである。この普遍的人権という羅針盤を欠いたとき、われわれは必ずや野蛮になる。

ミルネールは、人権と公民の権利との（悪）名高い差異を解釈するなかで、マルクス主義的批判でいわれる、ブルジョア市民社会の権利としての人権という概念をしりぞける。ミルネールにとって、一公民は共同体の一員であり、共同体の特殊な文化をほかの公民と共有している。それに対し、ひとりの人間は、一公民がその公民の身分を奪われても残存するものである。人権は、特殊文化に対して外的であるというこの意味でしか「自然な《ナチュラル》」権利ではない。人権は永遠の本質《ネイチャー》とはなんの関係もない。なぜなら人権は、一公民が特定のポリスから引き離されたあとでなおその公民において残存するものに適用されるからである。この意味で、人権の「自然＝本質《ネイチャー》」は文化によって遡及的に生み出されたものである。その「自然＝本質」は、話す身体というゼロ・レベルにまで縮減された人間に適用される。

身体の有する権利が個人に与えられないときどんな事態になるかをよく調べてみれば、その権利の現実がみえてくる。われわれは日々あらたな事例を目にする。わたしは爆弾や毒ガスについて考える必要はない。わたしは「ドーバー海峡にのぞむ港湾都市」カレーのことを考えている。二〇〇〇年以来そこに集められたひとたちは、なんの罪も犯していないし、告訴されてもいない。彼らはいかなる法も破っていない。彼らはただそこにいて、そこに生きている。彼らのなかにときどき死ぬひとがいるが、それが彼らの生きているあかしである。彼らが何語を話すのかは誰も知らない。誰も彼らのはなしを聞かないのだ。わかることは、彼らが話すということだけである。それゆえ彼らの存在は、話す身体というところにまで還元される。彼らは、あまんじて受け入れねばならないその居留のありかたによって、まさしく、男／女の権利の現実を消極的なかたちで可視化する。［…］この権利は、一公民の有する権利からはっきり区別される。なぜなら、難民はカレーの公民ではないから、そしてたいていはカレーの公民になるのを望まないからである。[40]

ミルネールはこの権利の「下品な」物質性を強調する。[41]この権利は、集会を組織する、自由な言論を実践する、自由に意見を表現する、等々の権利よりも基本的なものである。身体に必要な物質的なもの――水、食べ物、衛生、最低限のプライバシー空間――は、後者の権利に先行するのである。もし個人からこの物質的なものが奪われれば、個人の「上品な」人権は消滅する。人権とは、なによりもまず、トイレ、キッチン、ヘルスケアにかかわる基本的な物質的権利である。権利は排泄のための空間からはじまる――わたしはヨーロッパの便器のかたちが国によって違うことについて一家言をもっているが、そのはなしの基盤にあるのはこの悲しい事実である。（公民の権利とは区別される）人権が最初に主張されたのがフランス革命のときである以上、われわれはカレーがフランスの都市であるという皮肉な事実に注目すべきである。もちろん、われわれはここで次のような二重のゲームに足を踏み入れている。マルクス主義者は意見の自由、出版の自由、等々に対抗して「物質的な」権利を強調する（が、いざ権力の座につくと、その権利を人々に与えられない）。それに対し「ブルジョア民主主義」は、それ以外の自由を強調するのである。

ここからわかるのは、普遍的な人権が――まさにその普遍性において――歴史的に生み出された特殊なものである、ということである。人権の厳密な範囲および内容は、社会的、政治的闘争の結果なのである。ミルネールが人権を「男／女の権利」と言い換えるのは、それ自体、今日におけるフェミニズムの闘争の影響ではないか。さらにここで銘記すべきは、この権利の適用を受ける人間が、公民の身分を奪われているという意味で「プロレタリアート」であるにもかかわらず、抽象的なデカルト的コギトではない、ということである。この人間は、特殊な生活様式に埋め込まれた個人、難民として住まう国の生活様式とのあいだでしばしば軋轢を生じる個人として現れるのだ。したがって、われわれはここで三つのレベルを考慮に入れる必要がある。一、人権を有する人間という抽象的な普遍性（universality）。二、個人が属する特定の生活様式という特殊性（particularity）。三、この二極を媒介する契機としての、公民の身分という個別性（singularity）（わたしは一公民として普遍的である、だが普遍的なのは一国家という個別性に属する者としてである）。この三つのレベルの相互作用は、いやおうなく多種多様な困難を生み出す。そのことは、ラディカルな解放を実現しようとする今日の試みにとって悩みの種である、権力の気まぐれを思い出してみれば、わかるだろう。

この困難に対処するためには、これとは別の、普遍的なもの、特殊なもの、個別的なものの組み合わせを導入しなければならない。それは（普遍的な）大衆蜂起、（特殊な）政治的組織、そして……ここで個別的なものにあたるのは何であるべきか。この第三の要素は、本章の冒頭にふれたレーニンへとわれわれを連れもどす。十月革命の百周年を言祝ぐ反応が氾濫した二〇一七年、十月革命の、今日にいかすべき重要な教訓は見過ごされてしまった（あるいは、十月革命が秘密集団によるクーデターであって真の民衆蜂起でなかったことの証拠として言及された）。この教訓には、レーニンとトロツキーとのユニークな協調関係がかかわっている。

　レーニンの「ユートピア」の核心は、一九一四年のカタストロフィの灰のなかから、つまり、彼が第二インターナショナルの教えにけりをつけるときに生まれる。この核心とは、ブルジョア国家、つまり国家そのものを粉砕せよ、そして常備軍、警察、官僚のいないコミューンの新たな社会的形態――ここでは社会問題の処理に全員がかかわれる――を生み出せ、というラディカルな命令である。これはレーニンにとって、遠い将来に向けた理論的プロジェクトではなかった。一九一七年十月、彼は「われわれは、二千万といわずとも一千万の人々からなる国家装置をすぐにでも作動させられる[42]」と主張したのである。この作動の瞬間のもつ推進力こそ真のユートピア、である。われわれは、このレーニン的ユートピアの（厳密なキェルケゴール的意味での）狂気を手放してはならない。スターリン主義はそれとは違い、どちらかといえば、現実主義的な「常識《コモン・センス》」への回帰を表している。

『国家と革命』の潜在的な破壊力は、いくら強調してもたりない。この本において「西洋の政治の伝統における語彙と文法は、突如、用済みにされた[43]」のである。これに続いて起こったことは、アルチュセールのマキアヴェッリ論のタイトル〔『マキアヴェッリの孤独』〕を借りて、レーニンの孤独（*La solitude de Lénine*）と名づけられるだろう。これはレーニンが自分の党の動向に逆らい、基本的に孤立した時期であった。彼が一九一七年の「四月テーゼ」で契機（*Augenblick*）、すなわち、革命のまたとないチャンスを見いだしたとき、大多数の党の同僚は彼の提案に当惑するか、あるいはそれを無視した。ボルシェヴィキ党の内部には、革命を呼びかけるレーニンを支持する著名なリーダーはいなかった。また、『プラウダ』は党を、そしてその編集部全体を、レーニンの「四月テーゼ」から引き離すという異常な行為に出た。レーニンの考えは、民衆のあいだにひろまる気分におもねり、それを利用する日和見主義者の考えではなく、きわめて風変りなものであった。〔アレクサンドル・〕ボグダーノフは「四月テーゼ」を「狂人の精神錯乱」と呼んだ[44]。そして、レーニンの妻、ナデジダ・クルスカヤでさえ、最終的には「レーニンはまるで気が狂ってしまったかのようです[45]」と述べた。

一九一七年の二月、レーニンはチューリッヒで足留めをくっていた。ロシアとのたよりになる連絡手段がないなか、彼はロシアでの出来事をもっぱらスイスの新聞を通じて把握していた。だが、同年十月、彼は世界ではじめて社会主義革命を成功に導いた。いったいこの間に何が起こったのだろうか。彼は二月の段階で即座に、他に類のない偶発的な状況の産物である、革命の機会を認識した。この機を逃したら、革命の機会はおそらく向こう数十年訪れないだろう、と。十月革命の数日前でさえ、彼はこう書いていた。「ロシア革命および世界革命が勝利するか否かは、二、三日間の闘争によって決まる」。われわれは危険を冒してでも行動にでるべきであると、かたくなに主張するレーニンは、自分の党の〈中央委員会〉の大多数から嘲笑され、孤立していた。しかしながら、レーニン個人の介入が必要不可欠であったとはいえ、十月革命の物語を、分別のない大衆に直面しながらも徐々に自分のヴィジョンをこの大衆に押しつけていった孤独な天才の物語に変えるべきではない。レーニンが成功を収めたのは、彼の主張が党のノーメンクラトゥーラ〔幹部〕を迂回して、革命のマイクロポリティクスと呼んでみたいものと共鳴したからであった。革命のマイクロポリティクスとは要するに、草の根の民主主義が、すなわちロシアの大都市周辺で突如現れ、「正当な」政府の権威を無視しながら自分で事を運ぶ地方委員会が、驚異的、爆発的にひろがったことである。これはこれまで語られなかった十月革命の物語であり、理想に燃えた冷酷な革命家からなる小グループがクーデターを成し遂げた……という神話の裏面である。

その一方で、理想に燃えた冷酷な革命家の小グループがクーデターを成し遂げたという考えは、たんなる神話ではない。ここには、重要なひとかけらの真理が含まれている。大衆の不満が高まり、また革命の状況が現れつつあるというレーニンの考えが浸透しはじめたとき、ボルシェヴィキ党指導者の大多数は、民衆蜂起を組織することを望んだ。しかしながら、トロツキーは、伝統的なマルクス主義者にとって「ブランキ主義者」としかみえない意見を述べた。少数精鋭のエリートが権力を掌握するべきである、と。レーニンは、しばし立場を決めかねたあとトロツキーを擁護し、トロツキーの意見がブランキ主義ではない理由をつまびらかにした。

レーニンは十月十七日の手紙でトロツキーの戦略を擁護した。「トロツキーはブランキの思想とたわむれているのではない」と彼は述べたのである。「軍事的陰謀がその種のゲームとなるのは、それが限定された階級の人々からなる政党によって組織されていない場合、そして組織者が全般的な政治情勢を、そしてとりわけ国際情勢を無視する場合である。軍事的陰謀――それはあらゆる点からみて嘆かわしいものである――と武装暴動の技法とのあいだには、大きな差異がある[46]」。

まさにこの意味において「レーニンは「司令官」、理想主義者、霊感を与える者であり、革命のデウス・エクス・マキナ〔突然現れて困難を強引に解決する神のごとき人物〕であったが、ボルシェヴィキのクーデターの技術を生み出したのは、トロツキーであった[47]」。のちに（ほとんど）「民主主義的な」トロツキーを擁護することになるトロツキー主義者たちは、本来的な大衆動員と草の根の民主主義を主張するのだが、われわれはそれに逆らって、こう力説すべきである。トロツキーは、大衆が不活発なものである――「大衆」には混沌とした欲求不満以上のものは期待できない――ということを痛いほどわかっていた、と。鍛え上げられた、えり抜きの革命勢力は、権力に一撃を与えるためにこの混沌を利用すべきであり、それによって、大衆が実際に組織としてまとまるための空間を開くべきである……。しかしながら、ここで問題が浮上する。この少数のエリートは何をするのか。このエリートが「権力を奪う」とは、どういう意味なのか。トロツキーの真の新しさは、ここで明らかになる。つまり、攻撃部隊は、政府のオフィスや軍司令部を占拠するといった具合に、宮殿クーデター〔現政権の有力者によるクーデター〕という伝統的な意味で「権力を奪う」のではない。その活動の中心は、バリケードで警察や軍と対峙することではないのである。トロツキーの真の新しさをとらえるために、クルツィオ・マラパルテの比類なき著書『クーデターの技術』(一九三一年)から数節を引用しよう。

ケレンスキーの警官隊と軍当局がとくに気にかけていたのは、国家の公的、政治的組織の防衛、つまり政府のオフィス、共和国評議会の置かれたマリア宮、ドゥーマ〔ロシア帝国議会〕の置かれたタヴリーダ宮、冬宮〔帝政時代の王宮〕、総司令部の防衛であった。このあやまちを発見したトロツキーは、国や市の政府機関の技術部門を攻撃することに決めた。彼にとって、暴動は技術の問題にすぎなかった。彼はいった。「近代国家を転覆させるために必要なのは、襲撃部隊、技術分野の専門家、エンジニアに率いられた武装集団である」。

トロツキーが合理的根拠によってクーデターを組織していたのに対し、ボルシェヴィキ党の中央委員会はプロレタリア革命を組織することに奔走していた。スターリン、スヴェルドロフ、ボブロフ、オリツキー、ジェルジンスキー、全体的反乱を計画していた中央委員会のメンバーたちは、トロツキーに対する敵意をほとんどむき出しにしていた。ここにあげたひとたちは、トロツキーが計画したような暴動をまったく信用していなかった。だが、それから十年後、スターリンは十月のクーデターをこのひとたちの功績にした。

クーデターの前夜、トロツキーはジェルジンスキーにこう語った。〈急進的左翼《レッド・ガード》〉はケレンスキー政府を完全に無視しなければならない。重要なのは、国家を掌握することであって、マシンガンで政府と戦うことではない。共和国評議会、各省、ドゥーマは、暴動の戦略においてたいした役割を果たさないし、武装的反乱の標的となるべきではない。国家にとって鍵となるのは、政治的組織や秘密組織ではない。タヴリーダ宮、マリア宮、冬宮でもない。技術的なサービスである。すなわち、発電所、電話・電信事業所、港、ガス製造工場、水道本管などである、と。(48)

こうしてトロツキーは権力の物質的（技術的）な網状組織（鉄道、電気、水道、郵便、等々）にねらいを定めた――すなわち、国家権力が空中楼閣にならないために、機能不全におちいらないために必要なものに。警察と戦ったり冬宮をおそったりすること（さして重要でない行為）は、動員された大衆にまかせよう。肝心な運動は、ひたむきな少数者集団によってなされるのだから……。

そうしたやり方を道徳主義的、民主主義的立場からしりぞけるといった悲惨なことをする代わりに、われわれはむしろそれを冷静に分析し、それを今日どう応用するかについて考えるべきである。なぜなら、われわれの生命が、ポストヒューマン的権力の時代と名づけうる新時代において漸進的にデジタル化されるのにともなって、このトロツキーの明察は新たなアクチュアリティを獲得するからである。われわれの活動（および不活動）のほとんどは、いまやデジタル・クラウドに登録されている。と同時に、デジタル・クラウドは、われわれの行為だけでなくわれわれの精神状態をも追跡しながら、やむことなくわれわれを評価する。われわれが（あらゆるものが利用可能であるウェブ空間を逍遥しながら）みずからをこの上なく自由な存在として経験するとき、われわれの存在は完全に「外在化」されており、たくみに操られている。デジタル・ネットワークは「個人的なものは政治的なもの」という昔なじみのスローガンに新たな意味を付け加えるのだ。そして、ここで問題となるのは、個人的生活の管理だけではない。今日では、交通機関から健康まで、電気から水まで、あらゆるものがデジタル・ネットワークによって統制されているのである。ウェブがいまやわれわれのもっとも重要なコモンズ（共有財）であるのはそのためであり、ウェブの管理をめぐる闘争は、今日における闘争のなかの闘争なのである。敵となるのは、私有化されたコモンズと国家の管理下におかれたコモンズとの結合体、すなわち、企業（グーグル、フェイスブック）と、国家のセキュリティ機関（NSA）である。むろんこれは周知のことである。では、トロツキーはここにどのように介入してくるのか。

われわれの社会の機能——そしてもちろんその管理機構——をささえるデジタル・ネットワークは、権力をささえる技術的な網状組織の究極のすがたである。そして、これをふまえれば、国家にとって鍵となるのは政治組織や秘密組織ではなく技術的サービスであるというトロツキーの考えは、息を吹き返すのではないか。その結果として、トロツキーにとって郵便、電気、鉄道、等々の管理が革命による権力奪取の鍵であったのと同じように、われわれが国家と資本の力を打ち破りたいのであれば、デジタル網の「占拠」は絶対に重要である、といえるのではないか。そして、トロツキーがこの「技術の問題」を解決するために少数の規律のとれた「襲撃部隊、技術分野の専門家、エンジニアに率いられた武装集団」を必要としたのと同じように、この数十年の経験から得られるのは以下の教訓である。民衆による草の根の反抗（スペインやギリシアでみられるような）では十分ではない。かといって、統制のとれた政治運動（よく練られた政治的ヴィジョンをもった党）でも十分ではない。それらに加えてわれわれに必要なのは、規律のとれた共謀集団として組織された、ひたむきなエンジニアたち（ハッカー、内部告発者……）からなる少数の攻撃部隊である、と。デジタル網を「乗っ取る」こと、デジタル網を、それを事実上管理している企業や国家機関の手からもぎとること、それがこの攻撃部隊の仕事となるだろう。

ここでは、ウィキリークスははじまりにすぎなかった。ここでのわれわれのモットーは、毛沢東主義的なものになるべきだろう——百本のウィキリークスの花を咲かせよう、というふうに。権力者つまりわれわれのデジタル・コモンズを管理するひとたちがアサンジに反応するさいにみせた狼狽や怒りは、ウィキリークス的な活動が彼らの癇に障ることを示している。この戦いにおいては、卑怯なまねをすることも多々あるだろう。われわれの陣営は（プーチンの役に立っているとしてアサンジが大々的に非難されたように）敵の術中におちいっていると非難されるだろう。だが、われわれは、権力者もその敵もみなひっくるめてうち倒すべくあこぎに両者の味方を演じながら、そうした非難に慣れ、おまけをつけて反撃できるようになるべきである。レーニンとトロツキーもまたドイツ人に、そして／あるいはユダヤ人銀行家に買収されていると非難されたのではなかったか。ウィキリークス的な行為はわれわれの社会の機能をそこない、それによって数百万人の生活をおびやかす、という不安に対しては、こういえる。反抗を孤立させ封じ込めるためにデジタル網を自分に都合よく閉鎖できるのは権力者である、ということを、われわれは肝に命じねばならない、と。大衆の不満がおおやけの場で爆発したとき、権力者が最初に打つ手は、つねにインターネットと携帯電話の切断である。

したがって、われわれに必要なのは、普遍的なもの、特殊なもの、個別的なものというヘーゲル的三要素の政治的な等価物である。すなわち、普遍――ポデモス的なスタイルの大衆蜂起。特殊――大衆の不満を効果的な政治的プログラムに変換できる政治組織。個別――純粋に「技術的な」やり方で活動しつつ、国家による管理・統制の機能を掘り崩す「エリート主義的な」専門家集団。この第三の要素がなければ、最初の二つの要素は効力をうしなう。

第三章　アイデンティティから普遍性へ

アガサの知ったこと

アガサ・クリスティの十八冊目の本『フランクフルトへの乗客』は、「狂想劇《エクストラヴァガンザ》」という副題で一九七〇年に出版されたが、彼女の作品としてはめずらしく、映画化もテレビドラマ化もされなかった。この小説は「ありそうもないことから不可解なことへと進み、最後には理解不可能な混乱に行き着く。結末を説明できる読者には、賞を贈るべきだろう。本作は六〇年代の若者の反乱、ドラッグ、新たなるアーリア民族の超人、等々に関心を寄せているが、こうした主題に対するクリスティの理解は、控えめいっても、あやふやである」(1)。しかし、この「理解不可能な混乱」はクリスティの老衰によるのではない。その原因はあきらかに政治的なものである。『フランクフルトへの乗客』は、クリスティ作品のなかでもきわめて個人的で、彼女個人の内面にふかくかかわるものであるが、同時にきわめて政治的な小説でもある。ここには、彼女の個人的な困惑、一九六〇年代後半に世界で起こっていたこと――ドラッグ、性革命、学生運動、殺人、等々――

を前にして途方に暮れる彼女の感情が表現されている。この圧倒的な困惑が探偵小説、犯罪小説、人間の邪悪な面をめぐる物語を専門とする作家によって表明されたということは、きわめて重要である。彼女の絶望の根本的な原因は、一九七〇年の混沌とした世界において、安定した社会――いっとき犯罪によって混乱をきたすものの探偵によって秩序を回復する、法と秩序にもとづく社会――を前提とする探偵小説を書くのはもはや不可能である、という思いである。一九七〇年の社会は混沌と犯罪が蔓延していた。だから『フランクフルトへの乗客』が探偵小説でないのは、不思議ではないのだ。そこには殺人も、トリックを解く論理も、犯人を導き出すための演繹も存在しないのである。基本的な社会認識の枠組《コグニティヴ・マッピング》みが崩壊したというクリスティの感覚、混沌に対する彼女の途方もないおそれは、この作品の序文のなかで明確に述べられている。

> ここにあるのは、毎日報道されていること、朝刊のニュースの見出しでいわれていることです。それを新聞の第一面から取り出してみてください。いま世界では何が起こっているのか。みんな何を語り、何を考え、何をしているのか。イングランドの一九七〇年を鏡に映してみましょう。
>
> 一か月間、毎日、第一面をみて、ノートをとり、よく考えて記事を分類してみてください。
>
> 日常茶飯事となった殺人。
>
> 少女の絞殺。
>
> おそわれ、なけなしの貯金を奪われる年配女性。

若者あるいは少年どうしの抗争。

破壊され略奪される建物や公衆電話室。

ドラッグの密輸。

強盗や暴行。

行方不明の子供たち。自宅付近でみつかるその他殺体。

これがイングランドといえるでしょうか。これがイングランドの実際のありようでしょうか。わたしたちは、いや、そこまでひどくない、と感じていますが、これがイングランドなのかもしれません。

おそれ、存在するかもしれないものに対するおそれが、めばえつつあります。そうなる理由は、実際の出来事ではなく、むしろ、実際の出来事の背後にあると考えられるその原因にあります。この原因には、わかっているものもあれば、わかっていないものもある。しかし、それは感知されています。これはわれわれの国に限ったことではありません。別の頁には、一面記事よりも小さな記事があります。ヨーロッパのニュース、アジアのニュース、アメリカ大陸のニュース、世界のニュースです。

飛行機のハイジャック。

誘拐。

暴力。

暴動。

憎悪。
激化する無政府状態。
破壊の賛美、つまり残虐性の快楽につながるように思われる、あらゆる事柄。
いったいこれは何を意味するのでしょうか。

では、こうしたことは実際に何を意味するのか。クリスティは小説のなかで答えを提示している。小説のあらすじは以下のとおりである。マレー半島からの帰国便に乗っていた退屈した外交官、サー・スタフォード・ナイがフランクフルト空港の乗客ラウンジにいると、何者かに命を狙われたひとりの女性が彼に近づいてくる。ナイは彼女を助けるために、彼女に自分のパスポートと搭乗券を貸すことに同意する。こうして彼は、はからずも、ある国際的な陰謀に巻き込まれてしまう。この陰謀から逃れるには、権力欲にかられたヴァルトザウゼン伯爵夫人――彼女は地球上の若者を操り、彼らを武装することによって世界を征服したがっている――をうまく出し抜くしかない。このおそろしい世界規模の陰謀は、リヒャルト・ヴァーグナーおよび「青年ジークフリート」と関係がある。この小説の設定では、第二次大戦が終わるころ、ヒトラーは精神科の施設に行き、自分をヒトラーだと思っている人々に会う。そして、彼らのひとりと入れ替わり、戦争を切り抜けて生き残る。ヒトラーはその後アルゼンチンに逃避し、そこで結婚し一男をもうける。ヒトラーの息子のかかとには、かぎ十字とともに「青年ジークフリート」と焼き印が押してある。一方、現代において、ナチの扇動者たちは、ドラッグ、乱交、学生運動といった事態の黒幕となっている。彼らは、ナチの支配力を世界規模で回復させるために、無政府状態をもたらしたいのである。

この「おそろしい世界規模の陰謀」は、もちろん、純然たるイデオロギー的空想であり、そこには極右に対する恐怖と極左に対する恐怖が妙な具合に凝縮されている。クリスティは陰謀の本体を、陰謀論においてありがちな容疑者（共産主義者、ユダヤ人、イスラム教徒）ではなく極右（ネオナチ）に位置づけている。この点に限っては、彼女を好意的にみることは可能だろう。にもかかわらず、六八年の学生の反乱と性の解放をめぐる闘争との背後にはネオナチがいるという狂気にかられた考えは、われわれの苦境をめぐる首尾一貫した認識の枠組《コグニティヴ・マッピング》みが崩壊したことを物語っている。クリスティがそうした、正気とは思えないパラノイア的な想念に逃げ込まざるをえないのは、彼女が完全な混乱とパニックのなかにいることの証拠である。彼女が描くわれわれの社会のイメージは、たんに混乱しており、現実との接点を欠いている（ちなみに同じことは、これほどはなはだしくはないが、それと同じような状況設定をもつ、ジョン・ル・カレの書いたもっとも奇妙な小説『ドイツの小さな街』〔一九六八年〕にもいえる）。だが、クリスティのヴィジョンは本当に、まじめに取り合う必要がないほど常軌を逸したものなのか。ドナルド・トランプや金正恩《キム・ジョンウン》のような「指導者」がいるわれわれの時代は、彼女のヴィジョンにおとらず狂っているのではないか。今日に生きるわれわれはみな、フランクフルトへの乗客のようなものではないか。われわれの置かれた状況は混乱しており、そのありようはクリスティの描写した状況と酷似している。われわれの世界には、労働者の権利を主張する右翼政府（ポーランド）と、厳しい緊縮財政を進める左翼政府（ギリシア）が存在するのだから。クリスティは必要最低限の認識の枠組みを取り戻すために、「最後のよき戦争」である第二次大戦に依拠し、われわれの混乱状況をその座標軸のなかに移し替えているが、それは不思議ではない。

　にもかかわらず、ここで注目すべきは、クリスティの解決の形態（あらゆるものの背後にナチの大きな陰謀がある）が奇妙にもユダヤ人の陰謀に関するファシストの考えとよく似ていることである。今日では、ポピュリストの右翼がイスラム系移民の「脅威」に関して似たような説明をしている。反ユダヤ主義の想像力において「ユダヤ人」は、裏で糸を引く不可視の〈主人〉である。イスラム系移民が今日のユダヤ人ではないのは、そのためである。イスラム系移民はあまりにも可視的であって、不可視ではない。彼らはわれわれの社会にまったく溶け込んでいない。彼らが裏で糸を引いていると主張するひとは、いないのである。もし彼らの「ヨーロッパへの侵入」に陰謀を読みとるなら、そのときには、裏で糸を引くユダヤ人の存在が必要となる。スロヴェニアの、ある有名な右翼系週刊誌に最近載った記事は、この種の陰謀説を提示していた。それによれば「ジョージ・ソロスはきわめて邪悪で危険な人物であり」、彼のせいで「黒色人種とユダヤ人の群れが侵入し、それによってヨーロッパが末期を迎えている［…］。典型的なタルムード信者、シオニストである彼は、西洋文明、国民国家、白人のヨーロッパ人にとっての恐るべき敵である」。ソロスの目標は「男性同性愛者、フェミニスト、イスラム教徒、怠け者の文化的マルクス主義者からなる虹の連合」をつくることである。この連合がやろうとしているのは、「国民国家の脱構築であり、ＥＵをヨーロッパ合衆国という多文化主義のディストピアに変えることである」。さらにいえば、ソロスによる多文化主義の奨励は一貫性を欠いている。

ソロスは、ヨーロッパとアメリカ合衆国にかぎって多文化主義を奨励する。その反面、イスラエルの場合には――これはわたしにとってまったく正当な姿勢だが――単一文化主義、潜在的な人種主義、壁の建設に同意している。彼はまた、ＥＵや合衆国の場合とは対照的に、イスラエルに対しては国境の解放と「難民」の受け入れを要求しない。これはタルムード信者、シオニスト特有の偽善である。(2)

反ユダヤ主義とイスラム教嫌悪を結びつけたこの不快な空想は、クリスティの考案した空想とそれほど異なっているだろうか。この二つの空想は、混乱した時代に順応するためのいちかばちかの試みではないか。朝鮮半島危機をめぐる見方が激しく揺れ動いたことは、それ自体として重要である。いまにも核戦争が起ころうとしているという報道が、ある週になされる。するとその翌週には、その緊張がやわらぐ。そしてその翌週には、戦争の脅威が再燃する。二〇一七年八月にソウルを訪れたとき、ある友人がわたしにこう語った。北朝鮮は戦争が起こったら生き残れないとわかっているので、戦争のおそれはまずない、と。だが、いまや彼は、韓国政府は国民に核戦争の準備をさせていると語っている。つい最近では、金正恩《キム・ジョンウン》とドナルド・トランプとのばかげた侮辱合戦が報道されていた。未熟にみえる二人の人間が侮辱しあうこの状況にあって、われわれの唯一の希望は、なんらかの匿名の、不可視の制度的強制によって、両者の怒りが戦争にまで発達するのを防ぐことであった。これは皮肉なことであった。通常われわれは、疎外され官僚化された今日の政治では、政治家は制度的な圧力としばりのために自分本来の視点を表明できなくなっている、と不平をいいがちである。だが、いまやわれわれは、そうしたしばりによって、正気とはおもえない個人的意見の表明を防ぐことを望むのである。われわれはどうしてこのような立場にいたったのか。

近年のアラン・バディウは、現在成長しつつある、家父長制以後のニヒリズム体制の危険性に警鐘を鳴らしている。この体制は、新たな自由の領域として現れている。多くの先進国における国民皆兵制の廃止は、われわれの生活における共通の倫理的基盤が崩壊したことを明確に示している。共通の大義をかかげる軍隊のためなら命をかけてもよいという考え自体が、馬鹿々々しいとはいわないまでも無意味なものとなり、その結果、全市民が平等に従事する組織としての軍隊は、徐々に傭兵の軍隊へと変わっていくのである。こうした崩壊現象は、二つの性にそれぞれ異なったかたちで影響を与えている。男は、大人になるための明確なイニシエーションを欠いているため（兵役、専門的職業につくこと、さらには教育すら、もはやこの役割を果たしていない）、徐々に永遠の青年に変わりつつある。してみれば、この欠如を埋めるために、代用のイニシエーションと社会的アイデンティティを提供する若者のギャングが増えるのも合点がいく。男とは対照的に、女は今日ますます早熟になってきており、みずからの生活を管理し、将来の計画を立てることを期待されている。この新しいヴァージョンの性的差異においては、男はちゃらんぽらんな青年、アウトローであり、対して女は厳格で成熟して、まじめであり、法を守り、守らないひとには手きびしいといった印象を与える。こうしていまや新しい女性像が浮上しつつある――ひとを巧妙に操り魅惑する、冷徹で競争心のつよい権力の担い手という女性像が。これは「資本主義という状況では、男よりも女のほうがうまく立ちまわれる」(バディウ)という逆説を証明している。つまり、現代の資本主義は、みずからにとって理想的な女のイメージを作り出しているのである。

このことをふまえたとき、議論はふたたびトランプと金正恩にもどる――すなわち、かっとなって野蛮な態度に出たあげく墓穴を掘る、この二人の永遠の青年に。北朝鮮と合衆国の差異はあきらかであるが、にもかかわらず、われわれはこう主張すべきである。両者は極端なかたちの国家主権(「コリア・ファースト」「アメリカ・ファースト」)に固執している。それどころか、北朝鮮(すべてを失ってでも合衆国を爆撃しようとする小国)の狂気に相当するものは、依然としてグローバルな警察官をきどっている合衆国にもある。それは、一国だけが、自分以外のどの国が核兵器を所有してよいかを決める権利をもつという狂気である、と。したがって解決策は、北朝鮮をつぶすことではなく、核兵器を「国際化する」きちんとした方法をみつけだすこと、つまり、ひとつの主権国家だけが核所有を許される(そしてそれによって他国をおどす)という状況を認めないことである。北朝鮮の「狂気」だけに注目した瞬間、われわれはすでに、特別な「超大国」だけに許可されることは北朝鮮には許可されるべきではないという前提を支持してしまっている。だからわれわれは「北朝鮮だけでなく」この状況全体を変えるべきなのだ。

秩序全体を変えようというこの衝動が現れるのは、まさに、われわれが(核戦争や、生態系のカタストロフィによる)全体的な破壊のおそれに直面したときである。そうした状況では、われわれの生き残りを確かなものにするという守りの姿勢がわれわれの最初の反応となる。すなわち、根本的な変革という大きな解放的プロジェクトのことは忘れよう、われわれの使命はわれわれの所有物をあとに残すために戦うことであり、そのために必要な妥協や節度はすべて受け入れよう……というふうに。だが、われわれの所有物とは何であるのか。人間なるものが全面的な破壊の危機にさらされることによって、われわれは、人間なるものの全体性を意識する。つまり、人間は人間の（自己）破壊という背景があってはじめてひとつの実体として現れるのであり、それ以前にはそれ自体として目に見えるものではない。したがって、真の選択は、われわれの所有物の確保か、それともその完全な喪失か（あるいは冷戦時代の言葉でいえば、われわれの寛容を旨とする自由を守るために核兵器を開発するか、それとも核兵器を廃棄してみずからを自由の喪失という危険にさらすか）ではない。アレンカ・ジュパンチッチがいうように、

> 真の選択は、すべてを失うか、それとも失われるものを創り出すか、である。根源的な意味でわれわれを最終的に救済できるのは、この選択だけであろう……。「すべてを失う」気配やおそれにとらわれているときのわれわれは、実のところ、（まだ）存在していないものを人質にとられている。そして、この種の恐喝は、実際には、この存在しないものがこの先もけっして存在しないということを確認するための手段ではないのか。この恐喝によって、われわれはいま存在するものといま手元にあるものの保全に気を配ることになるが、しかし同時に、真の代替案やまったく別種の思考法は排除される……。核兵器が発する覚醒への呼び

かけは、たんに「手おくれになるまえに全力をあげて核戦争を阻止しよう」ではない。それはむしろ「われわれが核兵器によって失うことになるこの全体性（協調性、コミュニティ、自由）を、まずは構築しよう」である。(3)

ここにこそ、核兵器による破壊（さらにいえば、生態系の破壊）という真の脅威によってもたらされる唯一無二の好機がある。すべてを失うかもしれないという危険を意識したとき、われわれは、遡及的に成立する幻想に、現実とその潜在的な可能性との短絡に、自動的にとらわれる。われわれが救いたいと望むものは、われわれの世界の現実ではなく、核の脅威を生んだ敵対関係が仮になかったら存在していたかもしれない現実なのである。これこそが、全面的な破壊に直面したときの真の選択である。すなわち、パニックを起こして自己保全に逃げ込むか、それとも、それ以上のものをめざす選択肢に積極的に関与するか、という選択である。もしわれわれが力をふりしぼって第二の選択肢をとるならば、それは――ヘーゲルの用語でいえば――「抽象的普遍性」（核によるグローバルな破壊をもたらすだけの、たがを外した否定性）から「具体的普遍性」（そうしたカタストロフィがもはやありえない、現状に代わる新秩序）への移行である。

いま必要なのは、新しいグローバルな反核運動にほかならない。すなわち、大衆による抗議運動、ボイコット、等々を組織しながら、核を保有する大国に圧力をかけ、過激に行動するグローバルな大衆動員にほかならない。その運動は、北朝鮮だけでなく、核兵器を独占する権利をもつ超大国にも焦点を当てねばならない。おおやけの場で核兵器の使用に言及することは、犯罪とみなすべきである。そして、自分の権力を守るためなら数百万の無辜の命を危険にさらしてもかまわないという意向をはっきり示す指導者たちは、最悪の犯罪者とみなすべきである。

ハンティントン病と闘う方法

トランプの最初の外遊先がサウジアラビアとイスラエルであったことは、重要な意味をもっている。このことと、トランプがエジプト大統領アッ＝シーシーを意気揚々とホワイトハウスで出迎えたこととを考え合わせれば、中東における新たな悪の枢軸――トルコ、サウジアラビア、イスラエル、エジプト――が合衆国の支援によって形成されつつあることがみえてくる。容赦のない、カタールの排除は、この枢軸が行った最初の大仕事である。これはおそらく、アラブの春でアルジャジーラが積極的な役割を果たしたことに対する処罰であろう。ここでの途方もないアイロニーは、これがテロリズムとの闘いの名のもとになされた一方で、サウジアラビアがイエメンにおいてきわめて抑圧的な国家テロに関与し、数百万人を空爆し追い払ったことである。大手メディアがこの国家テロを多かれ少なかれ無視した事実は、すべてを物語っている。最近ロンドンで起こったテロ攻撃は嘆かわしいものであるが、われわれはあえてこう指摘しなければならない。イエメンについて語りたくない者は、ロンドンやパリのテロ攻撃についても沈黙すべきである、と。

われわれにとって当然気がかりなのは、この構造的変化の背後にある地政学的状況である。二〇〇八年七月、ウィーンの新聞『報道』（*Die Presse*）は、ナチスの格好をした二人のずんぐりしたオーストリア人を描いた風刺漫画を掲載した。ひとりの男が手に新聞をにぎり、友人であるもうひとりの男にいう。「この新聞をみなよ。しごく真っ当な反ユダヤ主義が、またもや安っぽいイスラエル批判のために悪用されているぜ」。この風刺は、イスラエル国家の政治を批判する者に対してシオニストが展開するお決まりの反論〔イスラエル政治を批判する者は、その批判を反ユダヤ主義のために悪用している〕を逆転している。そして、イスラエルを支持する今日のキリスト教原理主義者がイスラエル政治に対する左翼の批判をしりぞけるとき、彼らの言い分は、不気味なほど『報道』の風刺〔重要なのは反ユダヤ主義であり、それとイスラエル政治とは分けて考えよ、という主張〕に似ていないか。大量殺人を犯したノルウェーの移民排斥主義者、アンネシュ・ブレイヴィクを思い出そう。イスラエルはイスラム教徒の勢力拡大を食い止める第一の防波堤であるという理由で、ブレイヴィクは反ユダヤ主義者でありながらイスラエルを支持した。彼はエルサレム聖堂の再建を望んですらいる。だが、彼は「マニフェスト」のなかでこう書いた。「西ヨーロッパにはユダヤ人問題は存在しない（イギリスとフランスは例外であるが）。西ヨーロッパにはユダヤ人は百万人しかおらず、そのうちの八十万人はフランスとイギリスに居住しているからである。それに対して、六百万人以上のユダヤ人（ヨーロッパの六倍である）が住むアメリカ合衆国は、大きなユダヤ人問題をかかえている」[4]。このようにブレイヴィクは、シオニズム的反ユダヤ主義という途方もない逆説を具現している。

この逆説の疑似左翼的な対応物〔反シオニズム的反ユダヤ主義〕は、わたしの出身都市リュブリャナの壁の落書きによってみごとに表現されている。「おれがもしヨルダン川西岸地区（ウェストバンク）出身のパレスチナ人だったら、ホロコーストは起こらなかったというだろう」。これは、絶対に避けねばならない論理である。これは「ホロコーストを生き延びた者は、イスラエル国家がパレスチナ人に行ったささいな不正行為を無視する権利がある」というシオニストの主張の再生産であり、ほかならぬそのことだけでも、この論理を避けねばならない理由となる。どちらの場合も、犠牲者であることを利用して、敵を人種差別的に扱うことを正当化している。要するに、両者は次のような考えにそっているのだ。「アラブ人のあいだでときおり反ユダヤ主義的な怒りが爆発することは、パレスチナ人の苦しみを考慮して理解すべきである。また、ヨルダン川西岸地区におけるイスラエルの政治は、ユダヤ人虐殺という過去を考慮して理解すべきである」。こうした理屈をこねるのは、不敬な言動といってよい。シオニストの側からみれば、それによってホロコーストの想像を超えた恐怖は、地域的に限られた政治の道具になりさがる。ゆえに、そうした言動は数百万の犠牲者に対する侮辱なのである。ここでとるべき倫理的な立場は、普遍的連帯という立場しかない。われわれは自治権を求めるパレスチナの闘争を支援すべきである。だが、それは、ときおり現れるアラブの反ユダヤ主義にもかかわらずそうすべきである、ということではない。ホロコーストを忘れるべきではないというのと同じ意味で、そうすべきなのである。シオニズムは今日の人種主義の最たる例であるという、反帝国主義をきどった見方は、「反ユダヤ主義と他の人種主義」に関するシオニストの見方――イスラエル国家に対するどんな批判も、反ユダヤ主義として判定する――と同様に間違っている。ここでは、あらゆる偽善はしりぞけねばならない。ノルウェーやスウェーデンのイスラム系住民は、当地のユダヤ人を虐待するが、その攻撃姿勢に対しては「理解」を示すべきではない。多くのイスラム教徒の集団や多くのイスラム教国家の、女性やゲイに対する扱い方については、「理解」を示すべきではない。西洋の急進的左翼と「反帝国主義的な」原理主義的イスラム教徒との連携——これによって、政治的公正を旨とする西洋の急進派とイスラム教原理主義者は奇妙な仲間となる——は、忌まわしいイデオロギーとしてしりぞけるべきである。反ユダヤ主義に対する闘争と、パレスチナの権利を求める闘争とが、同じ努力の二つの側面としてとらえられていないとき、われわれは新たな野蛮状態におちいっている。

　われわれは今日、このシオニズム的反ユダヤ主義の新しいヴァージョンを目にしている。それは、イスラム嫌悪的なイスラム礼賛である。キリスト教的西洋がイスラム化されることに警鐘を鳴らす、トランプからプーチンにいたる政治家は、その一方で、トルコの国民投票におけるエルドガンの勝利（これにより彼には新たな包括的な権力が保証された）を祝福する。つまり、イスラム教による権威主義的な統治は、トルコにとっては問題なしだが、われわれにとっては問題がある、ということである。[5] したがって、われわれは『報道』の〔トランプやプーチンのような政治家を戯画化した〕風刺漫画の新しいヴァージョンを容易に想像できる。ナチスの格好をした二人のずんぐりしたオーストリア人がテーブルについている。ひとりの男が手に新聞をにぎり、友人であるもうひとりの男にいう。「この新聞をみなよ。しごく真っ当なイスラム嫌悪が、またもや安っぽいトルコ批判のために悪用されているぜ」。われわれはこの不気味な論理をどのように理解すればよいのか。この論理は、ハンティントン病という現代の大きな社会的な病に対する反応、その病に対する誤った治療である。

ハンティントン病の典型的な初期症状は、舞踏病と呼ばれる、規則性のない、おさえのきかない痙攣運動である。これははじめのうち、一般的には、せわしない、小さな、意図的でない、未完結の、調和のとれていない動きを引き起こす可能性がある……。急激に勢いを増す野蛮なポピュリズムは、これとそっくりではないだろうか。そうしたポピュリズムは、移民に対する規則性のない過剰な暴力、「外国からの侵入者」に関する漠然とした不安と心配を表現したなんのまとまりもない暴動からはじまるが、やがて、イデオロギー的基盤をもつ調和のとれた運動――もうひとりのハンティントン（サミュエルのほう）のいう「文明の衝突」――へと徐々に成長する。この偶然の一致は次のことを暴露している。「文明の衝突」という語によって通常名指されているものは、事実上、今日のグローバル資本主義がかかったハンティントン病なのである。

サミュエル・ハンティントンによれば、冷戦の終結以降、「イデオロギーの鉄のカーテン」は「文化のヴェルヴェットのカーテン」に置き代えられた。「文明の衝突」というハンティントンの陰鬱なヴィジョンは、自由民主主義《リベラル・デモクラシー》の世界的普及となって現れる〈歴史の終わり〉というフランシス・フクヤマの輝かしい見通しとは正反対のようにみえる。フクヤマは、最善といえる社会秩序の最終的な形態は資本主義的自由民主主義のなかに見出されるという擬似ヘーゲル的な考えを提示したが、二十一世紀における主要な政治闘争としての「文明の衝突」ほど、この考えと異なるものはない。では、この二つのヴィジョンはどのように両立するのか。

今日の経験をふまえれば、答えは明らかである。「文明の衝突」とは、「歴史の終わり」の時期の政治学にほかならない。民族的－宗教的闘争は、グローバル資本主義に適合した闘争の形態である。本来的な意味での政治学が専門家による社会的管理に段々と取って代わられる「ポスト政治」の時代において、闘争をうみだす正当な要因は、文化的（民族的、宗教的）対立しか残されていない。したがって、今日における「不合理な」暴力の出現は、現代社会の脱政治化と、つまり、政治本来の特性が消え、それが社会問題の様々なレベルにおける「管理」に変換されたこと、と、厳密な相関関係にあるとみなすべきである。このテーゼを受け入れた場合、「文明の衝突」に代わる選択肢は、文明の（あるいは、より人気のある用語でいえば、「生活様式」の）平和な共存しかない――たとえば、強制結婚や同性愛嫌悪（あるいは、女のひとり歩きはレイプを誘っているという考え）は問題ない、これらの事態は、その種のことがなければ世界市場のなかに経済的に飲み込まれてしまうよその国に限られた問題にすぎないのだから、という具合に。

したがって、新興の〈新世界秩序〉は、グローバルな自由民主主義というフクヤマ的なものではなく、様々な政治的－神学的な生活様式の平和的な共存――いうまでもなく、グローバル資本主義の円滑な働きという文脈のなかにある共存――である。この秩序形成の破廉恥なところは、それが反植民地主義の進展として現れることである。すなわち、リベラルな西洋が他者に基準を押し付けることはもはや許されない、あらゆる生活様式は平等に扱われる……というふうに。ロバート・ムガベ〔元ジンバブエ大統領〕が「アメリカ・ファースト」というトランプのスローガンに賛意を示したのは、不思議ではない。あなたが「アメリカ・ファースト」というなら、わたしは「ジンバブエ・ファースト」といおう。インドと北朝鮮には「インド・ファースト」「北朝鮮ファースト」といわせよう、というわけである。これは最初のグローバル資本主義の帝国、大英帝国がもっていた仕組みであった。そこでは、それぞれの民族的‐宗教的コミュニティはみずからの生活様式を維持することを許された。たとえば、インドのヒンドゥー教徒は未亡人となった女性をなんの問題もなく焼死させていた。こうした地域的な「習慣」は蛮習として非難されるか、さもなければ前近代的な知恵として賞賛されたが、いずれにせよ、許容されていた。なぜなら重視されたのは、コミュニティが経済的に帝国の一部であるということであったからだ。

トランプの「アメリカ・ファースト」という政治学は、中国が新たなグローバル化の担い手として現れる場を開いた。二〇一七年の秋、中国国家主席、習近平は世界の指導者に向かって、保護主義をしりぞけ、グローバル化を受け入れ、「空を飛ぶガンの群れのように」力を合わせようとうったえた。習近平は、数十億ドルをかけた中国の新たなインフラ整備プロジェクトを、古代シルクロードの現代版を建設する手段としてたたえ、グローバル化の新しい黄金時代のはじまりを宣言した。ここでは、市場のグローバル化と、文化領域における特殊な「生活様式」の重視とのあいだに矛盾はない。これはきわめて重要なポイントである。

それゆえに、最近示されたドイツとフランスの新たな協調関係、またいうまでもなく、ヨーロッパは合衆国にたよるのをやめて自立しなければならないというアンゲラ・メルケルの声明は、ヨーロッパの自己認識の高まりを示す吉兆である。要するに、トランプ、プーチン、モディ〔第十八代インド首相〕、ムガベ、エルドガンからなる〈新世界秩序〉には、ヨーロッパの居場所がないのである。ヨーロッパは、こうした外的な脅威ではなくそれ固有の脅威――ナショナリズム的ポピュリズムという脅威――と戦うことによって、みずからの解放的な遺産を肯定しなければならないだろう。だからこそ、実在する欧州連合のみじめさにもかかわらず、その理念は勝ち取るにあたいするものなのである。今日のグローバル資本主義の世界において欧州連合は、国家主権を制限する権威を有し、また生態系と社会福祉に関する最低限の基準をもうけるという使命を有した、国家横断的な組織の唯一無二のモデルを提供してくれるのである。欧州連合のなかには、ヨーロッパ啓蒙主義の最良の伝統に直接由来するものが生き残っている。われわれの義務は、われわれは植民地を搾取する究極の罪人であると自己卑下することではなく、人類の存続にとって重要な、こうしたわれわれの遺産のために戦うことである。ヨーロッパは、新しいグローバルな世界においてますます孤立しており、今日の地政学的な軋轢のなかで脇役にあまんじる、疲弊した、価値のない、時代おくれの大陸として切り捨てられている。ブルーノ・ラトゥールが最近述べたように、「ヨーロッパはもちろん孤立しているが、われわれを救えるのはヨーロッパだけである」。

政治的日和見主義を示す確かな徴候がひとつある。それは粒子物理学との比較によって、政治的相関主義と呼べるかもしれない。わたしとわたしの敵が、それぞれの手にボールをひとつ握っているとしよう。ボールは白か黒のいずれかだが、両者はその色を知ることができない。わたしは自分の手のなかを見ることができないので、色の組み合わせは四通り考えられる。白―白、黒―黒、黒―白、白―黒である。なんらかの理由で、二人とも二つのボール（わたしの手のなかのボールと敵の手のなかのボール）の色が違うことを知っているとしよう。この場合、組み合わせは二通りになる。黒―白、白―黒である。なにかの拍子に、敵のもつボールの色をわたしが知ったとする。わたしは自動的に自分のボールの色がわかる。つまり、二つのボールは相関するのである(これは、粒子が分裂し、分裂した粒子どうしのスピンが相関しているときに起こることである。ひとつの粒子のスピンを測定すれば、自動的にほかの粒子のスピンがわかる)。政治(その多くは左翼政治だが)においても、同じようなことがしばしば起こるし、実際に起こった。わたしには、ある特定の政治闘争において自分がどの立場をとるべきかがよくわからない。だが、敵の立場を知ったとき、わたしは自動的にそれと反対の立場をとるのである。ここでは、レーニンがこうした姿勢を痛烈に批判したことを付言するべきだろう(皮肉なことに、彼の標的はローザ・ルクセンブルクであった)[6]。こうしたことは文化的冷戦にもいえる。一九四〇年代後半、西洋文化は(ユダヤ人の影響のもと)普遍主義的コスモポリタニズムを促進していると考えられていた。すると、USSR(ソヴィエト社会主義共和国連邦)からフランスにいたるソヴィエト共産主義の支持者たちは、愛国主義に転じることを決め、自国の文化的伝統を奨励し、それを破壊する帝国主義を批判したのである。

これと同じことは、二〇一七年の終わりにスペインを動揺させたカタロニアの住民投票に対する反応においても起きているのではないか。プーチンがかつて、ソ連の崩壊は途方もないカタストロフィだと述べたことを思い出そう。それなのに、彼はいまやカタロニアの独立を支持している。同じことは、ユーゴスラヴィア崩壊の原因はドイツとヴァチカンの密約にあるとしてそれに反対したヨーロッパの左翼にもいえる。なんといまでは(スコットランドの場合のように)、分離独立は問題なしとされるのである。西洋の中道派リベラルも同じである。彼らは、ロシアの地政学的な勢力を脅かす分離独立運動にはなんであれ賛成する用意があるのに、現在ではスペインの統一が脅かされていると（もちろん、カタロニアの有権者に対する警察の暴力を嘆くという偽善的な態度をとりつつ）警告を発している。スロヴェニアでは、こうした混乱が頂点に達している。スロヴェニアの旧左翼はかつて、スロヴェニアの独立に最後まで反対し、新しい、より開かれたユーゴスラヴィアをつくろうとうったえていた。なのに、彼らはいまや、カタロニア独立を求める示威運動を組織している。一方、スロヴェニアのナショナリスト右翼は、かつてスロヴェニアの完全独立のために戦ったが、いまではスペインの統一を控えめに支持している（なぜならスペイン首相は、彼らの保守主義の仲間であるマリアーノ・ラホイだからである）。ヨーロッパの主流派は、かくも恥さらしなまねをする。誰の目にもあきらかなように、一部の者は主権の権利をもち、一部の者はその権利をもたない。どちらであるかは、その者に対する地政学的関心によって決まるのである。

にもかかわらず、カタロニア独立に対する反対意見は合理的にみえる。プーチンがカタロニア独立を支持するのは、ヨーロッパ統合の崩壊を促進することによってロシアの勢力を拡大する彼の戦略の一部ではないか、と思われるからである。とすれば、統合された強いヨーロッパを支持する者は、スペインの統一を主張すべきではないか。ここでは、この議論をあえて逆転しなければならない。スペイン統合を支持することは、ヨーロッパ統合に逆らう国民国家の力を擁護しようとする、はやりの運動の一部でもある。したがって、（カタロニア、そしておそらくはスコットランド、等々の）新たな地域主権に配慮するために必要なのは、これまで以上に力の強い〈欧州連合〉である。要するに、国民国家は、地方自治と統合ヨーロッパとのあいだを仲介するという、より謙虚な役割に甘んじるべきなのである。このようにすれば、ヨーロッパは、ヨーロッパを弱体化させる国家間の争いを避けることができる。そして、他の大きな地政学的ブロックと肩をならべる、以前よりもはるかに強力な国際政治の担い手になることができる。

カタロニアの住民投票に対してEUが明確な立場をとれなかったことは、一連の大失策の最後のものにすぎない。とりわけ大きな失策は、中東および北アフリカからヨーロッパに流入する難民に対して、一貫した政治方針をとれていないことである。近年イエメンやシリアで起こっていること(イエメン全体の計画的な破壊、ゲータ市民が経験する恐ろしい苦しみ、等々)は、移民が今後いかに発生するかを示す新たな事例である。いまこそは、新たな移民の流入をただ待つのではなく——その場合われわれは再度、人道主義的な戦いをはじめられるだろうが——なにか意味のあることをなすべきときである。難民の到来に対する混乱した対応は、移民と難民との基本的差異を考慮できていない。移民がヨーロッパに来るのは、仕事を探すため、ヨーロッパの先進国における労働力需要にこたえるためである。それに対し、難民は働くために来るのではない。生き残るための安全な場所を求めてやって来るのである。だから、難民が彼らの受け入れ先となる国を好きでない場合も多いのである。ここでは、かつてカレーに集められていた難民が格好の事例となる。彼らはフランスにいたくはなかった。イギリスに行きたかったのである。同じことは、大筋において難民の受け入れを拒む国々(新たな「悪の枢軸」、クロアチア、スロヴェニア、ハンガリー、チェコ共和国、ポーランド、バルト諸国、オーストリア)にもいえる。こうした国は、間違っても難民にとって移住したい国ではない。だが、こうした混乱の不条理な影響のきわめつけは、難民に寛大に接する唯一の国ドイツが多くの批判の矛先となったことである。批判者のなかには、ヨーロッパを守れと主張する右翼だけでなく、左翼も含まれていた。彼らはいわば鎖のなかの最強の環にねらいを定めたのであり、そのやり方は超自我的な批判の典型であった。彼らはドイツを、まだ強さが足りないといって攻撃したのである。

したがって、カタロニア危機においてもっとも憂慮される点は、ヨーロッパが明確な立場をとれないことであった。すなわち、ヨーロッパは、そのメンバーである各国が分離主義や難民に対して独自の政策をとるのを許すか、それとも、集団的な決断を受け入れたがらない国々に対抗処置を講ずるか、決められなかったのである。このことがなぜ重要なのか。ヨーロッパは、個々の国をサポートし国家間の対立に対してセーフティーネットを提供しながら、必要最小限の統一体として機能すると想定されている。有力な政治の担い手が個々の国へと矮小化していく新興の〈新世界秩序〉において、重要な政治の担い手になれるのは、そうしたヨーロッパだけである。EUを弱体化させる、あるいは、その崩壊のきっかけをつくることは、明らかに合衆国およびロシアの利益にあっている。EUが弱体化あるいは崩壊すれば、権力の空白が生まれ、それを埋めるためにヨーロッパの個々の国はロシアあるいは合衆国と新たな同盟関係を結ぶからである。ヨーロッパの誰がこうした事態をみたいと思うだろうか。

不変なる階級闘争の永劫回帰

グローバルな空間と国民国家との対立は、特定の（民族的、宗教的、文化的）生活様式のこうした保護のなかに見いだされる。グローバル化は、特定の生活様式にとっての脅威とみなされているからである。生活様式の保護は、「進歩的な」ものを含むそのあらゆる方向性において問題含みとなる。ロバート・E・リー〔南北戦争時の南軍の総指揮官〕の彫像〔バージニア州シャーロッツヴィルにある〕をめぐる合衆国での論争を思い出そう。リーは、ある生活様式を守るために戦った南部の紳士であったのか。南部の紳士をめぐる一般的なイメージは、リリアン・ヘルマンの『子狐たち』〔一九三九年〕のホレス——夫婦の財産を容赦なく資本主義的に利用しようとする妻に反感を抱く、気の小さい慈悲深い家長——から、ハーパー・リーの『アラバマ物語』〔一九六〇年〕のアッティクス・フィンチ——最後にあかされるように、人種主義者という裏の顔ももつ紳士——にいたるまで、「進歩的」文学のなかにも見いだせる。こうしたイメージのおかげで、アメリカ南部連合国の内実はにわかに、奴隷制の肯定ではなく、野蛮な資本主義の攻撃から地域の「生活様式」を守ることに変わる。保守、田舎生活、家父長制という立場から資本主義に反対するこうした左翼リベラル的な偶像的人物たちは、南部の黒人が抑圧され不当に責められているとき、その黒人を手厚く援助する。しかしながら、この黒人が闘争をはじめるだけでなく、北部のリベラル体制派によって与えられた実際の自由に疑問を呈しはじめると、リベラル派の同情はやむのである。

だが、ロバート・E・リーはそうした紳士ではなかった。彼が奴隷制に対して良心の呵責を感じていたという話は伝わっていない。さらにいうと、奴隷所有者のなかには、二種類のひとたちがいた。ひとつは、所有する奴隷を転売するときに、奴隷が家族や子供といっしょにいられるように配慮するひとたち。もうひとつは、そうしたことなどおかまいなしに、奴隷をその家族から引き離すひとたち。リーは後者、非情なほうの側の人間であった。彼は行儀がよく正直な紳士であったかもしれないが、にもかかわらず、奴隷を冷酷に扱った。受け入れがたいのは、この二つの性格がひとりの人間のなかに共存していることである。

ある真の白人紳士がロバート・E・リーの命令によって処刑された。アメリカ史において鍵となる政治的人物のひとり、ジョン・ブラウンである。ブラウンは、もう一歩で合衆国の政治風土にラディカルな解放主義的‐平等主義的論理を導入するところまでいった、キリスト教を熱烈に信仰する奴隷解放主義者である。合衆国の著名な歴史家マーガレット・ワシントンがいうように、ブラウンは、自分にとって白人と黒人のあいだに違いはないということを明示した。しかも「彼はこれを言葉ではなく行動によって示した」(7)。「紳士」という言葉に解放主義的な意味あいを付与できるなら、ブラウンの言動こそ真の紳士の言動である。彼はここから必然的に平等主義の立場をとり、やがて奴隷制に対する武装闘争に関与していった。一八五九年、彼は奴隷を武装し、それによって南部連邦に対して暴力的に反抗しようとした。この反乱は鎮圧され、ブラウンは、ほかならぬロバート・E・リー率いる連邦軍によって投獄された。ブラウンは、殺人罪、反逆罪、奴隷の暴動を扇動した罪によって有罪になったあと、十二月二日、絞首刑に処せられた。奴隷制が廃止されてから長い歳月をへた今日でさえ、ブラウンはアメリカの集団的な記憶において評価の割れる人物である。カンザスシティのクィンダロ地区（クィンダロの街はもともと〈地下鉄道〉〔奴隷の脱出を助けた秘密組織、またその逃亡路〕の主要な停留地であった）のわかりにくい場所にある彼の唯一の彫像は、破損が絶えなかった。

したがって、いうまでもなく、アメリカ創設をめぐるあらゆる荘厳な神話は再検討されるべきである。独立戦争、アラモ砦、等々には裏の面もあるからだ。「アラモ砦の英雄たち」は奴隷所有権の擁護者でもあった。この裏の面は、一九九九年の興味深い映画、ランス・フール監督の『ワン・マンズ・ヒーロー』で描かれている。この映画は（トム・ベレンジャー演じる）ジョン・ライリーと〈聖パトリック部隊〉をめぐる物語である。後者は、一八四六年から四八年のメキシコ・アメリカ戦争の最中に、ほぼプロテスタントからなる合衆国軍から脱走してカトリックのメキシコの側へついた、アイルランド人カトリック系移民からなるグループであり、合衆国の侵略からメキシコ共和国を守るために勇敢に戦った〔彼らはのちに合衆国軍の捕虜になり、うち三十人が絞首刑に処せられ、他の捕虜はD（脱走兵）の焼き印を押された〕。映画の終わりで、捕虜として石切り場で働いているライリーは、合衆国軍の彼のかつての上官から、きみはもう自由だ、といわれる。これに対してライリーは「おれはつねに自由だったさ」とこたえる。

ポイントはたんに独立戦争のうそをあばくことではない。〔トマス・〕ジェファソン、〔トマス・〕ペイン、等々の業績のなかには、間違いなく、解放主義的な側面があるからだ。ジェファソンは、奴隷所有者であったにもかかわらず、近代の一連の解放闘争における重要人物である。また、奴隷制の廃止をめざす闘争は基本的にジェファソンの仕事の継続であったという主張は、正当なものである。ジェファソンは、ロバート・E・リーとは別種の人間であった。ジェファソンの一貫性のなさは、たんに、アメリカの革命が（ハーバーマスならこういうであろうが）未完のプロジェクトであることを証明しているのである。ある意味では、その革命の真の帰結、その第二幕は南北戦争であったし、ある意味では、革命が終わったのは、黒人の選挙権が実現する一九六〇年であった。また、ある意味では、アメリカ南部連合国の神話が存続していることからわかるように、革命は今日でもまだ終わっていない（これと同様にイマヌエル・カントは、人種主義的な視点をもっていたにもかかわらず、今日の解放闘争につながる歴史の流れに貢献した。ざっくばらんにいえば、カントがいなければマルクス主義も社会主義も存在しない）。トランプはリーに対する「敬意」をアメリアの伝統に対する規範的な敬意のひとつとして位置づけ、この規範的敬意のおよぶ範囲を問うたが——リーにはじまりワシントン、その次は……——このとき彼は、この未完の革命というポイントを見逃していた。リーの彫像をめぐる争いの背後にあるのは、アメリカの革命を終わらせることに対する拒絶なのである。

だが、トランプの数々の声明には、もうひとつ、通常は気づかれていない特徴がある。すなわち、オルタナ右翼の暴力をはっきり非難したがらないトランプの態度と、彼が繰り返す「両陣営とも責任がある」という主張は、左翼の多文化主義的戦略（「たしかにイスラム国は恐ろしい罪を犯した。だが、われわれも同じような悪事を働いていないか。われわれに彼らを裁く資格があるのか」）とぴったり重なるのである。この問題に関しては、ジャミール・カダーがきわめて重要なことを指摘している。(8) トランプがシャーロッツヴィル暴動事件〔二〇一七年八月十一、十二日にシャーロッツヴィルで開催された極右集会とそれに反対するひとたちとの衝突。集会の参加者はロバート・E・リー像の撤去に反対していた〕に対する反応のなかで表明したのは、多文化主義だけではなく、なによりも普遍主義という解放主義の遺産でもあったのだ、と。(9) このポイントもまた、リベラル派や左翼が奴隷制や白人至上主義をめぐるトランプのコメントに反応する際に抜け落ちているものである。ポイントとは、すなわち、

いかなるアイデンティティをもってしても、普遍性という空虚な場をそれにふさわしい内容で満たすのは容易ではないということ、そして、アイデンティティの核に亀裂のかたちで内在する普遍性を実現するためには、つねにアイデンティティを取り除くべきであるということである。リベラル派や左翼がアイデンティティ概念を、その核にある抑圧された普遍性の次元という視点から再考しなければ、革命的とはいわないまでもラディカルな変革は生じない〔…〕。問題は、アイデンティティ・ポリティクスや政治的公正をめぐるリベラル主流派および左翼主流派の言説が、正義、自由、平等をもとめる闘争を、抑圧と搾取に対する闘争から、ポスト人種イデオロギーの御旗のもとにある寛容と尊重をもとめる闘争へと移行させたことである〔…〕。白人至上主義をかかげるネオナチのテロリストと反ファシズムの活動家とは倫理的に同じ価値をもつという、トランプの物議をかもした声明は、真空状態から生まれたわけではなかった。実際、「多くの陣営」が行使する暴力に関する彼の指摘、そして「両

方の陣営とも、その一部には非常にすばらしい人々がいた」という彼の指摘は、リベラル派や左翼が文化戦争とキャノン（正典）戦争において対立を相対化するために、〈他者〉を主体化する（邪悪な〈他者〉に声と人間的な物語を与える）ために、そして中立的な立場にとどまるために用いてきた人道主義的戦略の、症候的な現れである。[10]

これと同じ考え方にそってウォルター・ベン・マイケルズは、文化の私有化をめぐる（たいていはばかばかしいものである）論争についてこう書いている。

> われわれ自身の物語でさえ、われわれのものではない。物語は誰のものでもないのだ。むしろわれわれはみな、実際に起きたことを理解しようと試みるなかで、歴史家の立場に立つ［…］。アイデンティティに関する罪――文化の盗用のような空想的な罪と、人種差別や性差別のような現実的な罪の両方――は、この目的〔上流階級出身の学生がその階級の内部で立身出世するのを助けるというアメリカの一流大学の役割〕にとって願ったり叶ったりの好条件である。なぜなら、その罪に反対することは、上層から下層への富の再分配とは違い、階級構造を無傷のまま残せるからである［…］。問題は、富裕層が貧困層の痛みを感じられないことではない。不平等の解消を望むために不平等の犠牲者になる必要はないのだ。また、問題は、貧困層の物語が富裕層のものになっていないことではない。われわれの物語をめぐる重要な問いは、その物語が何者かの特権を暴露しているかどうかではない。その物語が真実か

どうかである。問題は、文化的アイデンティティという観念全体に首尾一貫性がないこと、そして、この観念によって可能となる私有化のドラマが、ますます経済的に階層化されていく社会に対して、経済階層以外のあらゆるものに適用できる社会正義のモデルを提供することである。[11]

ベン・マイケルズの主張は完全に正しい。もちろん、われわれは白人リベラル派による文化の私有化と戦うべきである。だが、それはたんに、彼らが文化的交換の不均衡を助長しているからではない。彼らは解放闘争を実践しているが、そのやり方はその闘争の重要な特徴を無視し無効化する。だから、われわれは彼らと戦うべきなのである。同じことはフェミニズム闘争にもいえる。ここ数十年のあいだに、新たなかたちのフェミニズムが、とりわけ合衆国において台頭した。それは「新自由主義的フェミニズム」[12]としかいいようのないものである。その主な特徴は三つある。（一）持続的なジェンダーの不平等を個人化すること（今日、ジェンダーの不平等はシステムによるものではなく、おおむね個人的選択の結果とされ、ゆえに社会構造の分析や大がかりな社会変革は必要なくなる）。（二）政治的応答の個人化（解決は個人的なものでなければならない）。（三）資本主義を通じた自由と解放（女性は自由市場を通じてジェンダーの平等を達成し、確たるものにする）。つまり「フェミニストは、男と競い合い市場で勝負する力をもった企業家である」[13]。このアプローチの魅力はまた、それが約束する快楽にある——つまり、対立（組織化された政治闘争）を避ける、消費と金融的成功にかまける、等々といった快楽に。[14] ここにあるのは、フェミニズムがそれと等価関係にある諸要素（諸闘争）の新たな連鎖に抱合されるという、ヘゲモニー的再接合の模範的事例ではないだろうか。この再接合のプロセスが開かれたもので、最終的に偶発的なものであるなら、新自由主義的フェミニズム〔新自由主義をヘゲモニーとする連鎖に統合されたフェミニズム〕は女性解放をあらゆる被搾取民の普遍的解放につなげる「本物の」フェミニズムを「裏切っている」、とはいえなくなる。ならば、この「本物の」フェミニズムは、いろいろとその姿を変えるひとつの具体的普遍なのか。つまり、ここでわれわれは、ラディカル・フェミニズムとブルジョア・フェミニズムとを批判的に区別するべきではなく、むしろ様々なフェミニズムを、新たな内容をもたらし、政治的実践の新たな場を開き、同時に特定の限界を含意する、そうした特殊な契機として認識すべきなのか。そうではないとすれば、それはどうしてなのか。階級闘争は、唯一の普遍的な敵対関係、社会組織全体を横断する敵対関係だからである。つまり、他のあらゆる敵対関係に影を落とす不可能な／現実的なものだからである。

古典的マルクス主義の基本的前提（「理論と実践の統合」という要諦の基盤となる前提）は、労働者階級はその客観的な社会的ポジション（「全体の一部ではない部分」（ランシエール）というポジション、「症候的なねじれ」（バディウ）が生じる点）によって、社会の状態（その基本的な敵対関係）に関する正しい明察に導かれ、また同時に、その状態を正すための行為（革命的な社会変革）に導かれる、というものである。この前提は今日でも成立するのだろうか。ポピュリズム的な憤怒の高まりは、「理論と実践の統一」が回復不可能なほど破綻したことを物語っていないか。搾取された社会の周縁に追いやられたひとたちが、その「客観的な」社会的ポジションを通じてみずからの苦境に関する明確な「認識の枠組み《コグニティヴ・マッピング》」に導かれることはもはやなく――仮にそうした枠組みがあれば、彼らは普遍的な解放闘争に関与するだろう――むしろ彼らは、欲求不満からくる、ときに暴力をともなった無力感のなかで自己表現をし、基本的な方針の欠如を露呈している。そのため、統一戦線が形成される代わりに、地域の下層階級は原理主義に救いを求める移民におそれをいだき、一方、労働組合はみずからが代表する人々の福利のために戦うものの、それはしばしば資本への対抗というより、その人々以外の労働者階級への対抗になってしまう。このような状況で、統一戦線など想像できるだろうか。統一が計画されても、それは、進行する階級闘争に内在する対抗勢力によって必然的かつ継続的についえてしまう。地域の下層階級と移民とのあいだ(あるいは、フェミニストの闘争と労働者の闘争とのあいだ)の対立は、敵のプロパガンダ操作によって引き起こされた、外からかぶせられた憎悪ではなく、不変なる階級闘争が現象するさいの形態である。地域の労働者は移民を大資本の手先とみなしている。つまり移民は、地域労働者の力をそぐために、そして安い賃金を武器に地域労働者と競争するために、その労働者の住む国に送り込まれたのだ、と。かたや移民のほうは、地域労働者を――たとえ彼らが貧しい労働者であっても――移民を周縁に追いやる西洋体制の一部とみなしている。この両者が実際は味方どうしであると説いたところで、安易な説得では、競争が現実的であるこうした状況では功を奏さない。

右翼ポピュリズムの台頭に左翼ポピュリズムをもって対抗する試みの致命的な限界は、ここにある。左翼ポピュリズムとは、要するに、庶民に対して彼らの歴史的使命に関する高度な理論的ヴィジョンを押しつけるのではなく、いわば庶民の現実の心配事に耳を傾けるポピュリズムのことである。「現実の人々」が「現実の生活」で経験する恐怖、希望、問題はつねに、その人々にとってある特定のイデオロギー的ヴィジョンの構成要素として現れる。つまり、アルチュセールが見抜いていたように、イデオロギーは豊かな現実に外側からかぶせられる概念の枠組みではない。イデオロギーとは、われわれの現実経験そのものなのである。イデオロギーを打ち破るには、現実をゆがめるイデオロギーのレンズを取り除くだけではたりない。冷徹な理論的な仕事が必要である。

この闘争〔不変なる階級闘争〕の複雑さを感じとるために、解放をめざす様々な要求どうしの対立を示す、最近の事例をとりあげよう。それは、アメリカのあるキャンパスで最近起こった事件である。[15] ラテンアメリカ系の若い労働者のグループが、ある高台の建物のファサードを修復していた。近所には、中流階級の若い女性がビキニ姿で日光浴をするプールがあり、ファサードからはそれを見下ろすことができた。労働者たちは女性たちを口説きはじめた（ラテンアメリカでは女性に対する口説き文句を *el piropo* という）。予想どおり、女性たちはハラスメントを受けたと感じ、正式に不平をうったえた。そして、当局による解決策も予想どおりであった。当局は家とプールをプラスチックの壁でへだて、プールへの視線をさえぎる特別のトンネルをつくった。労働者はこのトンネルを通って仕事現場に行かねばならなかった。これは、政治的公正にもとづいて性的偏見《セクシズム》を処理した完璧な事例である。この処理の仕方では、集団の分断が強化されるだけである。

女性の側からみれば、この出来事は、女を性的な獲物として「対象化」する男尊女卑的なハラスメントの明快な事例であった。一方、労働者の側からみれば、彼らが排除されることは、階級差を維持する、つまり白人中産階級を一般労働者との接触からまもる、同じく明快な事例であった。では、これはフェミニズム闘争と階級闘争との対決――両者を統一すること、そして、それぞれの闘争は同一の普遍的な解放闘争の契機であると両陣営に確信させることが長期的な解決となる、そうした対決――の一例なのだろうか。それほど単純ではない。なぜなら、この二つの闘争の対立を重層的に決定するものこそ、階級闘争であるからだ。労働者たちの口説き *piropo* は、女性たちにとって明らかに不快なものであった。なにしろそれは、彼女たちが歯牙にも掛けない下層階級の男たちの口説きであったのだから。また、叱責された男たちも、このことに気づいていた。フェミニズムは、下層階級は野蛮で男尊女卑的で政治的に公正でないと暗示することで、階級的な対立を演じることもできる。その結果、「ハラスメントを受ける」ことに対する恐怖は、下層階級の野蛮さに対する恐怖としてあらわれる。だからといって、「労働者階級との連帯のためにハラスメントに耐えろ（そして彼らが独自の生活様式をもったラテンアメリカ系外国人であることを忘れるな）！」と女性たちにいうべきである、ということにはならない。このレベルでは、つまり二つの視点の直接対決においては、対立は解決しえない。そして、この解決不可能な行き詰まりこそがまさに階級闘争の現実なのである。

重層決定という階級闘争の機能を認識することは、セクシュアリティは階級闘争によって暴力的になるがそれ自体は非暴力的であるという、「本質主義的」マルクス主義のお決まりの主張を受け入れることではない。階級闘争は、セクシュアリティそのものに付随する内在的な暴力と行き詰まりを取り込むのである。同様に、セクシュアリティ以外の特殊な闘争も、それ自体に内在する敵対関係の論理にしたがっている。たとえば、種々の民族的‐宗教的「生活様式」は、集団的享楽《ジュイサンス》を律するみずからとは異なる様式のせいで、内在的に不調和をきたしているし、一方、人間の産業活動は、特定の生産様式とは無関係に、環境に対して潜在的に危険な影響を及ぼしている。階級闘争は、敵対関係を導入するのではなく、こうした内在的な敵対関係を重層的に決定する。より明確にいえば、階級的な敵対関係は、二重に書き込まれている。つまり、もろもろの闘争の全体性を重層決定する階級的な敵対関係は、その闘争群のなかで、階級的規定とは対立する規定を受けた自分自身と出会うのである。先の例にもどっていえば、階級闘争は（女性たちのフェミニズム的主張とは対照的に）水着の女性たちのメキシコ人労働者に対する抵抗によって表象されており、そのうえ、これらの特殊な闘争〔フェミニズム闘争と階級闘争〕の接合自体を重層的に決定している。階級闘争のアクチュアリティとは、この二つの解放闘争のあいだの緊張関係なのである。だが、繰り返していえば、メキシコ人労働者がプロレタリアートを代表し、女性たちがブルジョアジーを代表しているという意味で、そうなのではない。この対立でどちらの言い分を優先するかを決めねばならない場合、水着の女性は実際にハラスメントを受けており、ともかく保護されるべきである、という有力な意見が出てくる。階級闘争という包括的な力学は、この対立を重層決定する要素であり、またそれゆえに、この対立の自力による解決を不可能にする原因である（ハラスメントを受けた女性の言い分を優先したとしても、この選択には不正の影がつきまとう）。そして同じことは、もうひとつの選択にもいえる。階級闘争は、水着の女性ではなくメキシコ人労働者を優先するという「階級」的選択のほうも、不正なものにするのだ。逆説的なことに、階級闘争はそれ自体、階級闘争に対する直接的言及の限界を規定する要素なのである……。

階級闘争を例外的なものにする形式的特徴は、階級闘争はアイデンティティ・ポリティクスに還元できない、ということである。フェミニズムの目標が男を滅ぼすことではなく、男女間のしかるべき関係に関する新しい、より公正なルールをつくることであるのに対し、また、攻撃的きわまりない宗教的原理主義が、自分以外の宗教の撲滅による自己肯定を望むのに対し、プロレタリアートによる階級闘争は、支配階級だけでなくプロレタリア階級自体を除去することによって階級的差異の廃棄をめざすのである。つまり、プロレタリアート闘争の目的は、プロレタリア自体が存在しなくなる条件を生み出すことなのだ（これと同じ考え方にそって、ジョン・サマーズは、多文化主義が企業エリートのイデオロギーとして発生したことを指摘している。ジェンダーであれ人種であれ、アイデンティティを目的とした政治は、あらかじめ負けの決まったゲームである。アイデンティティ闘争は、階級闘争の完璧な代替物である。なぜなら、アイデンティティ闘争によって人々は永遠に対立関係に置かれるが、その一方でエリートは、そこから身を引いて、その闘争のゲームを安全な場所から見物するのである）。[16]『ガーディアン』紙に掲載されたある最近の分析は、アイデンティティ・ポリティクスの基本的な矛盾をあばいている。

歴史的不正と存続する人種的不平等とを再検討する政治に反対するために、人種偏見のない状態が保守派によって利用されていたことを、左派の多くは実際に気づいていた。ソ連の崩壊とともに、反資本主義という旧左翼の経済的使命は後方にしりぞき、抑圧に関する新たな理解の仕方が前面に出はじめた。再分配の政治学は「承認の政治学」にとって代わられたのである。このとき、現代のアイデンティティ・ポリティクスが生まれた。オーバーリン・カレッジ教授ソニア・クルックスが書いているように、「アイデンティティ・ポリティクスがかつての［運動］からの重要な新展開であるのは、それが、以前は承認など問題とされなかった場を基盤として承認を要求したからである。すなわち、もろもろのグループが承認を要求するのは、女として、黒人として、レズビアンとしてなのである［…］。この要求は、「普遍的人類」の仲間入りをもとめるものではない［…］。またそれは、自分が他人と違っている「にもかかわらず」自分を尊重してほしいと要求しているのでもない。それはむしろ、他人とは違う自分を尊重してほしいという要求である。

リベラル派のアイコンであるバーニー・サンダーズが「「わたしはラテンアメリカ系の女である、だからわたしに投票してほしい」というのは、よいことではない」と支持者に語ったとき、ヒラリー・クリントン陣営で有色人種有権者向けの選挙対策を指揮していたクエンティン・ジェイムズは、こう反駁した。サンダーズの「アイデンティティ・ポリティクスをめぐるコメントは、彼が白人至上主義者でもある可能性を示している」と。ここで思い出されるのは、今日の右翼にみられる政治的部族意識の最たる特徴である。それは、白人は不当に差別された絶滅危惧種であるという考えを軸にして導入された、白人のアイデンティティ・ポリティクスである。人々は自分の部族を例外的なもの、誇るにたるものとして考えたがる。これこそが部族本能の内実である。ここ数十年間、合衆国の非白人は、このようなかたちで自分の部族本能を満足させることを奨励されてきた。だが、アメリカの白人は、すくなくともおおやけの場では、そうしたことを奨励されてこなかった。[17]

アイデンティティ・ポリティクスがその頂点（というより、どん底）に達するのは、特殊な集団的アイデンティティというユニークな経験を、普遍性に解消しえない究極の事実として引き合いに出すときである。「女／レズビアン／トランスジェンダー／黒人／中国人であることが何であるかは、女／レズビアン／トランスジェンダー／黒人／中国人にしかわからない」というふうに。ごく単純に考えれば、これは正しい。だが、その一方で、われわれは絶対にこのことに政治的意義を付与するべきではないし、また、次の啓蒙主義の原則に臆せず固執すべきである――あらゆる文化やアイデンティティは理解可能である、ひとはその理解をめざして努力しなければならない。[18]アイデンティティ・ポリティクスの秘密は、そこでは白人／男性／異性愛という立場が普遍的基準として残っている、誰もがその立場を理解しその意味を知っている、ということである。その立場がアイデンティティ・ポリティクスの盲点、つまり表立って主張することが許されないひとつのアイデンティティであるのは、そのためである。しかしながら、遅かれ早かれ、抑圧されたものは回帰する。白人／男性／異性愛というアイデンティティは、突発的に出現し、同じことを主張しはじめる。「だれも実際にはわたしたちを理解していない。白人／異性愛／男性であることが何を意味するかは、白人／異性愛／男性にしかわからない……」と。こうした逆転が証明しているのは、われわれは普遍性をそれほど簡単には取り除けないということである。旧来のマルクス主義は、中立的な普遍性は存在しない、つまり、中立的なものとして現れるあらゆる普遍性は現実の特権をうやむやにし、ゆえにそれを温存する、と指摘するが、だからといって普遍性そのものを捨てるという誘惑にのってはならない。もしこの誘惑にのれば、あやまった普遍性に対する反論は真の普遍性の立場（この立場があればこそ、貧困者の立場が不当なものであるとわかる）からなされる、という事実を消すことになる。逆説的ではあるが、白人／異性愛／男性というアイデンティティを主張すれば、彼らはみずからの立場に含意されている普遍性を奪われ、みずからの特殊性を受け入れざるをえないだろう。

そうした白人アイデンティティの主張は、白人至上主義者の術中に陥っているようにみえるかもしれない。だが、そうだろうか。新しい反移民的ポピュリズムに悩んでいるひとは、ぜひとも、簡単に無料でダウンロードできる十部構成のドキュメンタリー『ヨーロッパ――最後の戦い』（トビアス・ブラット監督、スウェーデン、二〇一七年）をみるべきである。これは過去数百年のヨーロッパの歴史を、以下のようにネオナチの視点から詳細に描いている。ヨーロッパは、金融システム全体を牛耳るユダヤ人銀行家によって支配されていた。ユダヤ教ははじめから共産主義の背後に存在していた。裕福なユダヤ人は十月革命にじかに融資することによって、キリスト教を擁護するロシアに致命的な一撃をあたえた。ヒトラーは平和を愛するドイツの愛国者だった。彼は民主主義によって首相に選ばれたあと、ユダヤ人に支配された国際銀行から身を引くことによって、ドイツを荒廃した国から世界一の生活水準をほこる福祉国家に変えた。国際ユダヤ人社会はヒトラーに宣戦布告をした。ただし、彼のほうは懸命に平和を希求したけれども。一九二〇年代にヨーロッパの共産主義革命がついえたあと、共産党中央部は、まず西洋の倫理基盤（宗教、民族的アイデンティティ、家族的価値観）を破壊しなければならないと悟った。だから、それはフランクフルト学派をつくった。その学派の目的は、家族と権威を支配の病理的な道具として非難すること、そして、あらゆる民族的アイデンティティを抑圧的なものとみなし、それを破壊することであった。今日、この学派の努力は、様々なかたちの文化マルクス主義のすがたをまとって、最終的に実を結んでいる。われわれの社会は、それが犯したとされる罪のために永遠に罪人扱いされる。われわれの社会は、とどまるところを知らない移民の侵入に対して無防備であり、快楽主義的個人主義と、愛国主義の欠如のために途方にくれている。この堕落状態は、ソロスのようなユダヤ人がひそかに仕組んだものであり、われわれを救ってくれるのは、われわれの愛国主義的プライドを目覚めさせてくれる、ヒトラーのような新しい人物だけである……と。このスペクタクルを見たひとは、次のような印象を抱かざるをえない。作者たちは、通常の人種主義ポピュリストでは到底及びもつかないところまで話を展開しているが、とはいえ『ヨーロッパ』から得られるのは、現在繁栄している有象無象の共同体主義的《コミユニタリアニズム》−ポピュリズム的運動のある種の「不在の中心」、すなわち、そうした運動が向かう先であり場合によっては収斂する場であるゼロポイントである、と。

わたしはこの傾向への批判として、ヨーロッパにとって最大の脅威はヨーロッパをポピュリズム／人種主義の立場から擁護するひとたちであると主張したが、そのとき、この主張はどうみても馬鹿げていると非難された。ヨーロッパを擁護したいひとが、どうしてヨーロッパにとって脅威になるのか、と。原則的には、この問いに答えるのはむずかしくない。こうした擁護者が救おうとしているヨーロッパ（固定された民族的アイデンティティからなる、新たな部族的ヨーロッパ）は、ヨーロッパの偉大な遺産をことごとく否定するものなのだ、と。（わたしの主張に対する、わかりやすい反ヨーロッパ中心主義的反論は、もちろん、以下のようになる。世界中で植民地支配を行ったヨーロッパには、みずからのイデオロギー的基盤を人種主義への対抗策として提供する権利はない、と。）この答えには、いくぶんかの真理が含まれている――ヨーロッパの超過激な「擁護者」たちがキリスト教に不信感を抱き、異教的な（ケルトの、北欧ゲルマン系の）精神文化を好むのは、不思議ではないのだ。その一方で、ここでは問題の所在も容易にわかる。口先だけとはいえキリスト教ヨーロッパに敬意を払うひとはいまもいるが、そうしたひとでさえ、異教的なひねりを加えられた奇妙なキリスト教を擁護するのである。最近の報道によれば、ヴィクトル・オルバーンは、

ハンガリーにおける「自由民主主義《リベラル・デモクラシー》」の終わりを宣言した。ハンガリーは、移民危機の結果、自由とキリスト教文化をまもることができなかった、と。彼はEUの命令を平然と無視しながら、「キリスト教的民主主義」をつくると誓った。オルバーンはいった。「自由民主主義の時代は終わった。自由民主主義は人間の尊厳をまもるのに適していないし、自由を与えるうえで承認しがたい。自由民主主義では、物理的なセキュリティを保証できないし、キリスト教文化を維持できない」と。(19)

こうした声明を、「ガラテヤ人への手紙」(第三章、第二十八節)に出てくる次の声明と組み合わせるのは、むずかしいのではないか。「もはや、ユダヤ人もギリシヤ人もなく、奴隷も自由人もなく、男も女もない。あなたがたは皆、キリスト・イエスにあって一つだからである」〔日本聖書協会訳〕。そして、キリスト教の立場から家族をまもる者が仮にいるとすれば、そのひとは「マタイによる福音書」(第十二章、第四十六―五〇節)にある次の有名な一節と、どのように折り合いをつけるのか。

イエスがまだ群衆に話しておられるとき、その母と兄弟たちとが、イエスに話そうと思って外に立っていた。それで、ある人がイエスに言った、「ごらんなさい。あなたの母上と兄弟がたが、あなたに話そうと思って、外に立っておられます」。イエスは知らせてくれた者に答えて言われた、「わたしの母とは、だれのことか。わたしの兄弟とは、だれのことか」。そして、弟子たちの方に手をさし伸べて言われた、「ごらんなさい。ここにわたしの母、わたしの兄弟がいる。天にいますわたしの父のみこころを行う者はだれでも、わたしの兄弟、また姉妹、また母なのである」。〔日本聖書協会訳〕

しかしながら、移民に関しては、オルバーン的な意見とは別の、レベルの高い反対論もよく提起される。その要点は、移民は生活様式の点でわれわれと異なるということではなく、移民自体が差異（様々な生活様式の共存）を受け入れないということである。ここでの典型的な事例は、オランダの右翼ポピュリズムの政治家ピル・フォルタインに関するものである。彼はオランダ総選挙で全体の二〇パーセントの票をとると予想されていたが、その二週間前の二〇〇二年五月初旬に殺された。彼は右翼ポピュリストであったが、彼の性格および彼の意見（のほとんど）は、ほぼ完全に「政治的公正」に合致していた。彼はゲイであり、多くの移民を友人にもち、天性のアイロニー感覚があった……。要するに、彼はみずからの基本的な政治的スタンス以外のあらゆる点において、寛容なリベラル派であったのだ。彼が原理主義を信奉する移民に反対したのは、その移民が同性愛、女性の権利、等々を嫌うからなのである。

こうした議論に対する応答は、もちろん、次のようになる。この議論はメタレイシズム――すなわち、人種主義的なのはわれわれではなく〈他者〉であると主張することによって、〈他者〉に対するわれわれの優位を断定するという、より巧妙なかたちの人種主義――に依拠している、と。だが、ここには、これとは別により根本的な問題がある。アイデンティティはつねに未決定で流動的であると主張するだけでは十分ではない。人々は決定不可能性の状態にあるからこそ、ポピュリズム的な民族的アイデンティティに向かっていくのである。したがって、次のような厄介な問題が出てくる。急進的左翼にとって許容できるアイデンティティとは、いかなるものなのか。抽象的な普遍主義は機能しない。これは、とりわけクロード・レヴィ＝ストロースによって明らかにされているとおりである。彼は『構造人類学』第二巻[20]におさめられたいくつかのエッセイのなかで、民族的アイデンティティの肯定はたとえそれが他の民族に対する優位をいうものであっても必ずしも人種主義を含意しないことを、しっかりと論証している。彼の説明によれば、(人間という性質を認められていない他の部族との関連で)自分たちを「人間」と呼ぶ多くの部族、すなわち、「人間」を意味する語と「われわれの部族に属する」を意味する語が一致する言語を使っている部族は、近代的な意味で人種主義的ではない。そうした部族は度しがたく人種主義的にみえるかもしれないが、よくみると、彼らの立場はかなり謙虚なものである。つまり、彼らはみずからの生活様式にとらわれていることを次のように暗黙に肯定していると、みなすべきなのである――「われわれとは、あるがままのわれわれである。われわれにとっては、自分自身であることが人間であることを意味する。われわれは自分の住まう世界の外に出て、どこでもない場所からわれわれおよび他者を判断することはできない。だから、われわれは他者のことも放っておく」。要するに、彼らのセルフ-アイデンティティの肯定は、ねたみというかたちで他者に否定的に媒介されることがないのである。

ポピュリズム的アイデンティティは、その内的な分裂をかくすために、〈他者〉に対する否定的言及を基盤とする。たとえば、ユダヤ人がなければナチは存在しないし、移民の脅威がなければヨーロッパは存在しないのである。しかしながら、政治的公正もまた、性差別的/人種差別的な「正しくない」〈他者〉に寄生しており、一種の否定的言及を基盤としている。政治的公正を旨とする主体性が、永遠の自責の念(自分のなかに残る性差別と人種主義を見つけ出す)と横柄な態度(罪深い他者をたえず叱責し裁く)との混合体であるのは、そのためである。したがって、ここでは次のような逆説が出てくる。ポピュリズム的原理主義の問題は、そのアイデンティティ意識が強すぎること（それに対しては、われわれはあらゆるアイデンティティの流動性と偶発性を強調すべきだろう）ではない。そうではなく、逆に、それが適切なアイデンティティを欠いていること、そのアイデンティティがその構成要素である〈他者〉を否定するのをやめられないことである。いわゆる原理主義者は、キリスト教徒にせよイスラム教徒にせよ、本当の意味で原理主義者なのだろうか。彼らは本当に信じているのか。彼らに欠けているのは、チベットの仏教徒から合衆国のアーミッシュにいたる、あらゆる真の原理主義者に簡単にみてとれる特徴、すなわち、怨嗟《ルサンチマン》とねたみがないこと、無信仰の人の生活に対してまったく無関心であることである。今日のいわゆる原理主義者が、自分たちは〈真理〉への道を発見したと本当に信じているのなら、なぜ彼らは無信仰の人に恐れをいだかねばならないのか、なぜ無信仰のひとをうらやまねばならないのか。仏教徒が西洋の快楽主義者に出会っても、前者は後者を非難しない。仏教徒は、享楽主義者の快楽追及は自滅的であるということを、慈悲深く指摘するだけである。本物の原理主義者とは対照的に、似非《えせ》原理主義者は、無信仰の人の罪深い生活に大いに悩まされ、興味をそそられ、魅惑される。罪深い他者との戦いのなかで、彼らは自分自身の誘惑と戦っているようなところがある。いわゆるキリスト教原理主義者あるいはイスラム教原理主義者が、真の原理主義の面汚しであるのは、そのためである。

　これが意味するのは、われわれはたんに、様々な生活様式の実践的な共存を許容すべきである、ということなのか。残念だが、これは解決にならない。ここでは弁証法的と呼ぶにふさわしいアプローチに固執すべきである――すなわち、そうした生活様式の許容は、けっして普遍性を無効にしない、それはたんに普遍性をヘーゲル的な意味で「具体的」にするだけである、というふうに。白人至上主義者が「われわれが自分たちのために欲するのは、社会の周縁に追いやられたとされる他の人々が彼ら自身のために要求するものにすぎない、つまり、われわれのアイデンティティや生活様式を自由に肯定し発展させることである」と述べるとき、この声明自体にまちがったところはない。問題は次の点にある。彼らの声明は言葉でいわれている以上のことを意味している。彼らは、他者の生活様式を犠牲にして、自分自身の生活様式を暗黙のうちに特権化しているのである。要するに、問題は、彼らの暗黙の普遍性にあるのだ。個々の生活様式はそれ自身の普遍性を含意している。つまり、個々の生活様式はその内容として、生活様式そのものだけでなく、他の生活様式とのかかわり方も含んでおり、この二つを分けることはできない。西洋のリベラルな多文化主義は、たとえば、インドにおける宗教グループや民族グループの共存とは異なっているし、イスラム教（および他の宗教）にとっての問題は、自国の内部に存在する他の宗教や文化（そして無神論）とどのような関係を築くか——それらはみな等しく許容されるのか、おおやけの場でそうした宗教や文化を実践してよいのか——なのである。西洋のリベラル派が、たとえば、女性の意志に反して取り決められた結婚のような、イスラム教におけるある特定の性的実践（およびその他の実践）を禁止するとき、国家にはそうした介入をする権利があるのか、それとも、これは他の生活様式への介入なのか。問題は、様々な生活様式のあいだの関係はつねに複数の普遍性のあいだの対立でもある、ということである。この対立をまぬがれた、普遍的で中立的な場所は存在しない。

それゆえに、解放に資する唯一の真の身振りは、(たとえばマルコム・Xがやったように)あくまでも普遍性を追求することである。白人のひとは、もちろん、みずからの立場に自己批判的なまなざしを向けるべきであるが、ただし、永遠の罪という悪循環にとらわれてはならない。〈白人の男〉という特殊なアイデンティティを肯定することを(他者に対する弾圧のモデルとして)禁ずることは、彼らの罪を表向き認めてはいるものの、実は彼らを中心的ポジションにつかせてしまう。みずからの特殊なアイデンティティを肯定する権利をこのように否定するからこそ、彼らは普遍的‐中立的な媒体になる。つまり、他者のおこなう弾圧について真理を得られる場になる。そして、白人のリベラル派がよろこんで自虐に耽るのは、まさにそのためなのである。彼らの自虐的行為の真の目的は、他者を助けることではない。それは自責の念によってもたらされる快楽の獲得(*Lustgewinn*)、すなわち、自分が他者よりも倫理的に優位であるという感覚である。白人アイデンティティの自己否定の問題は、それが度を越していることではない。それが中途半端なことである。つまり、その発話された内容がラディカルにみえる一方で、その発話のポジションは特権化された普遍性のポジションにとどまっているのである。

普遍的な解放闘争と生活様式の複数性との折り合いをどうつけるか——この問題を解明しようとする際には、何事も偶然にゆだねるべきではない。また、自明の一般概念にもゆだねるべきではない。左翼リベラル派は「生活様式」という概念そのものに疑いの目を向ける(むろん、その概念が周縁的なマイノリティと結びついていれば、はなしは別だが)。あたかもその概念がファシズムのみなもととなる毒を含んでいるかのように、である。この懐疑に対抗して、われわれは「生活様式」をラカン的な用語として、あらゆる文化的特徴を超えて〈現実界〉の核、享楽《ジュイサンス》の核を指し示すものとして、受け入れるべきである。つまり、「生活様式」とは、最終的に、ひとつの共同体がみずからの享楽を編成するさいの方法なのである。「文化的統合《インテグレーション》」が注意を要する問題となるのは、そのためである。ある集団がそれよりも大きな共同体への「統合」を強いられるとき、その集団は、自身の享楽の様式を失うのではないかというおそれから、しばしば「統合」に抵抗する。生活様式のなかに含まれているのは、食べ物、音楽、ダンス、社会生活、等々のしきたりだけではない。それには、なによりもまず、（性交や結婚のルールをふくむ）性生活および社会的ヒエラルキー（年長者に対する敬意など）に関する習慣、明文化された規則、不文律が含まれている。たとえば、インドの場合、ポストコロニアリズムの理論家のなかには、カースト制を特殊な生活様式の一部として擁護する者がいる。そうした生活様式は、グローバルな個人主義のグローバルな襲来から守られねばならないのだ、と。

　この問題を解決するうえで好まれるヴィジョンは、あらゆる特殊な生活様式が富み栄えつつそれらが結束する世界というヴィジョンである。ここでは、おのおのの生活様式が他の生活様式との差異を、敵対関係としてではなく、また他の生活様式を犠牲にしてでもなく、社会全体の富に資する創造性の積極的な現れとして肯定する。ある民族的集団が、アイデンティティの否認と、支配的（たいていは西洋的）文化と生活様式への「統合」とを強いられたために、創造的にアイデンティティを表現するのを妨げられた場合、その集団は、否定的差異、つまり、支配的文化相手に戦う退行的で潔癖症の原理主義に逃げ込むことによって——これには暴力的手段もふくまれる——反応するしかない。要するに、原理主義的暴力とは、支配的文化がその原因となって起こる反応なのである。

創造的差異というこのヴィジョン、特殊なアイデンティティは世界の結束に資するが、マイノリティの「統合」という暴力的な圧力によって——いいかえれば、みずからをすべての基準として押しつける、西洋的な生活様式というあやまった普遍性によって——脅かされているというこのヴィジョンは、完全にしりぞけねばならない。われわれの住まう世界はひとつであるが、そうであるのは、世界がグローバル資本主義の核に刻印された敵対関係によって横断されている（そしてある意味で、まとめられてさえいる）からである。普遍性は、もろもろの特殊なアイデンティティの上に付け加えられるものではない。普遍性とは、おのおのの「生活様式」を内側から切り裂く敵対関係（敵対性）なのである。あらゆる解放闘争はこの敵対関係によって規定される。つまり、ヒエラルキー、同性愛嫌悪、男性による支配、等々をめぐる明示的ルールや不文律は、そうした闘争が生じる場である「生活様式」の基本的な構成要素なのである。微妙な問題を含む、中国とチベットの事例をとりあげよう。中国がチベットを無理やり植民地にしたことは事実である。だが、この事実があるからといって、一九四九年以前の——一九五九年以前の、といってもよい——チベットがいかなる国であったかを無視するべきではない。チベットは、細部にわたって統制された極端なヒエラルキー構造をもつ過酷な封建社会であった。中国当局がチベットの「生活様式」を多かれ少なかれ黙認していた一九五〇年代後半、ある村人が封建領主の許可を得ずに、となり村の親せきを訪ねた。捕まって、きびしい罰を受けそうになった村人は、近くの中国軍の駐屯地に逃げ込んだ。だが、このことを知った彼の領主は不満を述べた。中国人はチベットの生活様式に手荒に干渉している、と。領主は正しかった！　では、このとき中国人はどうするべきであったのか。これと似た例として、伝統的なチベットの習慣に関するものがある。農奴はかつて、せまい道で領主や僧侶と出会うと、

道端に寄り、距離をとって、袖を肩までまくしあげ、お辞儀をし、舌を出した。これは上層のひとに対する下層のひとの礼儀作法であった。そして、その農奴がふたたび旅路につくのは、彼以前にそこにいた農奴が通り過ぎたあとであった(21)。

チベット社会に関する幻想を追い払うためには、こうした習慣の不快さに注目するだけではたりない。服従する個人は、わきへ寄りお辞儀をするどころか、さらに——いわば傷口に塩をぬり込まれるように——愚かしい屈辱的な表情（口を開け、舌を出し、眼玉を上に向ける）をつくらねばならなかった。顔をグロテスクにゆがめて、自分がくだらない愚かな人間であることを示すためにである。ここでの重要なポイントは、この実践の暴力、文化的差異の尊重や他者性への敬意によって等閑視されるべきではないこの暴力を、認識することである。繰り返していえば、こうした事例において、他者の生活様式への敬意はどこでその限界に達するのか。たしかに、われわれは、われわれの基準を押しつけながら他者の生活様式に外から介入すべきではない。だが、他

の文化のなかにあってその抑圧的な習慣に内側から抵抗する人々を支援することこそ、解放闘争の士の義務ではないのか[22]。

反植民地主義者は一般的にこう力説する。植民者は自分の文化を普遍的なものとして押しつけ、それによって土着の生活様式を衰退させる、と。だが、これとは反対の戦略、つまり、植民地支配をより有効にするために地域の伝統を強化するという戦略については、どうだろうか。インドにおける英国の植民地行政が、効果的なインド支配を可能にする法律を制定する際に、『マヌの法典』——カースト制について細かに書かれた、その制度を正当化する古代の書——を、参考にすべき豊饒なテクストとして祭り上げたのは、不思議ではない。ある意味では、こうもいえる。『マヌの法典』は遡及的にヒンドゥーの伝統を代表する本になったにすぎない、と。そしてイスラエル当局は、より緻密なやり方で、ヨルダン川西岸地区で同じことをしている。彼らは「名誉殺人」を黙認している（あるいは、すくなくとも、それについて真剣に調査しない）。彼らは、自分たちにとって真の脅威となるのが敬虔なイスラム教伝統主義者ではなく、現代のパレスチナ人であることをよくわかっているのである。

これは、難民だけでなく、伝統的共同体のあらゆる成員が得るべき教訓である。つまり、文化的ネオコロニアリズムに反撃する方法は、自分たちの伝統文化のためにこれに抵抗することではなく、よりラディカルなモダニティを再発明することなのである。繰り返していえば、これはマルコム・Xがよくわかっていたことである。大部分のポストコロニアル・スタディーズの活力を奪っているのは、普遍性の根本的役割を受け入れない態度である。ラメシ・スリニヴァサンの仕事[23]は、デジタル・テクノロジーを「脱植民地化する」努力の代表例である。彼からみれば、デジタル・テクノロジーは、文化間の交換のための、たんなる中立的で全世界的な技術的枠組みではない。デジタル・テクノロジーはある特定の（西洋近代の）文化を特権化しており、そのため、コンピュータ・リテラシーを拡張してあらゆるひとをデジタルな「地球村《グローバル・ヴィレッジ》」に組み込むという善意の努力でさえ、ひそかに植民地化を持続させている。そうした努力は、サバルタンを西洋近代に統合することに固執しており、ゆえに、サバルタンの文化的特殊性を抑圧しているのである。スリニヴァサンは、共同体自体が「多面的で多様」であることに手短にふれているが、このポイントを、あらゆる共同体を横断する敵対関係という概念にまで拡張しない。その代わりに、彼はそれをいわば水で薄め、グローバルな相対化とあらゆる視点の偏頗性という論点に還元する。彼の現実観を構成する基本的要素は、生活実践を通じてみずからの現実観を形成する個々の共同体である。この共同体が彼の出発点であり、「共同体の境を超える会話」はあくまでその次にくる。それゆえ、この会話を実践する際には、特殊な共同体の発する本来的な声を尊重するようにつねに気をつけねばならないのである。スリニヴァサンの視点からみれば、ここにこそ、「地球村」というひろく知られた概念のわながある。その概念は、特殊な非西洋的共同体に、その共同体のものではない前提を押しつける。要するに、それは文化的コロニアリズムを実践するのである。

他の人々、他の文化、他の共同体について、それら自身の言葉を通じて学ぶことは重要である。その一方で、われわれは、テクノロジーを地域的、文化的、土着的に、そして共同体に基づいて創造的に使用することの力と重要性を尊重しなければならない。共同体の境を超える会話は、それに参加する者の声が本当に尊重されてはじめて出来することができる、また出来すべきである。この視点からみれば、「地球村」は解決ではなく、むしろ問題である。われわれは、コスモポリタニズムという西洋的概念によって規定された、テクノロジーと文化をめぐる前提をしりぞけねばならない(24)。

これをもとにして、スリニヴァサンはイーサン・ズッカーマンを批判する。ズッカーマンは、気候変動のような今日の問題の多くは、グローバルな会話や文化横断的な意識を必要とすると述べているが、これは正しい。だが、あらゆる問題がグローバルなものであるわけではない。実際、人々の伝統、知、闘争、アイデンティティについてグローバルに考えることは、その人々を、管理者や権力者としての地位から意図せず締め出すことになりかねない(25)。

したがって、繰り返しになるが、ここでは、グローバルな視点は厳密に二次的なものである。最初に来るのは、それ固有の特殊な「存在論」をもった地域共同体の多様性である。そして、グローバルな射程をもった近代科学でさえ、なんら特権化される資格をもたない、多くの知の領域のひとつとして歴史的に相対化される。スリニヴァサンはボアヴェンチュラ・ジ・ソウザ・サントスを、賛意を込めて引用する。サントスはこう主張している。

近代科学に十七世紀以来与えられてきた認識論的な特権は、西洋の優位を強化したテクノロジー革命を可能にしたものであるが、それは同時に、西洋以外の非科学的な形式や知を抑圧する手段ともなった［…］。いまこそ、これまで以上に民主主義的で公正な社会をつくるときである、そして［…］知と権力を脱植民地化するときである。(26)

文化の多様性をめぐるこうした「流動性の存在論」が、あらゆる知の相対化にもとづく、西洋特有のポストモダンな視点――近代以前に実際に存在した社会とはなんの関係もない視点――に支えられていることは、簡単に証明できるだろう。だが、それよりもはるかに重要なのは、スリニヴァサンが普遍性を否認すること（特殊な文化／共同体のほうが優位にあるという彼の主張）と、彼が個々の特殊な共同体を構成する内的な敵対関係を無視すること、この二つのあいだのつながりである。両者は、同じひとつの誤認の二つの側面である。なぜなら、普遍性はもろもろの特殊な文化の上に置かれた中立的な実体ではないから、普遍性はそうした文化に内在する敵対関係、矛盾、破壊的否定性というかたちで、文化のなかに刻印され、文化のなかで機能しているからである。特殊な生活様式はどれも、根本的な敵対関係をうやむやにする働きをもった政治的 - イデオロギー的な構成体、つまり、この敵対関係に対処する特殊な方法であり、この敵対関係は社会空間全体を横断しているのである。近代社会とまだ接触したことのない、アマゾンのジャングルの部族は別にして、今日のあらゆる共同体は、その自律性自体がグローバル資本主義の視点から説明されねばならないという意味で、グローバルな文明の一部である。自分たちの古い生活様式を復興しようとするアメリカ原住民の試みを例にとろう。この生活様式は、彼らが近代文明と接触したことによって調子を狂わされ、挫折した。近代文明は、原住民を混乱させ、彼らから安定した共同体の枠組みを奪うという破壊的な影響をもっていたのである。そして、原住民は、自分たちの伝統的な生活様式の核を復興させてなんらかの安定性を回復しようと試みるが、その成否は、原則として、グローバルな市場経済のなかに自分たちが入り込める余地を見つけられるかどうかにかかっている。多くの原住民は、賢明にも、カジノや採掘権で儲けた金をこの復興のために使っている。要するに、リヒャルト・ヴァーグナーがいったように「おまえを傷つけた槍だけが、その傷を癒すことができる」のである。

オーウェルの『一九八四年』のなかに、ウィンストンと彼の尋問者であるオブライエンとのあいだで交わされる有名な会話がある。ウィンストンがオブライエンにきく。

「〈ビッグ・ブラザー〉は存在するのか」
「もちろん存在する。〈党〉は存在する。〈ビッグ・ブラザー〉は〈党〉の具現体なのだ」
「〈ビッグ・ブラザー〉は、わたしが存在するのと同じ意味で存在するのか」
「きみは存在していない」とオブライエンはいった。

われわれは普遍性の存在についても、これと似たことをいうべきではないのか。すでに論じたように、純粋で中立的な普遍性など存在しないという唯名論的な主張に対しては、こういいかえすことができる。「いや、自律的な歴史的存在というかたちで存在していないのは、今日ではむしろ、特殊な生活様式のほうである。唯一現実的に実在するのは、普遍的な資本主義システムという現実である」。したがって、個々の集団は自身の特殊なアイデンティティを肯定できて当然であるということにこだわるアイデンティティ・ポリティクスとは対照的に、われわれのなすべきラディカルな仕事は、個々の集団が無制限に普遍性を得られるようにすることである。ただし、その意味は、ひとは人間という普遍的種の一部でもあると認識することではない。あるいは、普遍的と考えられるなんらかのイデオロギー的価値観を肯定することでもない。そうではなく、普遍性がいかに特殊なアイデンティティの裂け目において、個々の特殊なアイデンティティを掘り崩す「否定性の働き」として機能しているかを認識することである。あるいはスーザン・バック＝モースがいうように、「普遍としての人類は境界線において明確になる」[27]。

人類という普遍性は、人々が集団的な文化的アイデンティティを媒介にして間接的に人類の一部として認識されるように、多種多様な文化を公平に扱うことではない。それはむしろ、歴史的な出来事のなかでその裂け目として出来する。自分の文化が解体に追い込まれている状況にある人々が、文化的限界を超えた人類というものを表現するのは、歴史の連続性が途切れる点においてである。われわれは、こうしたありのままの、自由な、脆弱な状態と決然と同一化したときにこそ、この人々の言葉を理解する好機を得る。文化および文化的差異というものがあるにしても、人類という共通性は存在する。ある個人と集団との非同一性は、普遍的、倫理的感情にうったえかける可能性をひめた、表には現れない連帯、すなわち、今日における熱情と希望の源泉を準備する。(28)

バック＝モースはここで、多様性というポストモダン的な詩情に対する的確な反論を提示している。この詩情は、文化的に多様な文化や体制の行使する野蛮な暴力が根源的に同じであることを隠蔽している。「われわれは「多数の近代」を認めよという要求で、つまり「多様性」や「多元世界性」の政治学で満足していられるのか——こうした多数なるものそれぞれがもつ残忍さが、実のところ、しばしば著しい同一性を示すときに(29)」。

さらにいえば、左翼リベラル派は、テロリズムの台頭が中東に対する西洋の植民地主義的、軍事的介入の結果であることを——その最終的責任はわれわれにあるという意図をこめて——手を変え品を変え、際限なく指摘するが、そのときの彼らの分析は、他者への尊敬を誘発するものではあるものの、〈他者〉を子ども扱いする人種主義の露骨な事例となっている。つまり、その人種主義は、〈他者〉を受動的な犠牲者の地位に押し込め、その〈他者〉に対してあらゆる義務を免除するのである。こうした視点は、次の点を見落としている。アラブ人はたんに、ヨーロッパおよびアメリカの新植民地主義的陰謀に翻弄される犠牲者ではない。彼らの様々な行動は、たんなる反応ではない。それは自分たちの置かれた苦境に対する、様々なかたちの積極的な関与である。イスラム化への大がかりで勇ましい動き（たとえば外国のモスクに融資すること）と、西洋に対するあからさまな好戦的態度は、明確な目標をもって状況に積極的に関与するための方法である。

植民地化された地域の人々を「先住民」あるいは「最初の住民」と呼ぶことの解放論的な価値についても、同じ理由から疑うべきである。今日いわれているアメリカ先住民(「インディアン」)はアメリカ大陸の最初の住民ではなかった、彼らは以前からそこに住んでいた別の民族を追い払った、という仮説が合衆国で出されたとき、左翼の支配的反応は次のようなものであった。これは植民地化の恐怖をうやむやにする邪悪な動きである(「われわれ白人がインディアンにしたことを、インディアンも他者に対してしたのだ」)、と。これと同様に、人種主義に反対する者は、南アフリカへの最初の(ブール人)白人入植者は今日の人種的マジョリティである黒人と同時期に(あるいは、ほんの数十年はやく)そこにいた、黒人は北部からその地に侵入して先住民(ブッシュマンとホッテントット)を追い払った、ということを主張する歴史家を疑いの目でみる。こうした懐疑は正しい。つまり、こうした研究に白人人種主義者の思惑が込められているのは確かである。だが、その一方で、われわれは次のような考え——今日の「アメリカ先住民」あるいは南アフリカの多数派黒人は真の意味での「最初の住民」ではなかったということを証明するのは、完全なる解放をめざす黒人あるいは「アメリカ先住民」の反人種主義闘争を弱体化させる、あるいは崩壊させる、という考え——を敢然としりぞけねばならない。今日の人種主義は、「誰が最初にそこにいたのか」という歴史的な問いとはなんの関係もない。それは今日における支配関係と搾取関係の問題なのである。

西洋の遺産は、植民地および植民地独立以後における帝国主義的支配だけではない。それは、第三世界に対する西洋の暴力や搾取を自己批判的に吟味することでもある。フランス人はハイチを植民地にした。だが、同時にフランス革命は、奴隷を解放しハイチを独立させた反乱のイデオロギー的いしずえとなった。西洋が自分のために獲得した権利を、植民地化された民族が自分のために要求したとき、脱植民地化のプロセスははじまったのである。要するに、ここで銘記すべきは、西洋（およびその批判者）が西洋の過去の罪を吟味する際の基準は、西洋自身がもたらした、ということである。

第四章　エルンスト・ルビッチ、セックス、間接性

テオドール・アドルノは、「ヘーゲルの哲学の何が生き、何が死んでいるのか」というベネデット・クローチェの横柄な歴史主義的な問い（クローチェの主著のタイトルでもある）を反転させた。もしヘーゲルの思考がいまも生きているとしたら、われわれの提示すべき問いは、「ヘーゲルの仕事は現代の情勢からみてどう位置づけられるのか、ヘーゲルの仕事をどう読めば、それはわれわれの役に立つのか」ではなく、「今日のわれわれはヘーゲルとの関連において――彼の目からみて――どう位置づけられるのか」である、と。これとまったく同じことが映画監督エルンスト・ルビッチにもいえる。提示すべき問いは、「われわれの時代はルビッチの目にどう映っているのか」なのである。ここにこそ、ルビッチのアクチュアリティがある。ルビッチであれば、もちろん、ポピュリストの新人種主義《ネオレイシズム》を、反吐《へど》が出るといってしりぞけるだろう。だがその一方で、それと対立するもの、すなわち、政治的公正という倫理観の虚偽もすぐに見抜くだろう。両者のあいだには、明らかに、暗黙の共犯関係があるのだ、と。猥褻さ、あるいはアイロニーの倒錯した快楽が右翼の側に移り、その一方で、左翼は感傷的で禁欲的で厳格な倫理観にますます囚われている

――これをみたルビッチは、きっと愕然とするだろう。
これは要するに、ルビッチ・タッチなしに左翼の復活はない、ということである。

間接性からラタタタタへ

ルビッチだったら、この右翼と左翼の組み合わせにどう反応するだろうか。彼は喜劇的な間接性を用いるだろう。では、それはどのように機能するのか。ナチの悪行がすみずみまで公衆の知るところとなったとき、チャップリンの『独裁者』（一九四〇年）だけでなくルビッチの傑作『生きるべきか死ぬべきか』（一九四二年）も批判された。両者はナチズムを喜劇の材料とすることによってナチズムの恐怖を軽視している、と。チャップリン自身も、強制収容所の恐ろしさに気づいていたら『独裁者』は撮らなかっただろう、といっている。しかしながら、状況はこれよりもはるかに複雑で、あいまいである。悲劇において犠牲者は最低限の威厳を保っている、だからこそ、恐怖が一線を越えたとき、その恐怖を悲劇として描くことはその大きさを冒涜的に弱めることになる――そういえるのではないか。アウシュヴィッツ（あるいは強制収容所《グーラーグ・キャンプ》）では、犠牲者たちは、もはや悲劇の主人公とみなすのが不可能なほど、人間の尊厳を奪われていた。そして、その代わりに喜劇的な要素が機能しはじめていた。強制収容所を描いた傑作映画のなかに喜劇が含まれているのは、不思議ではないのだ。そうだとすれば、一九九二年から一九九五年までセルビア軍に包囲され、ガスの供給がよく止められたサライェヴォで、次のようなジョークが流通していたのは意外とはいえないだろう——「アウシュビッツとサライェヴォの違いは何か？　アウシュビッツでは、すくなくともガスは不足していなかったということだ」。あるいは、一九九五年に起きたスレブレニツァの虐殺——このとき七千人以上のボスニアの成人男性および少年がセルビア軍によって殺された——の生存者のあいだで広まっていた、残酷なしゃれについてはどうだろうか（このジョークを理解するためには、次のことを覚えておく必要がある。旧ユーゴスラヴィアでは、牛肉を買いに肉屋に行くと、肉屋の主人はよく客にこうきいた。「骨つきかい、それとも骨なしかい」。骨を入れると牛肉スープの味がよくなったのである）。ボスニア・ヘルツェゴビナ紛争のあと、ある難民がドイツからスレブレニツァに帰り、家を建てるために土地を買おうとした。彼は友人に値段について尋ねた。友人は答えた。「それは……骨つきか、骨なしかによって変わる」。これこそは、しかるべく哀悼することも、慣れることもできないトラウマに対処する方法である。つまり、ひとはトラウマをジョークに変えるのである。これは礼を失した行為ではない。逆である。そうしたジョークは、トラウマの記憶がまだ生々しいために、それを喪の過程に組み込むことはできない、という意識を暗示しているのである。

これとつながる話——『生きるべきか死ぬべきか』に出てくるゲシュタポのエアハルト大佐でさえはばかるようなものだが——をヴォルフ・ビーアマンから聞いたことがある。一九九〇年代初頭にビーアマンは、東ドイツのいくつかの環境保護政治グループと会った。そのなかにはネオナチのエコロジストもいた。ビーアマンが、ヒトラーに共感するとは何事だといって彼らを非難すると、彼らは恐ろしい答えを返した。「待ってくれ、われわれはヒトラーを徹底的に批判している。たしかにヒトラーはユダヤ人を追放するとか、よいことをした。しかし彼は同時に、森を破壊して高速道路をつくるとか、ひどいこともたくさんしたのだ」（この批判が次のような通常のヒトラー擁護論を反転させていることに注意しよう。「たしかに彼はユダヤ人を殺害するとか、ひどいことをした。だが彼は同時に、高速道路をつくったり鉄道の定時運行を実現したり、よいこともした」）。

ルビッチのアプローチには、深遠な存在論的土台がある。『生きるべきか死ぬべきか』におけるきわめて印象的なジョークをとりあげよう。ポーランド人俳優のヨーゼフ・トゥーラがエアハルト大佐に変装して、ドイツへの協力者であるポーランドの高官と会話をする。そのときトゥーラは、ばかばかしいほど大げさに（とわれわれには感じられるのだが）自分（つまりエアハルト大佐）に関するうわさにふれ——「連中はわたしを強制収容所《コンセントレーション・キャンプ》エアハルトと呼ぶそうだね」——下品に笑ってみせる。ほどなくして、トゥーラは脱走せざるをえなくなり、本物のエアハルトが到着する。会話の話題がふたたびエアハルトのうわさになると、本物のエアハルトは、彼の偽者がしたのとまったく同じ、ばかばかしいほど大げさな反応をみせる。メッセージは明らかである。エアハルト本人でさえ自分自身ではない、彼もまたその偽者《コピー》を、より正確にいえば、彼に関するばかばかしい印象を、まねしているのである。トゥーラがエアハルトのまねをするのに対し、エアハルトは自分自身のまねをする（ちなみに、ここにあるのは、主観的ユーモアと客観的ユーモアというヘーゲル的な区別の完璧な例である。エアハルトのまねを大げさにするトゥーラは、主観的ユーモアであり、このときトゥーラはエアハルトをばかにしている。それに対し、これと同じ誇張を演じるエアハルトは、客観的ユーモア、対象それ自体に刻印されたユーモアである）。これとまったく同じことは、ドナルド・トランプにもいえるのではないか。彼もまた自分自身を演じるのだから。

だからといって、ルビッチがポストモダンな、シニカルなアイロニストであるわけではない。そうしたアイロニストは、次のような前提に立っている。あらゆるものは媒介されており間接的である。われわれひとりひとりも、いわば自分自身を演じている。だから真の愛は、喜劇的な間接性を超えたロマンチックな領域に存在する、と。われわれは〔この前提に反して〕真の愛を、喜劇的な混乱のなかに位置づけられるようになるべきである。『生きるべきか死ぬべきか』のなかに、真の、永遠の愛の例があるとすれば、つまり理想的結婚のモデルがあるとすれば、それはヨーゼフ・トゥーラとマリア・トゥーラの結婚である(ヨセフとマリア、究極のカップルではないか!)。マリアはいつも遊び回り、夫に隠れて浮気をする。一方、ヨーゼフは鼻持ちならない自己中心的な男で、いばっている。だが、二人は絶対に別れられない。離婚も考えられない。マリアがヨーゼフを捨てて、浮気相手のパイロットと同棲する可能性はまったくない。これが意味するのは、性的関係を成功させるための普遍的原則は存在しない、ということである。要するに、唯一の普遍性は否定的な普遍性、失敗という普遍性であり、カップルはこの失敗を埋め合わせるために、独自の原則――ラカンのいうサントーム(*sinthom*)、享楽の極小の結び目――を発明するべきなのである。このサントームとしての原則は、うまく機能した場合、純粋で情熱的な愛よりもはるかに安定したものになる。

とはいえ、このことは、今日のわれわれにとって、ルビッチのアプローチの限界を示してもいないか。われわれの実体験としてますます明らかになっているように、ルビッチにとってジョークであったものが、いまでは現実の（政治的、イデオロギー的）生活において端的に実践されている。エアハルトの伝説的な警句、「われわれは部隊の集結《コンセントレーティング》をおこない、ポーランド人は野営をする《キャンピング》」を思い出そう。緊縮政策を支持する今日の経営者も、これと似たことをいうのではないか。「われわれは政策を講じ、民衆は緊縮をする」と。ルビッチ流のジョークが有効なのは、おそらく、揶揄の対象となるリベラリズムの偽善が存在しているあいだだけなのである。では、権力がみずからリベラリズム・人道主義・民主主義の仮面を捨てて、野蛮なふるまいに出た場合はどうなるのか。われわれはこういいたい誘惑にかられる。いまいちど偽善の仮面をつけてくれ、と。

　しかしながら、ルビッチであれば、マスクをとるというそうした性急な行為がつねにみせかけにすぎないことを見抜いただろう。「革命的な」一九六〇年代には、ヒステリーによる妥協に対して倒錯を擁護することが流行っていた。倒錯者はじかに社会規範をふみにじる。倒錯者は、ヒステリー者がただ夢想したり、症候を通じてただあいまいに表現したりするものを、あからさまに実践する。要するに、倒錯者が〈主人〉とその〈法〉をうまく超えていくのに対し、ヒステリー者はただ〈主人〉を挑発するだけであり、そのあいまいな態度は、より本来的な〈主人〉を要求しているようにもみえる……と。この考え方に対抗して、フロイトとラカンは一貫してこう主張した。倒錯は権力をくつがえすどころか、むしろ権力の裏面である。あらゆる権力形態は、権力を支える内的な侵犯としての倒錯を必要としている、と。あらゆるイデオロギー体系は、適切に機能するために一貫性を欠いていなければならない。その明示的な規範は、この規範の扱い方（いつそれに従い、いつそれに背くか）について教えてくれる高次の、暗黙の規範によって、おぎなわれねばならないのである。いいかえれば、ひとつのイデオロギーは、たんに明示的な規範から成るのではない。そこにはつねに、明示的規範をやぶる猥褻な裏面がふくまれているのだ。イデオロギーをイデオロギーたらしめるのは、こうした一貫性の欠如なのである。しかしながら、今日起こっているのは、たんにこれと同じことではなく、質的に新しいかたちの不調和、あからさまに容認される、それゆえ重要でないとみなされる不調和である。本書の冒頭でふれた灰皿のはなしは、この新たな不調和の典型例である。拷問をめぐる議論を思い出そう。合衆国当局の立場は、「拷問は禁じられていますが、水責めのやり方はこのとおりです」というものではなかったか。かくして、今日では〔イデオロギーの仕組みが強化されているにもかかわらず〕、イデオロギーの機能が伝統的であったころよりも欺瞞が希薄である、という逆説が出てくる。つまり、誰も本当には欺かれていないのである。

われわれが自分のこころのなかにある不潔極まりない空想〔規範の裏面としての倒錯〕に面と向かっているようにみえるときこそ、真にトラウマ的な要素は抑圧されたままになっている。しかしながら、ルビッチの間接性もまた、ヘイズ・コード〔という明示的規範〕による検閲によって規定されているのではないか。アドルノはどこかで書いていた。本当によい映画はヘイズ・コードのルールに完全に従うであろうが、ただしそれは法を遵守するためではなく、内的な必然性のためである、と。これはルビッチが実践していることである、ただし完全にではないが……。

このルールの機能を典型的に示す事例は、『カサブランカ』のあたまから四分の三くらいのところで挿入される、よく知られた短いシーンである。イルザ・ラント(イングリッド・バーグマン)

は、彼女とその夫であるレジスタンスのリーダー、ヴィクトル・ラズロがカサブランカからポルトガルを経由してアメリカに逃げるのに必要な通行証を得るために、リック・ブレイン（ハンフリー・ボガード）の部屋にやって来る。彼女が泣きくずれ、「わたしがあなたをどれほど愛していたか、そしていまもどれほど愛しているか、あなたがわかってくれたら」といったあと、二人は抱き合う。そのクロースアップの画面はゆっくりと消え、次に夜の空港の管制塔を映した三秒半のショットが来る。管制塔のサーチライトは回りながら周囲を照らしている。次いでリックの部屋を窓の外から写したショットに戻る。リックは部屋のなかに立ち、窓の外を見ながらたばこを吸っている。彼が部屋の方に向き直り、「それから？」というと、彼女ははなしを再開する……。ここでただちに出てくる問いは、もちろん、中間部で、つまり空港のショットの最中に何が起こったのか――二人はセックスをしたのか、しなかったのか――である。この映画はたんにあいまいなのではない。むしろそれは、きわめて明瞭な、ただし相容れない二つの意味――二人はセックスをした、二人はセックスをしなかった――を生み出している。映画には、二人がセックスをしたこと、そして三秒半のショットが三秒半以上の長さの時間を表すことを示す、一連のシグナルがある（カップルが熱烈に抱擁しあう光景は、ふつうフェイドアウト後の性行為を暗示する。たばこも慣習的に性行為のあとの弛緩した状態を暗示する。そして、塔には男根という卑猥な含意がある）。それと平行するかたちで、二人がセックスをしなかったこと、管制塔のショットがリアルな物語時間を表すことを示す、一連のシグナルもある（背景にあるベッドは乱れていないし、二人の会話は途切れなしに続いているようにみえる）。物語の表層レベルでは、この映画は観者によって、きびしい倫理規範に従うものとして構成される。それと同時にこの映画は、洗練された観者に、それとは別の、性的により大胆な物語を構築するかぎを与える。これが古典的ハリウッドにおけるイデオロギーのはたらきである。そこでは、何事も完全には抑圧されていない。すべては明快に、コード化されたかたちで表示されるのである（ある男は香水のにおいがする、といえば、それは彼がゲイであるという意味である、等々）。

その後のハリウッドでは、こうした内的侵犯というゲームはずっと複雑になる。『ザ・サウンド・オブ・ミュージック』（一九六五年）においてもっとも強烈なといってよいシーンを例にとろう。フォン・トラップ男爵に男性としての魅力を感じたマリアは、その感情をどうにも抑えることができないので、フォン・トラップ家を出て、女子修道院に戻ってくる。しかし、男爵への思いは消えず、彼女の心は安らぐことができない。印象的なシーンにおいて、修道院長はマリアを呼び出し、彼女にトラップ家にもどり男爵との関係を解決するように助言する。修道院長はこのメッセージを「あらゆる山に登れ」という奇妙な歌にのせて伝えている。この歌には驚くべきテーマが込められている――やるのだ！　一か八か、つねに心の欲することをやってみよ、くよくよ考えて二の足を踏んではならない！　というテーマが。したがってここでは、禁欲と自制を説いていると思われていたひとが、自分の欲望に忠実に行動する人物であることが判明する。『ザ・サウンド・オブ・ミュージック』が一九六〇年代後半に（社会主義時代の）ユーゴスラヴィアで公開されたとき、このシーン――この三分間の歌――だけが検閲されたことは、重要な意味をもっている。これによって、匿名の社会主義検閲官は、カトリック・イデオロギーに対する鋭い洞察力を発揮し、そのイデオロギーのもつ真に危険な力を見抜いたのである。というのも、カトリシズムは、犠牲を、つまり（異教による、情熱的な生の肯定とは対照的に）世俗的快楽の断念を説く宗教ではなく、むしろ、代償を払わずに欲望にふけるための戦略、最後にわれわれを待ちかまえている、腐敗や活力を奪う痛みに対する恐怖をいだかずに人生を楽しむための戦略を提示するからである。カトリック教会での小児性愛がそこかしこで問題となっている今日、われわれはこのシーンの新ヴァージョンを容易に思い浮かべることができる。若い司祭が大修道院長のところにやって来る。彼は少年への欲望を抑えられず苦しいとうったえ、もっと自分を罰してくださいと懇願する。すると大修道院長は、こう歌ってこたえる。「あらゆる少年に登れ……」と。

しかしながら、ルビッチはこうしたことをしていない。彼の間接性は、そうした原始的なゲーム、つまり、閉じられたドアの背後で起こっていること（性行為やそれに類すること）が的確なコードによって暗示されるというゲームに行き着くものではない。ルビッチは、そうしたテクニックを通じて法がその猥褻な裏面によって倒錯的におぎなわれる、ということをよくわかっていた。つまり、抑圧されたものを倒錯的に直接実践するのは、最強の抑圧に等しいということ、いいかえれば、われわれが自分のこころのなかにある不潔極まりない空想に面と向かっているようにみえるときこそ、真にトラウマ的な要素が抑圧されたままになっているということを、よくわかっていた。では、ルビッチは何をしているのか。

わたしは『セックス・アンド・ザ・シティ』〔アメリカのケーブルテレビ局HBOで一九九八年から二〇〇四年にかけて放映された、全六シーズンからなる連続テレビドラマ〕のファンではないが、そのエピソードのひとつには、おもしろいポイントが盛り込まれている。ミランダは、セックスのときに卑猥《ダーティ》なことをいうのが好きな男とつきあっている。彼女は黙っているほうが好きなので、男は彼女に、頭に浮かんだ卑猥なことをなんでも自由に口に出すようにいう。彼女は、はじめはいやがるが、やがてこのゲームに慣れてくる。二人のセックスは首尾よく、激しく情熱的なものになる。ただし……それも次の瞬間まではなしなのだが。彼女のいったあるひとことが恋人の男を当惑させ、男は自分の殻に完全に閉じこもってしまう。こうして二人の関係は崩壊する。あるとき、セックスの最中にいろいろとつぶやいていた彼女は、男に次のようにいう。あなたはセックスのとき、わたしの指を自分の肛門に押し入れて楽しんでいる、わたしにはわかっているわ、と。これによって彼女は、知らないうちに例外にふれる。つまり、なんでも好きなことをいってよい、あたまに浮かんだ卑猥なイメージはすべて漏らしてよいとはいえ、それだけは例外なのである。この出来事から得られる教訓は重要である。すなわち、なんでも自由に話すという普遍性でさえ、極端に野蛮な行為とはまた別の、なんらかの例外に基づいているのである。禁じられた細部は、それ自体としてみれば、ささいで無害なものであるし、男がそのことにそこまで敏感である理由は推測するしかない――おそらく、その受動的な経験(肛門への挿入)によって彼の男性としてのアイデンティティがゆらいでしまったのだろう、というふうに。この細部が彼を当惑させたのは、それがたんに彼の手にあまるものだからではない。そうではなく、それが、彼のうちに秘められた、彼自身向き合うことのできない空想の核、彼の享楽(を圧縮した結び目)のサントームにふれているからである。セックスのときミランダが男に「わたしに何をしてほしいの?」ときいていたことは想像できるし、男がそれを、つまり自分の最大の欲望を、口にできなかったことも間違いないだろう。口には出さずともそれを発見することは、彼女にゆだねられていたのである。ここでは、ミランダと恋人とのあいだの行き違いがラカンの性別化の定式に対応していることにも注目すべきである。恋人の男は自分の要求を、例外に基礎づけられた普遍性という「男性的」観点から理解している（卑猥なことをなんでも、すべて話してほしい……でも、あれだけは除いて）。それに対し、ミランダは彼の要求を、例外なき非‐全体という「女性的」観点から理解している（「すべて」いえるかどうか心配せずに、それゆえなんの例外もなく、思いついたことはなんでもいってほしい）。エレナ・フェッランテは最近こう書いている。「フェミニズムが誕生して百年がたった今日でさえ、われわれは完全には自分自身になることができない」と。だが、「完全に自分自身になる」という考え方そのものが、男性的な考え方であるとしたらどうだろうか(1)。

ドイツの哲学者F・W・J・シェリングは、「不気味なもの」を、隠れているべきものが現れること、そうしたものが明るみになることと定義した。このようにして、不気味なものは不安を引き起こす。そうなるのは、不気味なものがわれわれに、何かが欠如しているという事実をつきつけるからではない。そうではなく、欠如自体が欠如しているから、われわれがあまりにも多くのものを手にするからである。ミランダの恋人は、彼女からあまりにも多くのもの、彼が実際に望んだ以上のものを得たために、去勢されたと感じる。彼は彼女に、こころに浮かんだ卑猥なことをすべて口に出すようにいう。そして、その結果彼が得るのは、彼にとっての普遍性を支える基盤である例外なのである。ここにおいて彼は去勢を経験する。去勢とは欠如ではない。この「あまりにも多くのもの」こそが、彼を去勢するのである。

一九三一年（ヘイズ・コードが課される直前）に公開されたルビッチの『陽気な中尉さん』では、この猥褻な過剰性が極大に達している。(2) 映画の最初の五分間は、間接性（「ルビッチ・タッチ」）の基本的な作用）から過剰性（「ルビッチ・タッチ」に内在するその裏面）への移行を実践している。映画は間接性（間接的表現）を用いた短いシーンからはじまる。正装したひとが階段をあがり、共同住宅内の或るドアの前で立ちどまり、ブリーフケースから書類（高価な服の請求書）を取り出し、ベルを鳴らす。しかし応答はない。そこで彼はドアをノックするが、またも応答はない。彼はその場をあとにする。入れ替わりに、若い婦人が階段をあがってきて、彼女もまたドアをノックする。だが彼女の場合は、あきらかに暗号のようなノックをする。ドアが開き、彼女はなかに入る。照明の点灯と消灯のカットが挿入されたあと、彼女はうれしそうに部屋から出てくる。こうした間接性を通じて、われわれはこの部屋の住人を実際に目にしなくとも、彼に関する重要事項をすべて知ることになる。彼は（ドアのプレートからわかるように）ニキというオーストリア帝国軍の将校で、服に金をかけ人生を楽しみ、いつも女の子を誘惑している、と。だがこのあと、これとは真逆のシーンがはじまる。若い婦人が帰った直後、アパートの部屋の内部が映され、われわれはナイトガウンを着た（モーリス・シュヴァリエ演じる）ニキを目にする。婦人同様、満足したようすの彼は、立ち上がり、われわれ観客のほうを向き、軍隊生活を賛美する非常に卑猥な、恥ずかしい歌を歌う。この歌は基本的に、軍事訓練（命令遵守、攻撃、射撃）とセックスとを対比している。この歌では、将校の義務が女の子を「撃ち落とす」こととして描かれ、ニキはその義務を「ラタタタタ」という、きわどい意味の込められた言葉を使って演じている。さらに、シュヴァリエがフランス語アクセントで、フランス語の単語をふんだんに使って歌うことで、猥褻さは増幅されている。このパフォーマンスは、言葉巧みに女性を誘惑し遊びまくるフランス人男性という、よくある大衆文化的イメージに依拠している（それゆえ、本人はオーストリア人将校であるという事実と完全に矛盾している）のである。軍事的活動と性行為との対比はまた、男は性行為のとき、女に仕えている／奉仕している、彼女の命令に従っている、というポイントを強調している。それゆえに、王女と結婚したニキが意図的に王女の性的な誘いを理解していないふりをし、王女の願いを聞き入れようとしないとき、われわれはこの身振りを反抗の行為として、主人に仕えるのを拒む従業員の行為として、読むべきなのである。

このあとは、一連の喜劇的な逆転が続く。そして、映画の終わりでニキは、王女に誘惑されるのを受け入れたあと、ふたたび寝室から出て、われわれに向かって例の歌を歌う。このとき歌詞はわずかに変えられているが（つかの間の情事だけでなく夫婦間のセックスも賛美される）、最後はやはりあの猥褻な「ラタタタタ」で終わる。彼が寝室のドアを開けると、なかから「ラタタタタ」と繰り返す妻の声が聞こえる。「もの」（性行為）は依然としてドアの背後で起こっており、そのため形式的なレベルでは、間接性が支配している。だが、ドアの前で起こっていること（女性を撃つ——女性に射精する——音「ラタタタタ」をともなった歌）の猥褻さは、ある意味で、閉められたドアの背後で起こっていることの直接的な描写よりも、はるかに「卑猥な《ダーティ》」ものである。『セックス・アンド・ザ・シティ』のミランダにもどっていえば、こうなる。「ラタタタタ」は「肛門に指を突っ込む」のとまったく同じ役割、口に出してはいけないのに、隠しておかねばいけないのに明るみに出てしまった細部の役割を果たしている、と。この「ラタタタ」のエピソードの直接的な猥褻さは、『陽気な中尉さん』がヘイズ・コード以前の時代に撮られた、そしてまたルビッチがその「タッチ」を確立するまえに撮られた、ということを示している。熟年期のルビッチにおいては、そうした直接的な猥褻さは取り除かれる。『陽気な中尉さん』（一九三一年）には（そしてのちにみるように、一九三二年の『私の殺した男』には）、たしかにルビッチ的な要素がある。だが、その要素は、なまなましい状態のまま孤立している。そう、それはまだ「タッチされていない」のである。

契約セックスに抗して

それゆえに、ルビッチが〈ミー・トゥー〉運動の余波を受けて合衆国、英国からスウェーデンにまで急速に広まっているセックス契約という考えを聞いたら、彼はきっとぞっとするだろう。もちろん、セックス契約において説かれているねらいは明確である――すなわち、性的接触における暴力や支配といった要素を排除する、というねらいは。着想はこうである。契約者二人は、セックスをするまえに、二人のアイデンティティ、性交に関する同意、そしてもちろん性交に際しての条件と制約（コンドームの使用、卑猥な言葉の使用、両者とも好きなときに性交を中断できるという不可侵の権利、相手に自分の健康上の問題、宗教、等々について教えること）を記した書類に署名しなければならない。これはよい考えに思われるが、すぐに問題やあいまいさが次々と現れてくる。

基本的なところからはじめよう。すくなくとも西洋では、性関係における強制と搾取についての意識が非常に高まってきている。しかしながら、われわれはさらに、それに劣らず重大な事実を銘記すべきだろう。それは、日常において数百万の人々が、セックスの相手を惹きつけるという明確な意図をもって、恋をもてあそび誘惑のゲームを楽しんでいる、ということである。その結果、現代の西洋文化では、両性ともこのゲームにおいて積極的な役割を果たすことが期待されている。女は、男の視線を惹きつけるために挑発的な服を着るとき、つまり男を誘惑するためにみずからを「対象化」するとき、自分を受動的な対象として提示することによってそうするのではない。女は自分自身の「対象化」を積極的に、主体的におこなうのである。女は男をあやつり、わざとあいまいなしぐさをする。それに女には、たとえ男からみて以前の「シグナル」と矛盾するようにみえたとしても、好きなときにこのゲームから降りる権利がある。女がこうした積極的な役割を果たすのは、女の自由である。イスラム教徒から日常的に目にする男性優位主義者まで、あらゆる類の原理主義者はこの自由に手を焼いている。前者は、女性がバナナやその他のペニスに似た果物に触れたり、それで遊んだりするのを最近禁止したし、後者は、最初に男を「挑発」しておきながらあとになって男の誘いを断る女に対して激しい暴力をふるうのである。女性の性の解放は、たんに（男の性的欲望の対象として）「対象化」されることから禁欲的に身を引き離すことではなく、好きなときに身を差し出したり身を引いたりして積極的に自己対象化とたわむれる権利のことである。こうした単純な事実を公言することは、依然として可能なのだろうか。それとも、政治的公正の圧力のために、われわれはこうしたゲームをなんらかの形式的、法的合意文書によって支えざるをえないのだろうか。

たしかに、性はパワーゲームや暴力的な猥褻さの侵入を受けている。しかし、認めるのがむずかしいのは、そうしたパワーゲームや猥褻さは性そのものに内在している、ということである。問題は、セクシュアリティ、権力《パワー》、暴力はわれわれの想定をはるかに超えて密接に絡み合っており、それゆえ、野蛮とみなされる要素もまたセクシュアリティ化される、リビドー備給の対象となる、ということである。サディズムとマゾヒズムは、結局のところ、セクシュアルな活動の形態である。暴力とパワーゲームを取り除かれたセクシュアリティは、最終的には、セクシュアリティそのものを取り除かれる可能性が高いのである。洞察力のあるひとにはすでに周知のことだが、政治的公正の基準に完全にかなう唯一の性関係のかたちがあるとすれば、それはサド＝マゾヒズムのパートナーのあいだで交わされる契約である。その意味で、政治的公正の出現と暴力の高まりは、一枚のコインの裏表の関係にある。政治的公正の基本的前提がセクシュアリティを契約上の合意に還元することである以上、ジャン＝クロード・ミルネールが次のように指摘するのは正しい。ゲイの権利運動は、極端なかたちのサド＝マゾヒズム的セックス（ひとを首輪のついた犬のように扱うこと、奴隷売買、拷問、はては承諾殺人）を規定した契約において、不可避的に頂点に達する、と。そうした同意の上での隷属関係において、市場における契約の自由は、自己否定にいたる。奴隷売買は、究極的な、自由の肯定なのである。ここでは「カントとサド」というモチーフが予期せぬかたちで実現されたかのようである。

では、この傾向に対しては、どのように戦えばよいのか。まずは次のことを確かめねばならない。目下進行中のフェミニズム闘争のうねりは、富裕層や有名人の公的な生活に限定されたものではなく、数百万の「不可視の」一般人の日常生活に、したたり落ちる水のように波及し浸透していくものである、と。そして、もうひとつの（同じく重要な）ポイントは、この覚醒を目下進行中の政治的、経済的闘争といかに結合するかについて、すなわち、西洋リベラル派のイデオロギーと実践がこの覚醒を、リベラル派の優位を再主張するための手段として利用するのをいかに阻止するかについて、探究することである。セクハラで非難された、ハーヴェイ・ワインスタイン〔合衆国の映画プロデューサー〕をはじめとする多くの男たちが、非難への応答として、セラピーを受けるつもりであると公言したことを思い出そう。これほど忌ま忌ましいふるまいはない。彼らの行為は私的な病例ではなかった。それは支配的な男性的イデオロギーと権力構造のあらわれであった。変えねばならないのは、このイデオロギーと権力構造のほうである。

ハーヴェイ・ワインスタインのスキャンダルが話題になりはじめたのとほぼ同じころ、〈パラダイス文書〉が公開された。このとき、ボノ〔ロックバンドU2のヴォーカリスト〕（アフリカの貧しい人々を助けようとする偉大な人道主義者）とシャキーラ〔コロンビアのシンガーソングライター〕は税金の支払いを回避し、当局をだまして多額の金をごまかしたのだから、彼らの歌を聴くのはやめよう、と要求したひとはいなかった。あるいは、英国王室は租税回避地に財産の一部を預けていたのだから、受けとる公的資金を減らすべきだ、と主張したひとはいなかった。その一方で、ルイ・CKは何人かの婦人に自分のペニスをみせたために、キャリアを棒に振ってしまった。なぜこうなるのか、われわれは不思議に思わざるをえない。これはブレヒトのなつかしいモットー、「銀行をつくることにくらべれば、銀行強盗なんてかわいいものだ」の新ヴァージョンではないか。多額の金をごまかしたひとは〔銀行設立のように〕許される、ところが数人にペニスをみせたひとは〔銀行強盗のように〕ただちに追放されるのだ。(3) 契約というものが実際にはうまくいかない理由が、ここにある。セックスに関する契約には、法的な拘束力があるべきなのか、それともあってはならないのか。後者の場合、野蛮な男が契約書にサインをして、のちにその契約を破るのを、どうすれば防げるのか。

前者の〔拘束力があるべきだという〕場合、契約違反によって起こりうる法律上の悪夢を、われわれはそもそも想像できるのだろうか。わたしがいわんとしているのは、〈ミー・トゥー〉的「潔癖主義」の「行き過ぎ」を批判し、伝統的な口説き方や誘惑の仕方を擁護する、カトリーヌ・ドヌーヴらによって署名された書簡を支持すべきである、ということではない。問題は、〈ミー・トゥー〉は度を越したもので、ときに魔女狩りを彷彿させる、だからこれまで以上に節度と理解が必要である、ということではない。問題は、〈ミー・トゥー〉による問題の取り組み方である。〈ミー・トゥー〉的な取り組み方は、性的相互関係の複雑さを軽視するなかで、猥褻な不品行と犯罪的な暴力との違いをぼやかすだけでなく、〔のちに『ワイルド・アット・ハート』の例を通じてみるように〕目にみえない極度の心理的暴力に、礼儀や尊敬といったヴェールをかぶせてしまうのである。

ロザラム事件〔パキスタン系の若者のギャングが、貧困地域に住む数百人の白人の女子を脅して連続的にレイプした事件）は、テルフォードやそのほかの英国の都市で、いまも繰り返されている。ここでも左翼は、非人種差別的なやり方でこの問題に直接対峙することができないという、みずからの無能さをさらけ出している。つまり左翼は、イスラム嫌悪に陥らないようにするために、むしろこの問題を相対化あるいは矮小化したいのである。われわれはいろいろと口実をさがしてこの問題を避けるたびに、あらたな票をオルタナ右翼に流している――左翼は、明らかにこのことがわかっていない。では、この問題に対する〈ミー・トゥー〉的フェミニストの立場は、いかなるものなのか。彼女たちはときに、情け容赦なくレイプされている貧しい女の子たちよりも、ルイ・CKにペニスをみせられてショックを受けた数人の裕福な女性のほうに、こころを砕いているようにみえる。

さらに、〈ミー・トゥー〉の支持者は、男が獲物をねらうようにいまにも女をレイプする（あるいは、少なくとも女にセックスを強要する）といった状況に繰り返し言及する。だが、（男と同様に）セックスをしたいが十分に魅力的でないために相手にされない、大多数の女たちについてはどうか。われわれは彼女たちの苦しみを想像できるだろうか。とりわけ政治的公正の時代――「美しい女性」というフレーズがますます、女を対象化する男＝捕食者のフレーズとみなされる（そしてもちろん、あの女は美しい、この女は魅力的だという認識が、非言語的なレベルで、これまで以上に強固に存続していく……）時代――における彼女たちの苦しみを。

ワインスタインとルイ・CKとの違いに固執する人々に対して、〈ミー・トゥー〉アクティヴィストたちは、こう主張した。この違いにこだわるひとは、男の暴力がいかに作用し経験されるのかを、わかっていない。女性の前でマスターベーションをすることは、男の腕力におとらず、暴力的な効果をもちうるのだ、と。こうした主張には真理が含まれているが、にもかかわらず、この議論を支えている論理に対しては明確な限界をもうけるべきである。感情は嘘をつくため、との真偽をはかる最終的な基準にはなりえないからである。このことを否定すれば、われわれはフロイトのいう無意識を否定することになる(ちなみに、このように感情を真偽に関する最終的な基準とみなすことは、とりわけデカルトおよび初期の合理主義者たちがつくった、古い反フェミニズム的な偏見——女は完全に感情に支配されており、反省によって感情を克服できない——を再生産している)。きわめて効果的な家父長制支配のもとでは、女性は、屈辱を与えられ搾取される犠牲者という役割を自分の役割として〔感情的に〕経験することさえない。女性はたんに服従を秩序の一環として受け入れるだけである。

男はいまも女性を抑圧し支配しているというテーゼに対しては、ポップカルチャーからの明確な応答がある。E・L・ジェイムズの大ベストセラー『フィフティ・シェイズ・オブ・グレイ』〔二〇一一年〕がそれである。これは、男に性的に服従することを楽しむ女について女が書いた小説で、(報道によれば)女性のあいだで世界的に人気がある。この重要問題に応答するためには、もちろん、次のような性急で疑似精神分析的な反論は、ぜひとも避けねばならない——「ジェイムズの小説が明らかにしたのは、男性的権力からの解放を要求しているようにみえる女でさえ、実際は、男に支配されたいという、こころの奥底にある無意識のマゾヒズム的欲望にとらわれている、ということだ」。また、次のようなフェミニストの主張も、同様によくない——マゾヒズム的空想にかかわる女は、敵に同一化し家父長制の視点を内面化するという、よくあるパターンの一例である。ここでまずなすべきことは、『フィフティ・シェイズ・オブ・グレイ』が何をしているのかをよく検討することである。この小説が含意しているのは、実際の服従を楽しむことではない。服従の空想を楽しむことである。これは実際に服従したいという要求と同じものではないし、そうした要求として解釈されるべきでもない。精神分析から得られる基本的な教訓のひとつは、われわれのこころの奥底にある空想が外部から押し付けられたとき、それはきわめて破壊的な経験となる、ということである。露骨にいえば、セックスの最中に乱暴に扱われることをひそかに夢想している女が実際にレイプされたとき、その影響は、そうした空想と共鳴していないレイプの場合よりも、はるかに残酷なものなのである。

さらにもうひとつ大事なポイントは（これはドゥルーズによって詳細に論じられているが）、マゾヒズムとサディズムの関係は対称的ではない、ということである。サディストがその犠牲者を虐待することによって彼／彼女に屈辱を与えるのに対し、マゾヒズムは、当事者間のやりとりに関する厳密な条件――（通常は芝居がかった）暴力の限度を含む――を規定した契約に依拠している。これは『フィフティ・シェイズ』でも起こっていることではないか。ここでもパートナー関係にある二人は、好きなときに破棄してよい契約を結ぶのである。また、実演される暴力は非常におだやかである。これを、パートナーから脅迫された女性の現実の苦痛と比較するのは不可能である（もちろん、これとは異質の現実的な女性的マゾヒズムは存在するが、それはけっして『フィフティ・シェイズ』の主題ではない）。ある意味では、こう主張することさえできるだろう。そうしたマゾヒズム的契約は、女性の権限の強化を示すひとつの事例である、と。ひとりの男を自分の〈主人〉の役どころに据え、自分とこの〈主人〉とのやりとりの条件を規定するのは、女なのである。これこそは、「女は何を欲しているのか」というフロイトの問いに対するラカンの答えの意味である。ラカンの答えは、女は主人を欲している、であったが、その主人とは、女が支配し操作できる主人なのである。

標準的なマゾヒズム的契約では——ザッヘル＝マゾッホの『毛皮のヴィーナス』を思い出そう——男性パートナーが「犠牲者」の位置につく。彼はひとりの女を自分の〈貴女〉に据え、彼に対してなすべきこと（鞭で打つ、踏みつける、卑猥な言葉で屈辱を与える、等々）を正確に彼女に伝える。メディアの報道を信じてよいなら、そうした契約は最高経営者たちのあいだで人気がある。彼らは、経営権の残忍な行使をマゾヒズム的空想の実演によって補足するのである。これによって、彼らの現実的な社会的権力が弱まることはない。このマゾヒズム的空想は、たんに猥褻な補足物として機能するのである。『フィフティ・シェイズ』において女（小説のヒロインだけでなく、作者や莫大な女性読者もふくむ）がこの役を引き継ぐという事実は、家父長制の衰退を示す、ひねりのきいた徴候ではないか。〈主人〉の定義のひとつは、まさに「自分の空想を実演（立法化 en-act）する権利をもつ者」である。

だが、暴力は、セクシュアリティの、これよりもさらに基本的なレベルにおいて侵入してくる。それは、予想もしていなかったひとから愛を告白される場合である。自分はなにかしら猥褻なもの、うっとうしいものを押しつけられた——これがこの告白に対する最初の反応であり、それは告白の前向きな受け入れに先立つものである。アレハンドロ・イニャリトゥ監督の『21グラム』〔二〇〇三年〕のなかほどで、心臓病のため死期が迫っているポールは、最近夫と二人の幼い子供を亡くしてこころに傷を負ったクリスティーナにやさしく愛を告白し、そのあとすぐにその場を去る。二人がつぎに会ったとき、クリスティーナは、愛の告白がもつ暴力性について猛烈に不満を述べる。

> あなたのせいで、わたしは一日じゅう考え込んでしまった。この数か月間、わたしは誰とも口をきいていないし、あなたのこともよく知らない。だからあなたといますぐ話をする必要がある……。考えれば考えるほど、わからなくなる。どうして、わたしのことが好きだなんていったの?……答えて。だって、わたしはあなたにそんなことをいってほしくなかった……。よく知らない女のところに歩いて来て、好きだというなんて、ありえない。本当にありえない。彼女がどんな状態に置かれるか、彼女がどう感じるか、あなたにはわからないのよ……。わたしは結婚していない。わたしはくだらない人間、なんのとりえもない人間なのよ。[4]

クリスティーナはこういうと、ポールのほうを見て、手を差しのべ、彼の口にしゃにむにキスをしはじめる。つまり、彼女は彼が嫌いで、彼との肉体的な接触を望んでいないわけではない。逆に、彼女にとっての問題は、自分はそれを望んだ、ということである。要するに、彼女の不満は、いったいなんの権利があって彼はわたしの欲望を掻き立てるのか、ということなのである。

したがって、パートナーが二人とも性的接触を望んだとしても、その発端においては暴力的な要素、まさに性的接触を直接的にはじめるという暴力が、存在しうるのである。その理由は、性的欲望はけっして自己のイメージと一致しないからである。性的欲望はつねに暴力的な介入として経験されるのだ。ここでは、契約は役に立たない。契約を要求することは、それ自体、暴力の一形態になりうる（特殊な状況においてマゾヒズム的なセックス・ゲームの一部となりうる）のである。そしてこれによって、規則をつくろうとする試みは、いかなるものであれ複雑になる。コメンテイターたちが、目下進行中の新たな女性解放闘争の成果を引き継ごうとするとき、彼らはひとつの結論として次のようにいう。「幸せな性生活」を送るには、「ノーはノーを意味する」というだけでは十分ではない。なぜなら、それは依然として、より巧妙なかたちの強制が生まれる余地を残すからである、と。この議論の典型的な例を引用しよう。

あるひとにしつこくせがんで不快感を与え、そのひとを服従させるのは、専門的にいえば、法の認める範囲内の行為かもしれない。だが、それは幸せな性生活への道ではない。また、それによって世間の非難を免れるわけでもないだろう。ティルマンは次のように主張している。若い男が期待すべきは、相手が「ノー」といっていないという、あいまいさを秘めた状況ではない。そうではなく、乗り気たっぷりの「イエス、イエス、イエス」あるいは肯定的な同意である、と。彼女はいう。「二〇一八年、「ノーはノーを意味する」という標語は完全に時代遅れとなった。それは、攻撃されやすい立場にあるひとにとって大きなプレッシャーとなる――すなわち、はっきりしゃべる能力や自信をもたないと凌辱されるということは」。「もしあるひとが乗り気たっぷりにイエスといっていないなら、もしあるひとが躊躇しているなら、もしあるひとが「よくわからない」といっているなら、それはその時点で「ノー」に等しい(5)」。

この一節における批判の要点――たとえば、強いられた弱い「イエス」は「ノー」に等しい、云々――には、すべて同意せざるをえない。問題含みなのは、「乗り気たっぷりの「イエス、イエス、イエス」」である。この条件によって、露骨にいえば(別にいってもよかろう)、男とのセックスを熱望する女がどれだけ屈辱的な立場に置かれるかは、想像に難くない。彼女は基本的に「「イエス、イエス、イエス」ということによって」「お願い、ファックして!」とおおっぴらにいうのと同等のことをせざるをえない……。性交に同意するにしても、これよりも巧妙な(にもかかわらず、あいまいさを残さない明確な)やり方があるのではないか。さらに、「幸せな性生活への道」を探そうとしても無駄である。理由は簡単。そんなものは存在しないからである。性(セックス)においては、ある意味で、性に内在する理由から、つねに異常な状態しかない。だから、比較的「幸せな性生活」を得るためには、この性における失敗を同じ性における失敗によって相殺する方法を見出すしかない。「幸せな性生活への道」をじかに探求すれば、その先には確実に崩壊が待っている。パートナー関係にある二人が乗り気たっぷりに「イエス、イエス、イエス」と叫ぶという想像上のシーンは、実生活においては、かぎりなく地獄行きに近い。

事態は、いつでも性的交渉から身を引ける権利とともに、さらに複雑化する。この権利がもたらす新たな様態の暴力については、ほとんど指摘されていない。女性が、裸になってペニスを勃起させたパートナーを見たあとで彼をばかにしはじめ、彼に帰るようにいったとしたら、どうだろうか。男が同じことを彼女にしたら、どうだろうか。これ以上に屈辱的な場面を想像できるだろうか。そうした中断の暴力性を示す極端な例は、デイヴィッド・リンチ監督『ワイルド・アット・ハート』（一九九〇年）の痛ましいシーンである。（ウィレム・デフォー演じる）ボビー・ペルーがルーラ（ローラ・ダーン）に性行為を強要している。ペルーはルーラになれなれしく近づき、猥褻なことばをつぶやき、彼女にどなる。「犯して、といってみろ」と。痛々しくしつこい強要が続いたあと、ルーラは観念し、「犯して」とつぶやく（強制と自発的な興奮が入り混じる、あいまいな様子で）。するとペルーは身を引き離し、笑みをうかべてこういう。「いまはだめ、もう行かないと。よろしければ、またの機会に」。これは彼女にとって非常に屈辱的であるため、ある意味、この中断の象徴的暴力、この強いられた申し出の拒絶という象徴的暴力は、彼が彼女の申し出を受け入れ、実際に彼女を犯した場合よりもひどいのである。こうした袋小路を解決する適切な方法としては、明らかに、マナーや思いやりしかないが、マナーや思いやりは規則として定められない。もしわれわれが契約に新条項を付け加えることによって暴力や蛮行を防ごうとすれば、性的な相互関係の中心的特徴が失われる。性的な相互関係とは、言葉でいわれていることと、いわれていないこととの微妙なバランスにほかならないからだ。その関係は、契約化できないそうした例外的要素に満ちている。性的な相互関係において、ひとが言葉にせずになにかを実行したいとき、極度の感情の野蛮さが礼儀に偽装されるとき、そして適度な暴力がセクシュアリティ化されるとき、唯一の頼みの綱は、暗黙の理解と暗黙の気配りなのである。この考えを突き詰めていけば、われわれはこう結論せざるをえない。乗り気たっぷりの「イエス、イエス、イエス」でさえ、実際には、暴力と支配をかくす仮面として機能しうる、と。モニカ・ルインスキーは最近こう述べている。

二人〔ルインスキーとビル・クリントン〕の関係は同意に基づいていたという、二〇一四年の自分のコメントに変わりはないが、二人のあいだに存在した「大きな力の差」についてはいろいろと思案している、と。ミズ・ルインスキーは、当時の自分は「事の重大さを十分理解していなかった」と述べ、日々、あの情事を悔やんでいる。「『同意』という言葉の辞書的な定義は？　あることが起こるのを許可することである」と彼女は書いている。「しかし、力関係、彼の地位、わたしの年齢をふまえたとき、「あること」とはこの場合、何を意味したのか？……彼はわたしのボスであった。彼は地球上でもっとも強い権力をもつ男であった。彼はわたしより二十七才年上であり、分別ある行動に必要な人生経験を積んでいた」。(6)

なるほど。しかし、彼女はたんに同意したのではなかった。彼女は単刀直入に性的接触をはじめたのである。「同意した」〔「イエス、イエス、イエス」といった〕のは、むしろクリントンのほうであった。「大きな力の差」はおそらく、彼女にとって、クリントンの魅力の要点であっただろう。彼は年上であり、彼女より人生経験も豊富であったのだから、彼は「分別ある行動」をとるべきであった、彼女の誘いを断るべきであった、という彼女の主張についていえば、彼女がみずから引き受けたこの未熟な犠牲者という役割には、偽善的なところがないだろうか。われわれはここで、イスラム教原理主義者の見解――女をレイプする男は、女からそうするように密かに誘われた（挑発された）〔男は犠牲者で、責任は女にある〕――とは正反対の、それとほぼ対称をなす見解〔女は犠牲者で、責任は男にある〕に出会っていないか。男によるレイプは女による挑発の結果であるという、その種の解釈は、マスメディアにおいてよく報道されている。二〇〇六年秋、オーストラリアのイスラム教最高指導者、シェイク・タージ・アルディン・アル・ヒラリは、激しい物議をかもした。ムスリムの男たちの一団が集団レイプの罪で投獄されたあと、彼はこういったのである。「道ばたに、覆いもせずに肉を置いたら……猫はたべる。悪いのはどちらか？　猫か、覆いのない肉か。問題は、覆いのない肉のほうだ」。ヴェールをしていない女性と覆いのない生肉とを比較するというこのけしからぬ暴言によって、われわれの注意は、アル・ヒラリの意見の底にある、もうひとつのさらに驚くべき前提から逸らされてしまった。男の性行動の責任が女にあるなら、これは次のこと、男は性的誘惑のまえではまったく無力である、男はそれに抵抗できない、男は生肉をみた猫のように性欲に完全に支配されている、ということを意味していないか。男は自分の性的行動に対して責任がないというこの前提とは対照的に、おおやけの場での女性のエロティシズムに関する西洋の視点は、男は性的欲望をおさえることができる、男は性的欲動にただ盲目的につきしたがうのではない、という前提にたつ。

このように性的行為の全責任を女に負わせることは、ルインスキーの見解――主導権は完全に彼女のほうにあったが、責任は全面的にクリントンにある――と奇妙に鏡像関係をなしている。イスラム教原理主義者からみれば、男は、たとえ野蛮なレイプに関与したとしても、女の不誠実な誘惑の無力な犠牲者である。それと同じように、ルインスキー事件の場合、彼女がクリントンを挑発して情事のきっかけをつくったのだとしても、彼女は犠牲者だったのである。もちろん、二つの事件あいだの対称性には無理がある。なぜなら、二つの事件どちらにおいても、男が社会的権力者および社会的支配者の地位にあるからである。しかしながら、ルインスキー事件のようなケースで、自分を無力な犠牲者として提示するのは、女性解放にまったく資することのない卑下のスペクタクルである。それはたんに男を主人として認めているにすぎない。

いわゆる(双方が望んだ性的な相互関係と明らかな暴力的強要という両極端のあいだに位置する)「グレー・ゾーン」の存在を認めるひとたちは、その「グレー・ゾーン」の地位がひとつの性的な相互関係のなかで変化することを、通常みのがしている。とりわけ政治的公正の時代である今日では、誘惑の過程において「ちょっかいを出すこと」は、つねに危険性をともなう。この危険性をはらんだ瞬間において、ひとはみずからをさらけ出し、他人の私的空間に侵入する。危険性は、わたしのちょっかいが拒否された場合、それはハラスメントという〈政治的に公正でない〉行為として現れる、という点にある。したがって、誘惑の過程には、わたしが克服しなければならない障害が存在するのである。しかしながら、ここで微妙な非対称性が入ってくる。すなわち、わたしのちょっかいが受け入れられた場合、これは、わたしが障害を首尾よく克服した、ということではない。実際はこうなのだ。わたしは、克服すべき障害は存在していなかったということを、遡及的に知るのである。

　われわれはまた、家父長制の支配は支配者と被支配者の両方を堕落させるということ――あるいは、アーサー・ケストラーの言葉を借りていえば、「権力は堕落するとすれば、その逆も真である。迫害はその犠牲者を堕落させる。ただし、その堕落は権力の場合よりも、とらえがたく、悲劇的かもしれない」ということ――を銘記すべきである。したがって、われわれは女性による操作や女性の感情の野蛮さ（最終的には、男性支配に対する命がけの応答としての）についても語るべきである。つまり、女性はどんな手を使ってでも反撃するのである。そして、次のことも認めねばならない。伝統的な家父長制が大幅に崩れた現代社会の大部分において、男は女に劣らず圧力をかけられている。それゆえ、適切な戦略は、当然ながら、男の不安にも注意を向けること、そして、女性の解放運動と男性の関心との折り合いを目指すことである、と。女性に対する男性の暴力は、主として、伝統的な男性の権威が弱体化したことに対するパニック的な反応であり、ゆえに、解放闘争は男性に対してこう主張すべきである。解放された女性を受け入れることによって、きみたちは不安から自由になり、いま以上に満ち足りた生活が送れるようになるのだ、と。

　最近起こったある論争で、一部のフェミニストが〈ミー・トゥー〉をめぐるジャーマイン・グリアの批判に反応した。[7] フェミニストたちは、おもに次のような主張をした。グリアのテーゼ――女は男性支配から自己を性的に解放し、犠牲者という立場に頼らずに積極的な性生活を引き受けるべきである――は一九六〇年代の性解放運動においては有効であったが、今日の状況はそのときとは違う、と。六〇年代と今日のあいだで起こったのは、女性の性的解放（女性が能動的な性的存在として社会生活に関与し、イニシアティヴを発揮する自由をもつこと）それ自体が商品化された、ということである。たしかに、女はもはや男の欲望の受動的な対象とはみなされていない。だが、女性の積極的なセクシュアリティは、男の目に、女がつねに性的欲望として利用できる状態、女がいつでも性的なやりとりに付きあってくれる状態として映る。こうした状況において、決然と「ノー」ということは、たんに自己を犠牲者化するみぶりではない。なぜなら、それが含意しているのは、こうした新たなかたちの女性の性的主体化——すなわち、女性は男性による性的支配に受動的に従うだけでなく、あたかもそれを積極的に欲しているかのようにふるまえ、という要求——を拒絶することだからである。

この議論には、ゆるぎない真理が含まれているが、その一方で、ここでは二つのポイントを付け加えねばならない。われわれは、この誤った主体化が、内面化された超自我の圧力によって支えられていることを忘れてはならない。したがって、女性にとって最初のステップは、みずからをこの圧力から解放することである。ヘルベルト・マルクーゼが一九六〇年代に述べたように、自由は解放の条件である。自己を解放するためには、まず、内面化されたイデオロギーの束縛を打ち破らねばならない。第二に、男の欲望を満足させるために積極的なセクシュアリティをみせつけることと、自律的な性的主体として実際に行為することとのあいだには、大きなへだたりがある。後者はパートナーとなる男を喜ばせないし、しばしば男性のなかに不安を引き起こす。

このことは、われわれを契約セックスの問題に連れもどす。契約セックスが問題含みなのは、その法的な形式によるだけでなく、そこに隠されたバイアスにもよる。それは明らかに、気まぐれなセックスを特権化している。そうしたセックスでは、双方とも相手をよく知らず、一夜かぎりの遊びにともなう誤解を避けたいからである。われわれは長期間続く性的関係にも注目する必要がある。そこには、西洋流のはなばなしい強制的なセックスよりもはるかに複雑なかたちで、様々な暴力や支配が浸透している。再度ブレヒトをもじっていえば、何年ものあいだ夫からつねに脅され屈辱を受ける哀れな主婦にくらべれば、仕事を得るために一度セックスを強要される(あるいはレイプされる)映画スターの悲運など、屁みたいなものだ、となる。

最終的には、ここでは法や契約は助けにならない。道徳的慣習を変革するしか手はない。このことは、われわれをルビッチの鍵となる手法である間接性に連れもどす——すなわち、セックスであれ暴力であれ、ものそのものを露骨に描くのをこばむ彼の姿勢に。これは強力なテクニックである。結局それが意味するのは、カップルはセックスにおいて二人だけにならないということ、ここでは、想像の目撃者のまなざしにすぎないとしても、第三の要素がつねに含意されているということである。いちばんわかりやすい例は、『君とひととき』(一九三二年)である。ミッツィという女とアンドレという男が偶然、一台のタクシーに乗り合わせる。二人とも既婚者で、それぞれには配偶者がいる。二人はただタクシーのなかに座っているだけであるが、想像の観察者には彼らがまるで恋人どうしのようにみえる。二人の情事はこれがきっかけではじまる。ミッツィはいう。「わたしたちを見て。男は新聞を読み、女は窓の外を見ている……ハハハ……」。続いて、すこし深刻な様子で彼女は付け加える。「このことをあなたの奥さんに説明してみてよ」。アンドレは、見た目というものがもつ力に屈してしまう。彼は明らかに妻を愛しているけれども、この場面の見た目は彼らの不倫を表しており、その効果は消せないからである。ミッツィがここで主として問題にしているのは、「もし誰かがいまのわれわれを見たら、そのひとは自動的に、これは情事だと判断するだろう」という意味で、物理的に存在する事実ではない。彼女が考慮している事実は、それよりもはるかに複雑であり、とりわけロベルト・プファーラーによって用いられた概念、ナイーヴな観察者という概念を必要とする。ナイーヴな観察者は目にした状況を、それに関与する主体の本当の意図から判断するのではなく、物事がどうみえるかだけによって判断するのである。(8)

性関係を支える風変りな空想というトピックは、ルビッチの『私の殺した男』（一九三二年）において奇妙なひねりを加えられている。この映画は、しばしば失敗作として片づけられるが、ルビッチ作品のこの特徴を円熟期ルビッチという文脈から引き離して――いわばタッチされていない状態で、ルビッチ・タッチの一例としてではなく――提示している。あらすじは以下のとおりである。第一次大戦中に自分が殺した兵士、ヴァルター・ホルダーリン（！）の記憶にとりつかれているフランス人の音楽家、ポール・ルナールは、ドイツに行き、死んだ男がもっていた手紙の住所をたよりにヴァルターの家族をみつける。ヴァルターの父親ホルダーリン博士は、最初、ポールを迎え入れようとしない。だが、彼の息子のフィアンセ、エルザが、ヴァルターの墓に花をたむけてくれた男とポールが同一人物であることに気づいたとき、博士は態度を変える。ポールは、自分とヴァルターとの本当の関係を明かさずに、ホルダーリン一家に、自分はヴァルターの友達であるという。自分は彼と同じ音楽学校に通っていた、と。敵意をいだく街の人々と、その土地のうわさ話はポールをおとしめるが、ホルダーリン一家は彼と親しくなり、彼はエルザと恋におちる。彼は、いろいろとうそをついたすえ、ついに、自分はヴァルターを殺したと真実を述べる。彼女は、ヴァルターの両親には告白しないように彼を説得する。両親はポールを第二の息子としてやさしく迎え入れていたのだった。ポールは秘密を隠し通すことに同意し、自分を養子にしてくれた家族のもとにとどまる。映画の最後の場面では、ホルダーリン博士はヴァルターのヴァイオリンをポールにプレゼントする。映画の最後の場面では、エルザのピアノ伴奏でポールがそのヴァイオリンを弾き、両親は愛情に満ちた目でそれをみつめる。この映画には、みる者を不安にする要素がある。映画は、詩的なメロドラマと猥褻なユーモアとのあいだを奇妙に揺れ動くのである。このカップル（若い女と、彼女のフィアンセを殺した男）は、彼女の死んだフィアンセの両親に見守られて、幸せに結ばれている。二人の関係のための、空想の枠組みを提供しているのは、この両親のまなざしである。それゆえ、次のような明白な問いが出てくる。この二人は、実際はただ両親のために恋人としてふるまっているのか。それとも、このまなざしは、彼らがセックスをするための口実なのだろうか。もちろんこの問いは、にせの問いである。なぜなら、どちらの選択肢が正解であるかは重要でないからである。両親のまなざしがセックスの口実にすぎないとしても、それは依然として必要な口実なのである。

ときには実生活がルビッチ映画に追いつくことがある——しかもそのプロットを少々過激化しながら。『桃色の店』（一九四〇年）の基本的設定が実生活で起こったのは、（よりにもよって）一九九〇年代半ばのサライェヴォ、つまり街が包囲された直後のサライェヴォであった。ある若いカップルが結婚生活の危機を迎えていた。夫婦ともに相手に飽きていたのである。そこで二人はそれぞれ、熱情を取り戻すために、匿名の相手とインターネットで浮気をはじめた。浮気相手とは、たとえば、自分の夢について語り合った。やっと理想のパートナーをみつけたと思った二人は、それぞれ、実際に浮気相手と会うことにする。二人はカフェテリアで会い、びっくりする。夫の浮気相手は妻で、妻の浮気相手は夫であったからだ。では、この偶然の一致から得られる教訓は何か。これによって彼らは、自分たちの夢が調和していたことを知り、以前よりも相手を深く理解し、いっしょに暮らすことになったのか。ルビッチがこの話を聞いたら、彼は、そうした夢想の近接性を不吉の徴候とみなしただろう。そして、二人は恐ろしくなって、おたがいに相手から逃げる……と予言しただろう。

その上、こうした間接性は、あらゆるレベルで機能している。ハードコア・ポルノにおける規範的な体位（およびショット）は、女が仰向けになり、そのひざが肩のところにつくように両足を大きく広げるというものであるが、ルビッチがそれを知ったとしても、彼は驚かないだろうとわたしは思う。カメラは女の前に置かれ、男のペニスが女の膣に挿入される様子を映し出す（男の顔は通常みえない。男はいわば道具に還元されている）。だが、その背景、つまり女のふとももののあいだにわれわれが目にするのは、オーガズムに達してうっとりとする女の顔である。この最小限の「反省性」は、きわめて重要である。もし仮に挿入のクロースアップだけをみせられたら、われわれは退屈し、不快感さえ覚えるだろう。このシーンは医学用の展示物に近いものになり、だからここには、女のうっとりとしたまなざし、起こっていることに対する主体的な反応を付け加える必要があるのだ。さらに、このまなざしは、彼女のパートナーではなく、われわれ観者に向けられており、彼女が快楽を得ていることをわれわれに納得させる。つまり、われわれ観者は明らかに、彼女の享楽を記録する大〈他者〉の役割を果たしているのである。したがって、この場面の要点は、男性の（彼女の性交の相手の、あるいは観者の）満足にあるのではない。ここで観者は、純粋なまなざしに還元されている。つまり、この場面の要点は、女の官能的な満足（もちろん、男のまなざしのために演じられた）にある。ここでのアイロニーは以下のようになる。女は「対象化」されるのではなく、主体となっているというこの事実によって、彼女がこうむる屈辱は、かえってひどくなるのである。このハードコア・ポルノの基本的な場面は、あらゆる無媒介的なオーガズム〈そのもの〉を内側から切り裂く極小の反省性を、完璧に表現している。

われわれがたんに「やる do it」のでなく「愛し合う make love」必要があるのは〔両表現とも「性交する」という意味がある〕、そのためである。アレクサンダー・ペイン監督の『ダウンサイジング』（二〇一七年）〔邦題『ダウンサイズ』〕のなかに、すばらしい会話シーンがある。主人公がヴェトナム人難民の女性とセックスしたあと、彼女は彼にたどたどしい英語でたずねる。これはあなたにとって、ラヴ・ファックなのか、セックス・ファックなのか、慈悲のファックなのか、云々、と。彼は彼女にこうきき返す。なぜ卑猥な「F」ワードを使うのか、なぜもっとていねい且つ上品に〔間接的、反省的に〕「愛し合う make love」といわないのか、と。要点を理解した彼女は、たんに「ファックする fuck」ではなく、「ファックし合う make fuck」を使ってはなしを続ける。「なぜあなたはわたしとファックし合ったのか？」と。彼女はある意味で正しい。愛の定義とは、おそらく、パートナーとたんにファックすることではなく、パートナーとファックし合うことなのである……。

シニシズム、ユーモア、政治参加

しかしながら、われわれはここで、ルビッチの基本的なあいまいさに出会う。彼の解決、彼の第三の道〔ポピュリズム的人種主義と、政治的公正にみられる道徳主義を超える方法〕は、間接性のもたらす善意の快楽主義ではないのか。この快楽主義を通じてわれわれは、セックスをエロティックなものにするあらゆる迂回を楽しむのではないか。この要点を明らかにするために、基本的な問題に向き合おう。『極楽特急』〔原題は『極楽でのトラブル』*Trouble in Paradise*〕（一九三二年）における、極楽でのトラブルとは、何であるのか。クレジットのあいだに流れる歌の歌詞は、タイトルでほのめかされている「トラブル」のなぞを解くかぎを与えている（同じことは歌のときの映像にもいえる。まず「でのトラブル（Trouble in）」という言葉が現れ、次にその下に大きなダブルベッドが現れる。そして次にベッドの上部に「極楽（Paradise）」という大きな文字が現れる）。つまり「極楽」とは、完全な性的関係という極楽なのである。「それは極楽／腕はからみ合い、唇は重なり合う／でも、何かうまくいかないことがある／それはつまり／極楽でのトラブルだ」。したがって、ぞんざいな言い方をすれば、「極楽でのトラブル」とは、「性関係は存在しない」ということのルビッチ流の表現なのである。このことはおそらく、「ルビッチ・タッチ」のもっとも基本的な部分、すなわち、この失敗に一定の機能を与える独創的な方法につながっている。要するに、性関係は存在しないという事実は、情事をある種の悲劇的失敗に必然的に導いていくトラウマ的な障害として解釈されるのではない。この障害は喜劇の材料に変えられるのである。いいかえれば、この障害は、迂回され、ほのめかされ、もてあそばれ、利用され、操作され、からかわれるもの――ひとことでいえば、セクシュアリティ化されるもの――として機能するのである。セクシュアリティとは、セクシュアリティ自体の根本的な失敗を糧にして達成されるものなのだ。

こうした喜劇的方針にしたがえば、プッチーニ作曲『トスカ』の、原作とは違う（ルビッチ的な）エンディングを想像することができる。音楽はまったく同じままで、最後の数秒のアクションだけを変えるのである。ジョゼフ・カーマンは『トスカ』の最後のメロディについて辛辣なコメントを残している。オーケストラは、マリオ・カヴァラドッジの歌う「星は光りぬ」の「美しい」感傷的なメロディ・ラインを大げさに反復する。あたかもプッチーニは、何をしたらよいかわからずに、物語あるいは感情の論理をすべて無視して、前の場面で使ったもっとも「効果的な」楽譜をただ繰り返しているかのようなのである。[9] プッチーニのヴァージョンでは、カヴァラドッジが看守に連れられて、獄舎の屋上にある処刑場に来ると、トスカは彼への傍白のなかでこう説明する。処刑は見せかけである、だが、われわれがあとで首尾よく逃げられるように、あなたはまことしやかに演技しなければならない、と。マリオは連れていかれ、トスカはいらいらしながら待っている。処刑がはじまり、銃が火を放つと、マリオは倒れ込む。トスカは、彼の完璧な演技に満足しつつ、大声で叫ぶ。みなが退場すると、彼女はマリオを抱きかかえようと彼のもとに駆け寄り、これからの二人の新しい生活を思って歓喜する。身をかがめた彼女は、彼が死んでいることに気づく。スカルピアは冥途の土産に彼女を裏切っていたのであり、銃には実弾が込められていたのである。悲嘆にくれる彼女は、マリオの死体にすがりつき、むせび泣く……。ここで、次のような簡単な改作を想像してみよう。トスカは、マリオが本当に死んだことに気づき、悲嘆するが、そのあとマリオが笑いながら起き上がり、彼女にこういうのである。死んだふりをして、からかっただけだよ。実際にはスカルピアはちゃんと約束を守った。弾はにせものだったのさ、と。二人は無我夢中で抱き合い、トランペットは「星は光りぬ」を奏でる。

しかしながら、鋭敏な批評家によってすでに指摘されているように、『極楽特急』(『極楽でのトラブル』)の重要ポイント——それは『生活の設計』(一九三三年)でも繰り返される——には、根本的なあいまいさがある。ルビッチは、見かけというものの限界をひそかに踏み越えながらそれを尊重するというシニカルな態度をとっているようにみえる。われわれは何よりも「自由、平等、そしてカニのスープ」を大事にしなければならないという、ハインリヒ・ハイネの警句を思い出そう。この「カニのスープ」は、あらゆる類のささやかな楽しみを表している。そうした楽しみがないと、われわれは抽象的な観念ばかりを追い、具体的な状況を顧みずにその観念を現実に押しつけ、(現実のではないにしても、比喩的な意味での)テロリストになってしまう、というわけである。この知恵がもっとも明確に示されるのは、『天国は待ってくれる』(一九四三年)においてである。映画の冒頭で、老人ヘンリー・ヴァン・クリーヴは、豪華なつくりの地獄の受付にやって来て、「閻魔大王《えんま》」(悪魔)の出迎えを受ける。ヘンリーは、地獄での自分の居場所を確保するために、生前の自堕落な生活について語る。話を聞いた閻魔大王は、ヘンリーが地獄に入ることを認めず、「別の場所」に行くようにすすめる。その場所では、ヘンリーの死んだ妻マーサと彼のやさしい祖父が彼を待っている。そこに行けば「別館の小さな部屋が空いている」かもしれない、と。その意味で、小さな悪事をあまり深刻に考えず、そうした悪事をするからこそわれわれは人間なのだと認識しているこの悪魔は、まさに、知恵と見識をもった神にほかならない。だが、この悪魔がやさしく賢いひとだとすれば、真の〈悪〉は神自身である、ということにならないか。なにしろ、神そのものは、アイロニーの知恵を欠き、神の法への服従をやみくもに強要するのだから。悪魔が自覚しているのは、われわれが極楽を享受したいと思うなら、なんらかの、極楽でのトラブルが存在しなければならない、ということである。

このことがもつ政治的な意味は、非常に大きい。情け深いシニカルな現実主義がわれわれの政治を規定する地平であるなら——これは、快楽の追求がイデオロギーに勝利する『ニノチカ』(一九三九年)の要点ではないか——その現実主義よりもラディカルな左翼は、当然、情けをかけられつつ馬鹿にされるだろう。だが、事態はそれほど単純だろうか。伝説の滑稽小説『善良な兵士シュヴェイク』(一九二三年)の著者、ヤロスラフ・ハシェクを例にとろう。彼は通常、あらゆる狂信的態度に対して一般民衆の健全な常識を擁護したひととみなされている。彼の小説では、ひとりの平凡なチェコ人兵士の珍体験が語られる。この兵士は、受けた命令をとことんまで字義どおり実行することによって、その命令を崩壊させてしまう。このシュヴェイクという兵士は、オーストリア軍がロシア軍と対峙するガリツィアの前線で、塹壕のなかにいる。オーストリア軍の兵士が銃撃すると、血相を変えたシュヴェイクが敵味方の中間地帯に走り出て、懸命に腕を振ってこう叫ぶ。「撃つな！　向こう側にはひとがいるぞ！」と。これは、レーニンが一九一七年の夏に、疲弊した小作農や、他の労働に従事する大衆に戦うのをやめよと呼びかけたときに、目指していたことである。これは、民衆のサポートを得、それによって権力を奪取するための、毅然とした戦略の一部であった。たとえそれが自国の軍事的敗北を意味したとしても、である。第一次大戦の直後、ハシェクがロシア内戦において赤軍師団の監督士官（*politikommissar*）として戦ったという、ほとんど知られていない事実を考慮すれば、レーニンとのつながりは、こじつけとはいえない。そして、ルビッチにも同じことがいえる。われわれは、彼の映画では暴力的な怒りが予期せぬ瞬間に爆発することを忘れるべきではない。たとえば、『極楽特急』の主人公は、コソ泥は処罰するくせに大きな金融的な盗みは大目にみるシステムの不正をめぐって、恋人に怒りを爆発させる。あるいは、『小間使』（一九四六年）では、ヒロインが（明白な政治的意味を込めて）こう指摘する。ちょっと修正を加えることで、物事がうまくいくことがあるが、そうならないときもある。そんなときは、物事を正常化するために暴力的に介入し、異常な状態をたたきつぶさねばならない、と。

このことは、われわれを出発点に連れもどす。すなわち、ルビッチと左翼という問題に。わたしはルビッチを、秘密活動をする共産党員《ボルシェヴィキ》に——すくなくとも、スターリン主義者的なそれに——変えようとしているのではない。スターリン主義に対するルビッチ的なアプローチということでいえば、われわれは『ニノチカ』を超えて行かねばならない。ミハイル・スースロフのようなユニークな人物であれば、はるかにこのアプローチにうってつけの登場人物となるだろう。では、われわれは『天国は待ってくれる』の冒頭と似た場面を想像できるだろうか。すなわちルビッチだが、彼を強制収容所に送るか、それとも彼に共産党組織内の地位を与えるかを決めねばならない、厳しいボルシェヴィキの士官（*kommissar*）と対峙する場面を想像できるだろうか。システムをよく理解しているルビッチは、自分のプチブル的な個人主義の罪をすすんで白状する。だが、（『ニノチカ』と同様にベラ・ルゴシ演じる）士官は、『天国は待ってくれる』の慈悲深い悪魔のように、強制収容所にはあいにくきみの居場所はない、とルビッチにいう。そして、天国にある秘密部屋ではなく、それよりもはるかに興味深いものを彼に提供する。士官はレーニンの最後の提案を思い出すのである。晩年のレーニンには、意外なことに、ルビッチ的な特徴が見いだせる。それは、行儀作法とユーモアの重視である。礼儀は、外的な法に従うこと以上のものであると同時に、純粋な道徳的行為まではいかないものである。それは、厳密な義務ではないが（実践しないからといって法を破ったことにはならない）、なすことを期待されているという、曖昧模糊とした領域である。われわれがここで扱っているのは、暗黙の不文律、気配りという問題、主体にとって通常は反省の対象にならない何かである。すなわち、われわれの自然な感性の一部となっているもの、いいかえれば、習慣やひとに期待される様々な事柄が複雑に織りなす、道徳的慣習（習俗 *Sitten*）として受け継がれたものである。政治的公正が自己破壊的な袋小路に陥る原因は、ここにある。政治的公正は、行儀作法を明示的に定式化する、そればかりか法制化さえするのである。たとえば、わたしがもし無礼とみなされるやり方で女性を見つめたら、わたしは無作法であるだけでなく、法を破ったことになるのだ。

新しいボルシェヴィキの〈主人〉がいかに解放に資するものであれ、それは、解放的な力とは別の、それと同等の力をもつ形態によっておぎなわれねばならない——レーニンはそのことを自覚していた。モーシェ・レヴィンが『レーニンの最後の闘争』で述べているように[11]、晩年のレーニンは、この必然性を直観的に理解していた。彼は、ソヴィエト体制が独裁的な性格をもつことを完全に認めていたが、その一方で、〈中央管理委員会 Central Control Commission〉という新しい統治組織を提案したのである。人々をなによりも驚かせたのは、そのときレーニンが意外にも、丁重な態度や礼儀正しさ——確固不抜なボルシェヴィキには似つかわしくないもの——を重視したことであった。スターリンを排除せよというレーニンの有名なうったえも、スターリンの無礼な態度と関係している。

スターリンはあまりにも粗野である。この欠点は、われわれの仲間内や、われわれ共産党員間の関係においては大目にみられるが、書記長の性格としては容認できない。だからわたしは、スターリンを書記長のポストからはずし、別のひとを書記長にする方法について考えるよう同志に提案したのである。新書記長は、あらゆる点でスターリンよりすぐれたひとがよい。すなわち、彼よりもおおらかで、高潔で、礼儀正しい、同志思いの、気まぐれでない、そのようなひとがよい[12]。

国家官僚の支配に対するレーニンの闘争はよく知られているが、次のことはそれほど知られていない。レヴィンがするどく指摘しているように、〈中央管理委員会〉を提案することによってレーニンは、党 国家による民主主義と党‐国家による独裁との両立という不可能なことを試みたのである。彼は、ソヴィエト体制の独裁的な性格を完全に認めていたが、その一方で、

独裁制の頂点において、異質な要素間の均衡状態を確立しようとした。すなわち、民主主義体制における権力の分立と同じ機能を果たすような——この比較はおおまかなものだが——相互管理システムを、である。〈党協議会 Party Conference〉の地位にまで引き上げられた、卓越したある種の〈中央委員会 Central Committee〉が、広い範囲にわたる政策を規定し、党の機構全体を統括する、そして同時に、より重要な任務の執行にもたずさわることになっていた［…］。〈中央委員会〉の一部である〈中央管理委員会〉は、〈中央委員会〉内の仕事に加えて、〈中央委員会〉およびそこから派生する諸組織——〈政治事務局 Political Bureau〉、〈書記局 Secretariat〉、〈組織局 Orgburo〉——を管理する活動をすることになっていた。〈中央管理委員会〉は［…］他の機関との関係において特別な地位を占めることになっていた。その独立性は、〈政治局 Politburo〉およびその行政機関の媒介なしに、あるいは〈中央委員会〉の媒介なしに、〈党評議会 Party Congress〉との直接的なつながりによって保証されることになっていた。[13]

抑制と均衡、権力の分割、相互管理……これこそが、誰が管理者を管理するのかという問いに対する、レーニンの一か八かの答えであった。この〈中央管理委員会〉というアイディアには、夢想めいた、まさに幻想ともいうべきところがある。というのも、それは明確な「非政治性」をもった自立的、教育的な管理組織であり、その構成者である、中立的な専門知識をもった優秀な教師や専門技術者は、「政治化された」〈中央委員会〉とその諸組織——要は、党の執行部——を抑制することになっていたからである。しかしながら、ここでは、すべてが〈党評議会〉の真の自立性にかかっている。この自立性は、派閥をつくることの禁止によって事実上、すでにそこなわれており、それゆえ党内の最高機関は、評議会の批判者を「派閥主義者」として切り捨てながら、評議会を管理することができるのである。専門技術者を信頼するレーニンの素朴さは、印象的である。この素朴さが、政治闘争は中立的立場をゆるさないということを重々承知している政治家から出てきたことを考えれば、なおさらそうだろう。しかしながら、レーニンは〈中央管理委員会〉の機能について「夢想」する（これは彼の表現である）なかで、次のように述べている。この組織がたよるべきなのは、

［…］いくぶんユーモアのまじった策略、狡猾な仕掛け、ペテン、といった類のものである。西欧の冷静でまじめな国々でそんな考えをいったら、人々はぞっとするだろう。また、上品な役人は、誰ひとりそんな考えを抱きさえしないだろう。しかしながら、わたしは、われわ

れがまだそこまで官僚的になっていないことを望むし、われわれの仲間内では、そうしたアイディアを議論することがただ笑いを引き起こしてくれたらと思う。

いやそれどころか、楽しさと有用性を結びつけたらよいではないか。馬鹿げたもの、有害なもの、すこし馬鹿げた、すこし有害なもの、等々を暴露するために、ユーモアのある、あるいはいくぶんユーモアのまじった策略にたよったらよいではないか(14)。

これは、〈中央委員会〉と〈政治局〉に集中化された「深刻な」行政権力の、破廉恥なといってもよい分身ではないか。つまり、政治運動における、ある種の非組織的な知識人――ユーモア、策略、理性の狡知にたよる、政治運動に対して距離をとる行為主体――ある種の分析家ではないか。したがって、われわれはたぶん、この〈管理委員会〉の議長になったルビッチを想像できるのではないだろうか。これに対しては、次のような反論が確実に出てくる。そうはいっても、ボルシェヴィキ権力の権威主義的な構造は、ルビッチのような人物が重要な役割を果たすのを妨害したのではないか、と。これに応答するには、ヘーゲルの『精神現象学』の「序論」にある次のコメントを引用すべきである。「吟味の尺度が変わるのは、その尺度が尺度として当てはめられる当のものが吟味に堪えない場合である。かくして吟味は、たんに知の吟味であるだけでなく、知の尺度の吟味でもある」。われわれの事例に無理やり当てはめれば、こうなるだろう。ルビッチがもしレーニンと相性がわるいなら、われわれに必要なのは、新しいレーニン、ルビッチのような人物を〈管理委員会〉の議長として許容する、それればかりか要求しさえするレーニンである、と。

『ラ・ラ・ランド』と『ブラックパンサー』にみるレーニン的な身振り

この「レーニン的な」ルビッチ——たんなるシニカルなやさしさをもったルビッチではない——の痕跡は、ルビッチ以降の多くのハリウッド映画に見出すことができる。われわれは、その見つけ方と探すべき場所さえわかればよいのである。デイミアン・チャゼルの『ラ・ラ・ランド』（二〇一六年）を例にとろう。政治的公正の立場からの、この映画に対する批評のなかで、きわめつけの馬鹿げたものがある。この映画は、ゲイが多く住む都市、ロサンジェルスを舞台にしているのにゲイのカップルが出てこない、というのがそれである。ハリウッド映画において性的、人種的マイノリティの表象が少ないことに不平をいう、政治的公正を旨とするこうした左翼は、いったいなぜ、労働者という下層階級マジョリティの表象がひどくおそまつなことについては不平をいわないのか。ゲイやレズビアンの人物がそこそこ登場してさえいれば、労働者の姿がみえなくても問題はない、ということなのか。二〇〇九年にロンドンで開催された〈コミュニズムの理念〉の第一回会議でも、これと似たことが起こった。聴衆の一部が、発表者のなかには女性がひとりしかいない、さらに黒人とアジア系はひとりもいない、と不満の声をあげた。これに対して、アラン・バディウはこう発言した。会議のトピックがコミュニズムであるのに発表者のなかに労働者がいないという事実に、誰も頭を悩ませないのは不思議である、と。

『ラ・ラ・ランド』にもどっていえば、われわれが銘記すべきは、その映画の冒頭で、出世につながる仕事を探すためにハリウッドに向かう数百人の不安定就業者および／あるいは失業者の姿が描かれていることである。最初の歌（「新たな一日のはじまり」）では、彼らは高速道路で渋滞に巻き込まれており、そのあいだ時間をつぶすために歌い踊る。このひとたちのなかにいて、別々の車に乗っているミアとセバスチャンは、やがて一流になる二人であり、あきらかにこの集団のなかの例外である。そして、この観点からみれば、二人が物語において恋におちることによって（これが二人に成功をもたらす）、成功をつかめないこの数百人の存在は消され、目に見えない背景に沈んでいく。ここでは、二人の愛（幸運ではない）こそが二人を特別の存在にし、成功に導いたということが含意されている[15]。冷酷無情な競争が彼らの参加するゲームの名前であり、そこにはわずかな連帯感もない（ミアが繰り返し屈辱を受ける、数多くのオーディション場面を思い出そう）。映画のなかでもっとも有名な歌の一行目（「スターの都市よ、わたしのために輝いているのか？　スターの都市よ、わたしの目にはおさまりきらない」）をきいたわたしは、次のような鼻歌を歌って、想像しうるかぎりもっとも愚かな正統マルクス主義的な応答を、どうしてもしてみたい気分になったのだが、それも無理はない。「いや、わたしはきみのようなプチブルの野心家のためだけに輝いているのではない。わたしは、きみの目にはみえない、きみのようには成功しない、数千人の、ハリウッドの搾取された不安定就業者のために輝いているのだ、彼らに希望を与えるために！」と。

ミアとセバスチャンはつきあいはじめ、同棲する。だが、成功したいという欲望のために、二人のあいだに溝が深まっていく。ミアの野望が女優になることであるのに対し、セバスチャンの望みは、自分が本物の古いジャズを演奏できるクラブのオーナーになることである。セバスチャンはまず、ポップジャズのバンドに入り、ツアーに出る。次いでミアは、ひとり芝居の初日でしくじったあと、ボールダーシティの実家に戻ってくる。ロサンジェルスにひとり残ったセバスチャンは、ミアの芝居をみておもしろいと思ったキャスティング・ディレクターからの電話を受け、ミアに映画のオーディションを受けるようにすすめる。セバスチャンはボールダーシティに車で行き、彼女に戻ってくるように説得する。ミアはオーディションで、物語を語るようにいわれる。彼女は、おばについての歌を歌う。彼女から刺激を受けて、自分は芝居の道に入ったのだ、と。オーディションがうまくいったと確信したセバスチャンは、この機会を絶対に逃してはならないとミアにいう。二人は変わらぬ愛を誓いあうが、二人の将来ははっきりしない。五年後、有名な女優となったミアは、別の男と結婚しており、娘がひとりいる。ある晩、この夫婦はふらっと、あるジャズ・バーに立ち寄る。「セブの店」というロゴをみたミアは、セバスチャンがついに自分のクラブを開いたのだと気づく。セバスチャンは、客のなかに、落ち着かず悲しい様子のミアをみつける。そして、二人の愛のテーマを演奏しはじめる。これがきっかけとなって、長い夢想のシークェンスがはじまる。そこで二人は、二人の関係が仮にうまくいっていたら起こっていたかもしれないことを想像する。歌が終わり、ミアは夫といっしょに店をあとにする。店を出る直前、二人がかなえた夢に満足した彼女は、最後にセバスチャンのほうを見る。二人は納得したような顔をして、ほほえみを交わす。

多くの批評家が指摘したように、最後の十分間のファンタジーは、この物語は古典的なハリウッド・ミュージカルの様式で語ることもできた、ということを示している。そうした解釈から確かめられるのは、この映画のもつ反省的な性格である。つまり、この映画はそれと関係のあるジャンルの枠組みに配慮して終わるべきであるということを、この映画自身が描いているのである。『ラ・ラ・ランド』は明らかに自己反省的な映画、ミュージカルというジャンルについての映画であるが、単純にそれ自体だけも成立している。この映画を楽しみ理解するために、ミュージカルの歴史全体を知っている必要はないのである。これは、アンドレ・バザンがチャップリンの『ライムライト』（一九五二年）について書いていたことに似ている。『ライムライト』は、映画作家として下り坂にある老いたチャップリンについての反省的な映画であるが、それ自体だけでも成立する。ひとはその映画を楽しむために、〈浮浪者〉というチャップリンの初期の当たり役について知っている必要はないのである。おもしろいことに、『ラ・ラ・ランド』では映画が進むにしたがって、ミュージカル的な楽曲はすくなくなり、映画は純粋なメロドラマにどんどん近づいていく。そしてついには、われわれ観客は、突発的にファンタジーに変容したミュージカルのなかに投げ込まれるのである。

チャゼルは、他のミュージカルを露骨に参照するだけではなく、いっけんわかりにくいが、マーク・サンドリッチ監督による、ロジャーズ／アステア主演の古典的なミュージカル・スクリューボール・コメディ『トップ・ハット』（一九三五年）にも注意を向けている。『トップ・ハット』については、語るべき魅力的なことがらが多々ある。まずあげられるのは、日課のなかに厄介なものとして組み込まれたタップダンスの役割である（アステアはホテルの部屋でタップダンスの練習をするが、下の階にはジンジャー・ロジャーズがいて、これに不平をいう。これがきっかけで二人はカップルとなる）。これに加えて言及すべきは、遡及的に無効であることが判明する結婚というトピック、偽装結婚とその反復、主人が不適切なネクタイをつけていることに腹を立てて口をきかなくなる、ある金持ちの召使……などである。『ラ・ラ・ランド』とくらべたとき、どうしてもわれわれの印象に残るのは、『トップ・ハット』では人物の心理がまったく平板であることである。そこには心理的な深みというものがなく、ただ操り人形のような演技だけがある。そうした演技は、きわめて内面的なことが問題になる場面にさえ浸透している。最後の歌とその演出（「ピッコリーノ」）は、物語のハッピーエンディングとなんの関係もない。歌詞はきわめて自己参照的である。歌詞はこの歌がどのようにできたかについて語り、この歌に合わせて踊るようにわれわれを誘う。

アドリア海のそばで、ヴェニスの男の子たちと女の子たちが
ギターで新しい曲をかき鳴らしている。
その曲をつくったのはラテン系の、ゴンドラの船頭で
ブルックリンのはずれにある家で椅子に座り、星をみつめていた。
彼は自分のつくったメロディを海の向こうのイタリアに送った。
そしてイタリアのひとたちは、その覚えやすいメロディに詞をつけて

それをピッコリーニと呼んだ。
そういうわけで
みんなこの季節になると、新しい曲をかき鳴らして鼻歌で歌う。
カジノに行けば、彼らが演奏するピッコリーニをきける。
覚えやすいピッコリーニの調子に合わせて、きみの子供たちと踊れ。
ワインを飲め、そしてスカロピーネ〔肉のスライスのソテー〕をひと皿食べたら、
彼らにピコリーニを演奏してもらえ、あの覚えやすいピッコリーニを。
そしてあの新しいメロディ、ピッコリーニの調子に合わせて踊れ。

これこそが、この映画の真実である。すなわち、馬鹿げたプロットではなく、音楽とタップダンス自体を目的とすることが。これはハンス・クリスチャン・アンデルセンの『赤い靴』にも共通している。そのヒロインはダンスをせずにはいられない。ダンスは彼女にとって抗しがたい欲動なのである。アステアとロジャーズの歌いながらの会話は、きわめて官能的なもの（たとえば、かの有名な「ダンシング・チーク・トゥ・チーク」）においてさえ、音楽とダンスのための口実にすぎない。『ラ・ラ・ランド』は、心理的リアリズムに属しているがゆえに『トップ・ハット』より優れているといえるかもしれない。前者ではリアリティがミュージカルの夢の世界に侵入してくるのである（最新のスーパーヒーローものの映画で、主人公の心理的な機微、トラウマ、私的な懐疑が描かれるのと同じように）。だが、ここで銘記すべき重要なことは、このリアリスティックな物

語が最後にはミュージカル的な空想に逃げ込まざるをえない、ということである。

『ラ・ラ・ランド』をラカン的に解釈すれば、それは明らかに、まずは「性関係は存在しない」というテーマの一例とみなされるだろう。つまり、ミアとセバスチャンが別れる原因となる、彼らの仕事上の成功は、ジェイムズ・キャメロン監督の『タイタニック』におけるタイタニック号の氷山との衝突に似ているのである。彼らの出世は、愛の夢（最後のファンタジーで描かれた）を維持するためにある。要するに、彼らの愛そのものに内在する不可能性——彼らがいっしょに居続けたら、彼らの関係は苦痛に満ちた、絶望的なものになるだろうという事実——を隠すためにあるのだ。したがって、この映画の究極の改作は、最後の状況を以下のように逆転したものになるだろう。ミアとセバスチャンはいっしょに生活しており、それぞれが仕事で大成功をおさめているが、二人の生活は空虚である。そのため彼らはクラブに行き、空想にふける——二人とも仕事を放棄して、いっしょに穏やかな生活を幸せに送る、という空想に。

『ザ・ファミリー・マン』（ブレット・ラトナー監督、二〇〇〇年）〔邦題『天使のくれた時間』〕にも、これと似た逆転が見出せる。ウォール街で重役を務める独身のジャック・キャンベルは、クリスマスイブに、かつての恋人ケイトから数年ぶりに電話があったことを知る。クリスマスの日、ジャックは、ニュージャージー州の郊外にある或る家のベッドルームで目を覚ます。となりには、ケイトと二人の子供がいる。彼はあわててニューヨークにある彼のオフィスとマンションに行く。だが、彼の友人は彼を認識しない。彼はいま、恋人と別れずにいたら送っていたであろう生活（彼はケイトの父親のもとでタイヤのセールスマンをし、ケイトは営利を追求しない弁護士をしている、といった穏やかな家庭生活）を生きているのである。ジャックは新しい生活の真の価値に気づくが、それと同時に、突然のひらめきによって、かつての裕福な生活に戻っていく。彼はケイトを引き留めるために、大きな企業買収の交渉を打ち切る。ケイトもまた仕事一筋に生き、裕福な企業顧問弁護士になっていた。彼女がジャックに電話したのは、パリに引っ越すため、いくつか所有物を返してほしいと彼に伝えるためであったのだが、それを知ったジャックは、彼女を追って空港に行く。そして、彼女の愛を取り戻そうとしながら、別の世界で経験した家族について説明する。彼女は空港で彼とコーヒーを飲むことにし、二人はこの先うまくやっていけるかもしれないとほのめかす……。かくして、われわれは、最悪の妥協的な解決を手にする。二人は、裕福な資産家であり続けながら、同時に人間的な関心をもった愛し合うカップルであることで、どうにかこうにか、二つの世界からいいとこ取りをする気でいる。要するに、彼らは二兎を追って二兎を得るつもりなのである。

『ラ・ラ・ランド』は、すくなくともこうした安っぽい楽観主義を避けている。では、この映画の終わりでは、実際には何が起こっているのか。それはもちろん、ミアとセバスチャンが二人の関係よりも仕事を優先するのを決心する、ということではない。すくなくとも、われわれはこう付け加えるべきだろう。二人が成功し夢を実現するのは、まさに二人の関係のおかげである。それゆえ彼らの愛は、ある種の消滅する媒介者である。彼らの愛は、二人の成功にとって障害であるどころか、その成功を「媒介」するのだ、と。では、この映画は――ミアもセバスチャンも夢を実現するが、それはカップルとしてではない、のだから――ハリウッド的なカップルのイメージをくつがえしているのか。そして、このくつがえしは、愛よりも私的な満足感を好むポストモダン的なナルシシズムを超えるものなのか。いいかえれば、彼らの愛が真の「〈出来事〉としての愛」(love-Event) ではないとしたら、どうだろうか。さらに、彼らの出世の「夢」が、真の芸術的〈大義〉への献身ではなく、文字どおり、たんなる夢であるとすれば、どうだろうか。それゆえ、競い合う二つの要求(出世、愛)のいずれもが、「出来事的な」特徴、つまり、真の〈出来事〉にしたがう無条件の関与を示していないとしたら、どうだろうか。彼らの愛は本物ではない。彼らの出世の追求は、全力で芸術に関与することではない。要するに、ミアとセバスチャンの裏切りは、仕事か愛のいずれかを捨てねばならないということよりも、意味の深い裏切りなのである。つまり、彼らの人生全体が、すでに、本来的に関与する実存というものを裏切っているのだ。二つの要求(愛と出世)のあいだの対立が、悲劇的な実存上のジレンマではなく、さほど厳しくない不確定な状態であるのは、そのためである。(16)

にもかかわらず、そうした解釈は、あまりにも単純すぎる。それは最後のファンタジーの謎を無視している。すなわち、これは誰のファンタジーなのか、彼のか、それとも彼女のか、という謎を。これは彼女のファンタジーではないだろうか。彼女は観察者 - 夢想家であり、夢は全体として彼女の運命——パリに行って映画を撮る、等々——に焦点を当てているのではないか。この映画は男性優位にかたよっている、つまりカップルのうち積極的なのはセバスチャンである、と主張する批評家に対しては、ミアこそがこの映画の中心に位置する主体であると反論すべきである。問題となる選択は、彼の選択というより彼女の選択である。結末で彼女が大スターであり、セバスチャンが有名人とはほど遠い、（フライドチキンも売る）そこそこ繁盛しているジャズ・クラブのオーナーであるのは、そのためである。この違いは、ミアとセバスチャンの二つの会話に注目したとき明らかになる。どちらの会話においても、二人のうちのひとりが選択をせまられる。〔第一の会話で〕セバスチャンが、バンドに入ったので年がら年中ツアーに出ることになると彼女に告げるとき、ミアは、このことが二人にとって何を意味するかを問題にしない。その代わりに彼女は、あなたは本当にそうしたいのか、あなたにとってこれは本当に楽しいことなのか、と彼にきく。セバスチャンは答える。客はぼくの演奏を気に入っている。だからバンドで演奏すれば定職を得られるし、いい経歴にもなる。それに、自分のジャズ・クラブを開くための金をためる機会にもなる、と。だが、彼女は正しい主張をする。本当の問題は、これは彼自身が本当にやりたいことなのか、ということだ、と。彼女を悩ませるのは、彼が経歴（バンドでの演奏）を選択すれば、彼は彼女を（二人の恋愛関係を）裏切る、ということではない。そうではなく、彼がこの経歴を選べば、彼は彼自身を、彼の真の天職を裏切る、ということなのだ。オーディションのあとでなされる第二の会話では、対立も緊張もない。そのとき、セバスチャンはすぐに認識する。ミアにとって、芝居はたんなる出世の機会ではなく、真の天職、彼女が彼女自身になるためにやらねばならないことなのだ、と。芝居をやめれば、彼女の人格そのものが崩壊するだろう。ゆえに、彼は彼女に懇願する。思う存分、悔いを残さず芝居に打ち込んでほしい、と。ここには、愛か天職か、という選択はない。これは逆説的ではあるものの本当のことなのだが、仮に彼女がロサンジェルスで彼と生活するために芝居の道をあきらめたら、彼女は二人の愛も裏切ることになるだろう。なぜならその愛は、二人がともにひとつの〈大義〉に関与することから生まれたものだからである。

われわれはここで、バディウが〈出来事〉をめぐる自身の理論において無視した問題に突き当たる。それは、ひとりの主体が多数の〈出来事〉にかかわった場合、どれを優先すべきか、という問題である。芸術家は、自分の愛情生活（パートナーと生活すること）と芸術への献身とを結びつけられない場合、みずからの決断として、何をするべきなのか。われわれはこの選択の条件自体をしりぞけるべきである。本来的なジレンマにおいては、〈大義〉をとるか愛をとるか、どちらに忠誠をつくすかを決断すべきではない。〈大義〉と愛、両者本来の関係は、それよりも逆説的である。チャールズ・ヴィダー監督の『ラプソディ』（一九五四年）から得られる基本的な教訓は、以下のことである――恋人の愛を獲得するためには、男は、自分は彼女なしでも生きていけるということ、自分は彼女よりも自分の使命や仕事を優先するということを証明しなければならない。直観的には、選択肢は二つある。（一）わたしにとっていちばん重要なのは、仕事上の出世である。この女はなぐさみ物、きばらしにすぎない。（二）この女はわたしのすべてであり、彼女のためなら、わたしはどんな屈辱にも耐えられるし、公的な名誉や仕事上の地位も捨てられる。これらの選択肢は二つともあやまりである。どちらを選んでも、この男は恋人に捨てられる。したがって、真の愛が発するメッセージはこうなる。たとえおまえがわたしのすべてであるとしても、わたしはおまえなしで生きていける、自分の使命や仕事のためならおまえを捨てられる、と。それゆえ、女が男の愛を試す適切な方法は、男が仕事上の重要な時期（この映画における最初の公開コンサート、重要な試験、出世にかかわる商談）をむかえたときに、男を「裏切る」ことである。彼女に捨てられたことで深く傷ついたとしても、彼がこの厳しい試練に耐え、自分の仕事を首尾よく成し遂げさえすれば、彼は彼女にふさわしい男になり、彼女は彼のもとに帰って来るだろう。愛の根底にある逆説は、〈絶対的なもの〉としての愛は直接的な目標として設定してはならない、ということである。愛は副産物として、われわれが思いがけず受け取る恩寵として位置づけられるべきなのである。おそらく、革命に従事するカップルの愛ほど、偉大な愛はないだろう。革命のために必要であるなら、この愛し合う二人はいつでも相手を捨てられるのだから。

問題は、「一般意志」を具現する解放的‐革命的集団は激しいエロティックな情熱にどのように影響するのか、である。われわれの知っている、ボルシェヴィキの革命家たちの愛からは、ユニークなことが起こっていた。つまり、新しいかたちの愛が生まれていた。カップルは永遠の非常事態のなかで生き、革命の〈大義〉に全身全霊をかけ、その〈大義〉のために個人的な性的満足を犠牲にし、さらには、革命のために必要とあらば、相手を捨て、相手を裏切る覚悟ができていた。だが、それと同時にカップルは、たがいに献身し合い、極度の激情のなかですばらしい瞬間を享受していた。恋人たちの熱情は許容されていた。それどころか、暗黙のうちに尊重されてもいた。だが、それは公的な言説においては、他者には関係のないものとして無視されていた（われわれの知る、レーニンとイネッサ・アルマンドとの情事にも、こうしたことはうかがえる）。ここでは、強制的同一化（*Gleichschaltung*）は試みられていない。つまり、私的な熱情と社会生活との融合は試みられていない。性的熱情と社会的‐革命的活動との根源的な断絶は、完全に承認されているのである。この二つの次元は、完全に性質の異なるものとして受け入れられており、一方を他方に還元することはできない。両者のあいだに調和はありえない。だが、両者の関係を非敵対的なものにしているのは、まさにこの齟齬の承認なのである。

そして、これと同じことは『ラ・ラ・ランド』にもいえるのではないか。ミアはみずからの〈大義〉に関して「レーニン的な」選択をしているのではないか。セバスチャンはそれをサポートしているのではないか。そして、彼らはこのようにして、二人の愛に誠実であり続けるのではないか。

こうした解釈はもちろん、この映画の支配的な受容を逆なでするものであるが、それは次の単純な事実から正当化される。つまり、このような解釈によらなければ、この映画の重要な細部を首尾一貫したかたちで読むことはできないのである。同じことは、普通にみれば非常にあいまいな作品である『ブラックパンサー』〔二〇一八年〕にもいえる。この映画の最後の場面は、いっけんあいまいではあるものの、『ラ・ラ・ランド』とはまた別種のレーニン的な誠実さを示している[17]。映画のあいまいさを表す最初の徴候は、あらゆる政治的立場のひとたちがそれを熱狂的に受容したことであった。黒人解放論者はその作品のなかに、ハリウッドではじめて黒人の力が大々的に肯定されるのをみた。穏健な左翼リベラル派は、その無理のない解決――闘争ではなく、教育と援助――に共感した。そしてオルタナ右翼は、映画による黒人のアイデンティティと生活様式の肯定のなかに、トランプの「アメリカ・ファースト」の別ヴァージョンを難なく見出した（ちなみにムガベもまた、失脚するまえに、トランプにやさしい言葉をかけたのだった）。あらゆる政治的立場のひとたちが同一の作品のなかに自分の主張を見出すとき、われわれは、問題の作品がきわめつけのイデオロギーであること、つまり、それが敵対関係にある諸要素を包み込むある種の空虚ないれものであることを確信する。

映画のあらすじは以下のとおりである。[18] 数百年前、アフリカの五つの部族が、ヴィブラニウムという金属を含んだ隕石をめぐって争い合う。ひとりの戦士がその金属の影響を受けた「ハート形のハーブ」を摂取し、超人的な力を獲得する。そして最初の「ブラックパンサー」になる。彼はジャバリ族をのぞくすべての部族を統一し、ワカンダ国をつくる。ワカンダ人はヴィブラニウムを使って高度な科学技術を発展させる。そして、未発展の第三世界の国のふりをすることで、世界からあえて孤立する。[19] 一九九二年、ティ・チャカ国王は、カリフォルニア州オークランドにいる彼の密偵、弟のウンジョブを訪ねる。ウンジョブは、黒人マーケットの武器商人ユリシーズ・クロウがワカンダからヴィブラニウムを盗み出すのを手助けしており、ティ・チャカ国王はそのことでウンジョブを責める。ウンジョブの相棒は、自分はズリというワカンダ人の密偵であると白状し、ティ・チャカ国王の疑念は確かなものになる。

ときは現代、ティ・チャカ国王死去のあと、息子のティ・チャラがワカンダにもどり、王位を継ぐ。彼と、ドーラ・ミラージュ連隊の隊長（女性の近衛兵）であるオコエは、ティ・チャラの元恋人ナキアを密偵の任から解く。それによってナキアは、ティ・チャラの母親ラモンダそして彼の妹シュリとともに、戴冠式に出られるからである。戴冠式で、ジャバリ族のリーダー、エムバクが王冠をかけて決闘を申し込む。ティ・チャラはエムバクを負かし、エムバクに死ぬのではなく降伏するように説得する。

とかくするうちに、クロウと若い黒人の闘士エリック・スティーヴンズは、ロンドン博物館からワカンダの遺物を盗む。ティ・チャラの友人でありオコエの恋人であるウカビは、ティ・チャラに、クロウをたとえ殺してでも連れもどすようにうながす。ティ・チャラ、オコエ、ナキアは釜山（韓国）に行く。クロウは釜山のカジノで、盗んだ遺物をＣＩＡ諜報員のエヴェレット・Ｋ・ロスに売ろうとしている。銃撃戦が起こり、クロウは逃げようとするが、ティ・チャラにつかまる。ティ・チャラはしぶしぶクロウをロスに預ける。クロウは、国際社会におけるワカンダのイメージは高度な科学技術文明をかくすための見せかけである、とロスにいう。エリックが襲撃し、クロウを奪還する。このときロスはナキアを守るために重傷を負う。ティ・チャラはクロウを追うことはせず、ロスをワカンダに連れてくる。そのテクノロジーを使えば、ロスの命は助かるからである。

シュリがロスの手当てをしているあいだ、ティ・チャラはウンジョブについてズリに問いただす。ズリはこう説明する。ウンジョブはワカンダのテクノロジーを世界中のアフリカ系の人々に供給することによって、その人々を圧制者から救おうとしていた。ティ・チャカがウンジョブを逮捕したとき、ウンジョブはズリを襲い、ティ・チャカに自分を殺させようとした。ティ・チャカはズリに嘘をつくように命じた――ウンジョブは姿をくらましていた、そして彼のアメリカ人の息子エリックのもとにいたことにせよ、と。エリックは、軍事作戦に従事する、合衆国の黒人兵士となっていた。彼の専門は合衆国の利益をおびやかす第三世界の政府を転覆する工作活動であった〔以上がズリの説明である〕。そうこうするうちに、エリック（「キルモンガー」とあだ名されている）はクロウを殺し、その死体をワカンダにもってくる。部族の長老たちの前に連れて来られた彼は、おのれの正体をあかし、自分は王位を継ぐ者だと主張する。王を決める儀式としての決闘において、キルモンガーはティ・チャラに挑戦する。キルモンガーは、ズリを殺したあとティ・チャラを負かし、彼を滝に投げ込む。キルモンガーはハート形のハーブを摂取したあと、残りはすべて焼却せよと命じる。だが、ナキアはひとつだけ引き抜いてもっておく。ウカビとその軍隊の支援を得たキルモンガーは、ワカンダの武器を世界中の同胞の工作員に送る手はずをととのえる。

ナキア、シュリ、ラモンダ、ロスは、助けをもとめてジャバリ族のところに逃げる。彼らはそこで昏睡状態のティ・チャラをみつける。ジャバリ族は、ティ・チャラがエムバクの命を助けてくれたお礼に彼を救ったのである。ナキアのもっていたハーブによって一命をとりとめたティ・チャラは、キルモンガーと戦うために国にもどる。キルモンガーは自分のブラックパンサー・スーツに身を包み、ウカビとその軍隊に、ティ・チャラを襲えと命じる。シュリ、ナキア、ドーラ・ミラージュ〔ワカンダ国王親衛隊〕はティ・チャラに加勢する。一方、シュリの指示にしたがって行動しているロスは、ジェット機を遠隔操作し、世界中の反体制革命家にヴィブラニウム兵器を運ぶ飛行機を撃ち落とす。エムバクとジャバリ族がティ・チャラに加勢するために到着する。そして、ウカビと彼の軍隊は、オコエと対決して武装解除させられる。ワカンダのヴィブラニウム鉱山で戦っているティ・チャラは、キルモンガーのスーツを破り、彼を刺す。キルモンガーは治療を拒否し、事実上の奴隷として生きるよりも自由人として死ぬことを選ぶ。

最後のシーンでティ・チャラは、ウンジョブが死んだ場所である建物に、救済センターをつくる。ナキアとシュリが経営するこのセンターは、将来、恵まれないひとたちに知識と援助を与えることになっている。本編のあとにつけられたミッド・ファイナル・クレジット・シーンでは、ティ・チャラ、オコエ、ナキアが国連を訪問する。ティ・チャラは各国の代表を前にこう語る。わたしは、ワカンダの進歩を世界と分かちあいたい。教育を援助し、ワカンダの最高のテクノロジーを利用可能にすることによって、それを平和的に分かちあいたい、と。

この映画は、はじまりの段階ですでに問題をはらんでいる、あるいは、すくなくともあいまいであるように思われる。近年の歴史からわかるように、なんらかの高価な天然資源に恵まれることは、一皮むけば、むしろ呪いである。今日のコンゴを考えてみよう。コンゴは、薬漬けの少年兵のいる、無法状態の「ならず者国家」であるが、その理由はまさに、その途方もなく豊かな天然資源（そしてそのためにコンゴが容赦なく搾取されること）にある。場面は次いでオークランドに移る。オークランドは、現実のブラックパンサーが拠点とする場所のひとつである。ブラックパンサーは、一九六〇年代以来続くラディカルな黒人解放運動で、FBIはそれを容赦なく鎮圧した（たとえば、そのメンバーを殺害した）。コミックス版にそってつくられたこの映画は――本物のブラックパンサーに直接言及することなく――単純ではあるが傲慢なイデオロギー的操作によって、この名前だけを効果的に利用する。そのため、この名前から最初に連想されるのは、古いラディカルな戦闘組織ではなく、勢力を誇るアフリカの王国のスーパーヒーロー‐王なのである。より正確にいえば、この映画には二人のブラックパンサーがいる。国王ティ・チャラと彼のいとこ、エリックである。二人はそれぞれ、異なる政治的ヴィジョンを体現している。エリックはオークランドで育ち、合衆国軍の黒人兵士となる。貧困、ギャングの暴力、残忍な戦闘行為、これが彼の住まう世界である。一方、ティ・チャラは、ワカンダの宮殿という隔離された裕福な環境で育てられる。その結果、エリックは戦闘的でグローバルな連帯をうったえ（ワカンダは、世界中の迫害された人々がワカンダの富、知、力を自由に使えるようにし、それによってこの人々が既存の世界秩序を打倒できるようにするべきである）、対してティ・チャラは、「ワカンダ・ファースト！」という伝統的な孤立主義から、ゆるやかで平和なグローバリズムへと徐々に移っていく。このグローバリズムは、教育と技術援助を世界にひろめると同時に、ワカンダの文化および生活様式を維持するものであり、既存の世界秩序とその諸制度の枠組みのなかで機能するだろう（ティ・チャラが通常の超活動的なスーパーヒーローではなく、異なる行動方針のあいだで引き裂かれる、悩めるヒーローであるのに対し、その敵であるキルモンガーがいつでも行動にうつることができ、なすべきことを自覚しているのは、そのためである）。CIAの諜報員がティ・チャラの最終的な勝利において重要な役割を果たすという事実は、すべてを物語っている……（世界中の革命家に武器を供給するためにキルモンガーの送った飛行機を破壊するという任務が、白人のCIA諜報員に課されたのは、王が同胞の黒人を信用していないからである——黒人たちがキルモンガーに共感して、この任務を妨害するかもしれないからである——といえよう）。

多くの批評家はワカンダ宮廷における女性の積極的な役割（防衛、年長者の知恵、科学技術……）

を称揚したが、その反面、そうした女性性の肯定は、完全に男性支配に従属したものである。それゆえ、ワカンダが世界に向けてその門を開くとしても、それで変わることといえば、伝統的な知恵をちょっと使って野蛮な資本主義の過剰性を封じ込めることくらいである。ティ・チャラが政権のかじ取りをすれば、今日の支配者たちは安心して眠りつづけることができる。

この映画がどこかおかしいことを示すひとつの証拠は、二人の白人のキャラクター、「悪人」の南アフリカ人クロウと、「善人」のＣＩＡ諜報員ロスである。「悪人」のクロウは、彼に割り当てられた悪漢の役どころに適していない。彼はあまりにも弱く、滑稽なのである。ロスはそれよりもはるかに謎めいた人物、ある意味でこの映画の症候である。ＣＩＡ諜報員である彼は――これは彼の上官、つまり合衆国政府がワカンダの秘密を知っていることを意味する――様々な出来事に、アイロニカルな距離をとりながら、奇妙にも傍観者のようにかかわる。彼はまるでひとつのショーに参加しているかのようなのである。ロスはどうして、世界中のキルモンガーの諜報員に武器を運搬する飛行機を撃ち落とすジェット機の遠隔操作（通常のハルマゲドンＳＦ映画では「善人」の黒人がになう役割）を、シュリからまかせられるのか。これは要するに、ロスがこの映画の世界において既存のグローバル・システムの地位を占めている、ということではないのか。それと同時に彼は、われわれ、すなわちこの映画をみる白人というマジョリティの地位を占めているのではないか。彼はまるでこういっているかのようである。「黒人の覇権というこのファンタジーを楽しんでも問題はない。実際、この別世界は、われわれの誰にとっても脅威ではないのだから！」と。

これによって、真の悪漢《ヴィラン》といえるのはキルモンガーだけとなる。つまり彼は、スーパーヒーロー漫画の世界の神話的な王族ブラックパンサーと対立する、一九六〇年代以来の革命的ブラックパンサーなのだ……。ティ・チャラが「よい」グローバル化に門戸を開きながら、同時にグローバル化の抑圧的な具現体であるCIAによって支えられるという事実は、両者〔ティ・チャラとCIA〕のあいだに現実的な対立がないことを物語っている。「ルーツへの回帰」はグローバル資本主義に完全に適合するのである。グローバル資本主義を掘り崩すには、「ルーツへの回帰」とは違うグローバルなプロジェクトによるしかない。したがって、こういえる――ワカンダの首都は既存の近代都市に代わる近代都市であり、そこではテクノロジーが人間の要求をかなえ、伝統と過激な近代性とが完全に一体化しているけれども、われわれはこの首都の美しいスペクタクルに魅了されてはならない。この美しいスペクタクルによってうやむやにされてしまうのは、マルコム・XがXという名前を自分につけたときに追求した明察である。マルコム・Xは自分のファミリーネームにXを選び、それによって、奴隷のアフリカ人をその祖国から連れ出した奴隷商人はそのアフリカ人から家族と民族的ルーツを奪った、彼らの文化的な生活世界全体を奪った、ということを示したが、そのポイントは、原初的なアフリカのルーツへの回帰のために黒人を闘争に導くことではなかった。そうではなく、Xによって開かれたはじまりをとらえること、つまり、アフリカのルーツを永遠に失われたものに変えた奴隷化のプロセスそのものによって生まれた、新たな知られざるアイデンティティ（の欠如）をとらえることである。ここには次のような思想が込められている。黒人から彼ら特有の伝統を奪うこのXは、彼ら自身を再定義（再発明）する唯一無二のチャンス、白人の人々が公言する普遍性よりもはるかに普遍的な新しいアイデンティティを自由に形成するチャンスを与えてくれる、と（周知のように、マルコム・Xはこの新しいアイデンティティをイスラム教の普遍主義のなかに見出した）。このマルコム・Xの貴重な教えを、『ブラックパンサー』は忘れている。この教えとはすなわち、真の普遍性を獲得するために、主人公はみずからのルーツの喪失を経験しなければならない、ということである。

こうして事態は明らかになったようにみえる。本当に新しい世界、既存の世界秩序のたんなる反映（逆転、補足）ではない世界を想像するのがいかにむずかしいことか、というフレドリック・ジェイムソンの主張を、この映画は裏付けているのだ、と。暴力的反乱による黒人の解放を理論化したフランツ・ファノンならきっと「この映画に満足しただろう」などと書ける批評家が本当にいるのだろうかと、われわれはただ驚くしかない……。しかしながら、この単純で素朴な解釈を乱す徴候、レオ・シュトラウスがミルトンの『失楽園』だけでなくプラトンやスピノザの作品を読解したときのやり方でこの映画を読解することへとわれわれを強いる徴候は存在する。シュトラウスは、「密かな教示」といった用語を使っているとはいえ、「深遠な解釈学」に精を出すグノーシス主義者ではなかった。彼が探求していたのは、おおやけのテクストから解読されるべき隠された知という意味での、秘教的プラトンではなかった。あらゆることはすでに示され、いわれている。既存の理論の代替となる理論はすべて、はっきりと提示されている。シュトラウス流の慎重な読解は、理論的な立場の素朴な位階秩序が転倒されねばならないことを示す徴候に、ただ注意を向けるのである。

たとえば、プラトンの『国家』第一巻は、ソクラテスとトラシュマコスの論争的な対話を扱っている。後者は、正義（正しいこと）をめぐるソクラテスとポレマルコスの議論の結果について、激しく異議を唱える。トラシュマコスはこう主張する。「正義とは、強い者の利益である」（三三八C）、「不正に、十分な規模に拡大した場合、正義よりも強力で、自由で、見事である」（三四四C）、と。ソクラテスは、強い者の利益を超えた正義の基準が存在することをトラシュマコスに認めさせることによって、彼に反論する。しかしながら、よく読んでみると、プラトンの真の立場がみえてくる。事実という観点からいえば、トラシュマコスは正しい。正義とは、実際に、強い者の利益なのである。だが、この真理は隠しておかねばならない。なぜなら、それが暴露されれば、一般人の大多数は傷つき、不道徳になるからだ。一般人の道徳感情は、正義は権力よりも強いことを要求するのである。同じことはミルトンの『失楽園』にもいえる。ミルトンは、サタンの反乱を糾弾する教会の公式の立場にしたがっているが、にもかかわらず、彼は明らかにサタンに共感している（ここではこう付け加えるべきだろう。この「わる者」びいきが作者にとって意識的なのか無意識的なのかは、重要ではない。どちらでも結果は同じである、と）。同じことは、クリストファー・ノーラン監督の『ダークナイト ライジング』（二〇一二年公開、原タイトルは *Dark Night Rises*）、この彼のバットマン三部作の最終作にもいえないか。ベインは一般的に悪漢とみなされている。とはいえ、彼がバットマン以上にこの映画の本当のヒーロー、悪漢の姿にゆがめられたヒーローであることを示す徴候は存在する。彼は自分の愛する者のためなら命を捨てられる。不正とみなせるもののためなら、すべてをなげうってもよい覚悟ができている。だが、この基本的な事実は、破壊的な悪という表面的で、どちらかといえば滑稽な徴候によってさえぎられている。

『ブラックパンサー』に話を戻そう。キルモンガーを真のヒーローとして認識できるようにする徴候とは、何だろうか。それはたくさんある。最初にあげられるのは、彼が死ぬ場面である。重症を負ったエリックは、傷を治してワカンダのまやかしの豊かさのなかで生き残るよりは、自由に死にたいという。キルモンガーの最後の言葉がもつ強烈な倫理的インパクトは、彼がたんなる悪漢であるという考えを打ち砕く。それに続くのは、たぐいまれな暖かみに満ちた場面である。死を迎えるキルモンガーは、山の崖のへりに座り、美しいワカンダの夕陽をながめている。そして、彼をたったいま打ち負かした、いとこのティ・チャラは、その横で静かに座っている。ここには憎しみはない。政治的見解を異にする、基本的に善良な二人の男が、戦いのあとで、最後の時をいっしょにすごしているだけである。これは、敵を悪意をもってたたきのめすのが普通の、よくあるアクション映画では考えられないシーンである。[20] 映画の素朴な解釈を疑うのには、そしてわれわれをより深い省察にいざなうのには、こうした最後の瞬間だけでも十分である。

結　論――われわれはいつまでグローバルに行動し、ローカルに考えられるのか

われわれは、ドナルド・トランプと彼を批判するリベラル派について、ヘーゲルから何を教わるだろうか。驚くべきことに、それはたくさんある。ヘーゲルは、ロマン主義的イロニー（アイロニー）を批判的に説明するなかで、それを空虚な否定性の実践として仮借なくしりぞけている。ロマン主義的イロニーとは、あらゆる客観的内容を高みから見下す空虚な主体が「作者の主観の機知をひけらかすためにあらゆるトピックを利用するユーモアの連発」にとらえられながら、あらゆることを馬鹿にする実践である、と。

〔主観的ユーモアにおいては〕芸術家がみずから素材のなかに入りこみ、客観世界にあって確固たる現実の形をとったり、とるのではないかと思える一切を、主観の思いつきや機知やひらめきの力によって突きくずし、解体することが、主たる活動となります。かくて、自立した客観的内容や、事柄そのもののあたえるきちんとまとまった形態は崩壊し、表現は、対象

とのたわむれや、素材の歪曲やひっくりかえし、行きあたりばったりの主観的発言や意見や行動にすぎないものとなって、作者もその内容も、そのなかに埋もれてしまいます[1]。

ヘーゲルの主張は、よく保守的とみなされる。われわれが認識すべきは、すべてを破壊する、ロマン主義者の無政府主義的なイロニーではなく、社会的慣習に具現された〈善〉と〈真〉、つまり社会的慣習の合理的な核である――ヘーゲルはそういっているのだ、と。しかしながら、ここでのヘーゲルは、それよりもはるかにあいまいである。第一に、主観的ユーモアに対する彼の批判は、それがあらゆる客観的内容を真剣に受けとらず相対化するためにその内容を崩壊させる、ということではない。そうではなく、このすべてを破壊するイロニーの立場は、実際はまったく無力である、ということなのだ。このイロニーの立場は現実的にはなんの脅威にもならない。それはただイロニーの主体に、内面の自由と優位という幻想を与えるにすぎないのである。個人が社会関係の測り知れない網の目に捕らえられているとき、その個人の主体性を主張するには、個人の内面の優位をとりあえず証明するとされる、取って置きのジョークを用いるしかない。

ヘーゲルは、ロマン主義的な主観的イロニーに、それよりもはるかにラディカルな、弁証法の中核的な特徴である存在論的イロニーを対置する。ソクラテスのイロニーについて、ヘーゲルはこう指摘している。「あらゆる弁証法と同様に、それは現にあるもの、直接とらえられたものに力を与える。ただし、それはあくまで、そのものに内在する解体が起こるようにするためである。われわれはこれを、世界の普遍的イロニーと呼べるかもしれない[2]」。弁証法的アプローチは現実を、敵対関係をはらんだものとしてとらえるが、それを自分の活動によって崩そうとするのではない。弁証法的アプローチは、現実を現実による自己把握よりも真剣に把握しながら、現実をあるがままに（あるいは現実が主張するままに）しておく。そして、このようにして、現実の自己解体を可能にするのである。このアイロニーはある意味で客観的である。したがって、あるみじかい（そして残念ながら、まだ十分に練り上げられていない）一節で、ヘーゲルが主観的ユーモアを彼のいう「客観的ユーモア」と対置するのは、不思議ではない。

もしユーモアにとって重要なものが、対象と、その主観的反映におけるその輪郭であるならば、われわれはそれによって、だんだんと対象と親密になり、ある種の客観的ユーモアを獲得します［…］。ここで意図されている形式が現れるのは、対象について語ることが、たんにそれを名づけることではない場合、対象のなんたるかを一般的な用語で指示する碑文や銘文ではない場合だけです。逆にいえば、深い感情、たくみな機知、巧妙な反省、そして、詩の流儀によって極小の細部を活気づけ拡大する想像力が、その語りに付け加えられる場合だけです。(3)

ここで問題になっているのは、意義深い症候的な細部に注目することによって、既存の秩序に内在する支離滅裂さ／敵対関係を引き出すユーモアである。そうであるなら、こうした指摘から、社会の全体性は敵対関係によって横断されている、喜劇的な逆転にいろどられている、という考えを導くのは、正しいのではないか。自由はテロに変わり、敬意はお世辞に変わる――こうした逆転は〈理性の狡知〉の中身ではないのか。スターリン主義は、偉大なる解放への希望が自己破壊的なテロリズムの暴力へと喜劇的に逆転するという客観的ユーモアであるが、これ以上に恐ろしい客観的ユーモアの例を想像できるだろうか。その意味でスターリンは、二十世紀のジョークの名人ではなかったか。そして現代でいえば、個人の選択の自由もまた、ジョークではないか。つまり、そうした自由の真実の背後には、不安定就業者の絶望的な状況が存在するのではないか。スターリン主義時代のもっとも偉大な文化的産物が政治的ジョークであったことを考えれば、ふたたびブレヒトをもじってみたくなる。スターリン主義の政治というジョークにくらべれば、反スターリン主義の傑作ジョークなどかわいいものだ、と。あるいは、現代にひきつけていえば、トランプによる実際の政治というジョークにくらべれば、トランプについての傑作ジョークなどかわいいものだ、となる。数年前にコメディアンが舞台上で、トランプの発言やツイートや決断と同じものをねたにしたとしよう。それは現実味のない、誇張されたジョークとして受け取られただろう。ここからもわかるとおり、トランプ自体がすでに自己〔トランプ〕のパロディなのである。これは不気味な効果をもっている。彼の実際の行為のほうが、そのパロディよりも、破天荒におもしろいのである。

客観的ユーモアが、ものそれ自体に内在する否定性を明らかにするものである以上、ディーター・ヘンリッヒをはじめとする多くのヘーゲル解釈者が、モダンアート――芸術の終焉以後の芸術――の最後のよりどころを客観的ユーモアに見出すのは、不思議ではない。ここではさらにもう一歩踏み出して、絶対的ユーモア、すなわち、主観的ユーモアと客観的ユーモアの融合という概念を提示することもできる。これは要するに、客観的ユーモアはみずからを再生産するために主観的ユーモアを必要とする、という明察である。この意味で、主観的ユーモアに対するヘーゲルの批判は、今日、これまで以上にアクチュアルである。東欧の旧共産主義体制をめぐる有名な神話のひとつに、次のようなものがある。秘密警察のなかには、反体制的な政治的ジョークを集めるのではなく、それをつくって流通させる部署があった。体制側は、ジョークに体制を安定させる働きがあることを知っていたのである。つまり、政治的ジョークが、一般の人々向けの、ガス抜きをし欲求不満をやわらげる簡単で許容可能な方法となることを、である。

そして、レベルは異なるが、同じことはトランプにもいえる。リベラルなメディアが、トランプは弱みを握られている、彼の言動（亡くなった偉大な軍人の親を馬鹿にする、女を引っ掛けたことを自慢する、等々）は自殺行為である、と何度も報道していたことを思い出そう。尊大なリベラルなコメンテイターたちは驚いていた。トランプの人種差別的、性差別的な暴言、ずさんさ、経済的に無意味な言動、等々を彼らがいくら厳しく批判しても、トランプは無傷で、それどころか彼の人気はおそらく、ますますあがっていったからである。彼らは同一化の仕組みをわかっていなかった。われわれは通常、他者の弱点に同一化する。他者の強みだけに同一化するのではないし、おもにその部分に同一化するのでもないのだ。だからトランプの限界が揶揄されればされるほど、一般民衆はますます彼に同一化し、彼に対する批判を自分に対する軽蔑的な批判として受け取ったのである。トランプの無作法な言動は、次のようなメッセージとして一般大衆の潜在意識に働きかける――「わたしは君たちの仲間だ！」。一方、この言動に対するリベラル派エリートたちのお高くとまった態度は、一般のトランプ支持者にとって、自分たちを馬鹿にした態度のように感じられる。アレンカ・ジュパンチッチが簡潔に述べたように、「トランプの当選から明らかなように、極貧層は最富裕層のために戦う。左翼はその極貧層を叱り侮辱する以外に、ほとんどなにもしない」[4]。あるいは、こう付け加えるべきだろう。左翼はそれ以上に悪いことをしている。左翼は貧困層を見下すようにして、その混乱と盲目を「理解する」のだ、と。この左翼リベラル派の傲慢さがなによりもはっきり現れるのは、新しいジャンルである、政治的コメントとコメディを合わせたトーク・ショー（ジョン・スチュアート、ジョン・オリヴァー）においてである。この種の番組の売りは、リベラルなエリート知識人の純然たる傲慢さであるといってもよい。

トランプを茶化すことは、せいぜい彼の現実政策から気をそらすことにしかならない。最悪の場合、それは政治全体をギャグに変える。このプロセスは、このショーの演者や作家や作家の選ぶ題材とはなんの関係もない。彼の大統領候補としての基盤は、滑稽な卑劣漢を演じることにあった。滑稽な卑劣漢こそ、彼が数十年間にわたってかぶってきたポップカルチャー的な仮面であった。自分を意識的に戯画化する人物、そうしたパフォーマンスを基盤に合衆国大統領になった人物を効果的に茶化すことは、単純にいって不可能である[5]。

かつて自著のなかで引用したことがあるジョークを取り上げよう。「現実に存在する社会主義」

の古きよき時代、反体制派のなかで次のようなジョークが流行っていた。モンゴル民族に占領されていた十五世紀のロシアで、ある農民夫婦が土ぼこりの立つ田舎の道を歩いていた。馬に乗ったモンゴルの戦士が彼らを呼び止め、農夫に向かって、お前の女房をレイプするといった。そのとき戦士はこう付け加えた。「ここは土ぼこりがたまっている。おれがレイプしているあいだ、睾丸を手で下から支えていろ。そうすれば睾丸が汚れずにすむ」。モンゴルの戦士は事が終わると馬に乗って去る。すると農夫は笑いはじめ、小躍りして喜ぶ。驚いた女房は問う。「わたしが目の前でレイプされたというのに、どうしてそんなふうに喜べるの?」。農夫は答える。「一杯食わせてやったのさ。〔いわれたとおり睾丸を支えなかったから〕やつの睾丸はほこりだらけだ」。この悲しいジョークは反体制派の苦境を語っている。彼らは、党のノーメンクラトゥーラ〔幹部、特権階級〕に手痛い打撃を与えていると思っているが、実際は、人民をレイプし続けるノーメンクラトゥーラの睾丸を少しだけ汚しているにすぎないのである。これと同じことは、トランプをからかっているジョン・スチュアートとその仲間たちにもいえるのではないか。彼らはトランプの睾丸を汚しているにすぎない、あるいは、よくてそれをひっかいているにすぎないのではないか。

したがって、弁証法の基本的な教えは以下のようになる。空虚な主観的ユーモアに対しては、深刻な「客観的」分析によってではなく、ヘーゲルのいう客観的ユーモアによって反撃すべきである。後者はわれわれの現実に内在する不条理を明るみに出すのだ、と。われわれは、きわめて恐ろしい経験のなかにも、ひるまずこのユーモアの特徴を見出すべきである。フェルディナンド・

フォン・シーラッハの芝居『テロ』は、二〇一五年にベルリンで開幕したあと、世界的にヒットした。芝居は世界中で数百回上演され、マスメディアではたえず倫理的な問題が議論された。これは、ラース・コッホというドイツ空軍のパイロットを被告とする裁判を描いた法廷ドラマである。コッホは、ひとりのテロリストによってハイジャックされたルフトハンザ航空の旅客機を撃墜したのだった。旅客機は、(ドイツ対イングランドの試合をみている)七万人の観衆がいるスタジアムに向かっていた。コッホのプラグマティック(実用主義的)な決断——憲法に違反する決断——は、旅客機の乗客よりはるかに多いスタジアムの観衆がテロリストによって虐殺されるよりも、一六四人の乗客の命を絶つほうを選ぶ、というものである。芝居が終わったあと、観客は、コッホが有罪か無罪かについて投票しなければならない。観客はそれぞれ、1(有罪)、2(無罪)という二つのボタンのついた小さな装置をわたされる。そして、自分たちの票決の結果を知ることになる。予想どおり、すくなくとも西洋の劇場においては、そのほとんどがコッホの無罪を宣告する。

ここで問題になっているのは、間違いなく、(カント的転回をふまえていえば)正真正銘の、倫理的理性の二律背反《アンチノミー》である。この芝居のジレンマをこのように明確に理論的にとらえれば、はっきりした解決はいえなくなる。確実性や数を用いて理屈をこねるのは——たとえば「ひとり殺すことで、すくなくとも五十人を救えるなら……」というふうに——破廉恥といえる。芝居で提示された選択はどこか根本的にまちがっているという直観は、完全に正しい。この選択は、純然たるイデオロギーだからである。そういえる主な理由は、明確で単純な状況を提示するために、この芝居が除外してしまったものにある。基本的に、われわれは厄介な問題を突き付けられ、個人として意見をもとめられているが、その問題の明確さ自体（旅客機を撃墜するか否か）は、ほかのあらゆる重要な問いをうやむやにする。スタジアムの観衆を避難させてはどうか（時間は十分にあった）。そうしたテロ行為の地政学的な原因についてはどうか。アラブ諸国に対するわれわれの軍事介入についてはどうか。われわれとサウジアラビアとの同盟関係についてはどうか。仮にこうした問いのどれかを選ぶようにもとめられたら、われわれはそれに応じただろうか。われわれは、芝居の提示する選択に先立つこうしたあらゆる選択の重要性に直面しているのに、なぜ提示された選択のプレッシャーを感じるだけなのか。

だが、この芝居には、これとは別に問題にすべきより基本的な特徴がある。子細にみてみれば、われわれは次のことに気づく。コッホが旅客機の撃墜を選択するとき、彼は、実際は個人による実存的決断をしているのではなく、暗黙の社会的命令にしたがっているだけである、と。彼と軍の上官たちとの会話からわかるように、上官たちは、彼が旅客機を撃墜すると想定している。上官たちは巧妙に、彼にそうするように圧力さえかけている。上官たちはただ、彼にそうしろと、はっきりとはいいたくないのである。この状況もやはり、本書の冒頭でふれた灰皿のはなしを思い出させる。そこでも、禁止と許可の矛盾は公然と受け入れられており、それによってその矛盾が無化され、なきものとして扱われている。そのメッセージは「喫煙は禁じられていますが、喫煙するときはこうしてください」であった。コッホの置かれた状況も、これとまったく同じではないか。彼の上官たちが繰り返すメッセージは、「撃墜は法で禁じられている……でもやってくれ！」

であった。

これはまさに軍隊の仕組みである。わたしは兵役についていたときに、似たような出来事に遭遇した。ある朝、軍事教練の一時間目、国際軍事法の授業のときに、士官は次のような規則に言及した。落下傘部隊が地面に着地するまえに、つまり空中にいる段階で、彼らを撃つことは禁じられている、と。おもしろいことに、二時間目はライフル銃に関する授業だった。同じ士官がわれわれに、空中にいる落下傘部隊の兵士を撃つ方法（狙いを定めながら落下速度、風向き、風速などを考慮しなければならないことなど）を教えた。ひとりの兵士が士官にたずねた。一時間まえに習ったことと、この授業は矛盾していませんか。士官はシニカルな笑みを浮かべて言い返した。「おまえは馬鹿か？　人生というものがわかっとらんのか？」と。

核戦争の場合には、大衆の想像力はこの芝居とは反対のシナリオを要求することも、ここで銘記しておくべきだろう。反対のシナリオとは、ひとりの士官が、ボタンを押せという命令に抵抗して、その結果地球を救う、というものである。これはあとからわかったことなのだが、一九六二年十月二十七日、キューバ・ミサイル危機のときの恐ろしい逸話を思い出そう。われわれは核戦争の一歩手前にいた。キューバ沖でアメリカの駆逐艦とソヴィエトの潜水艦Ｂ－59が小競合いを起こしていたとき、われわれは核戦争の一歩手前にいた。駆逐艦は、潜水艦が核弾頭付きの魚雷を装備していたのを知らずに、潜水艦に向かって爆雷を落とし、それを浮上させようとした。潜水艦の乗組員、ワディム・オルロフがハバナの会議で語ったところによれば、潜水艦は、三人の士官が同意すれば、魚雷を撃ってよいことになっていた。三人の士官は、駆逐艦を撃沈するべきか否かをめぐって激しい議論をはじめた。二人は撃沈すべしといったが、もう一人は反対した。この事件を論じた歴史家は痛烈なコメントを残している。「アルヒーポフという名のひとりの男が世界を救った」[6]と。われわれはひそかに、合衆国、北朝鮮、その他の国々のあいだの激しい非難の応酬においても、同じことが起こるのをあてにしていないか。つまり、ある決定的な瞬間に、ある個人が勇気をふりしぼって、核による脅しに対して核で脅し返すという狂った循環を断ち切ってくれる、と。

フォン・シーラッハの芝居の場合と同様に、ここでも一連の選択を思い浮かべることができる。たとえば、グアムに向けて発射された北朝鮮のミサイルがもし途中で空中分解したら、合衆国は反応すべきなのか。また、反応するにしても、どのようにしてか。だが、われわれはこの状況全体の異常さを忘れるべきではない。われわれは生態系の破滅の脅威にさらされているのに、あいかわらず自己破壊のゲームにかまけているからだ。政治指導者たちが決断に向けて検討する際、判断基準となるのは「より多くのひとを救うために、わたしは何人の無辜のひとを殺してよいのか」ではなく、「敵に反撃するために、わたしは百万人の無辜の傍観者を直接的、間接的に殺してよいのか」である。指導者たちが核戦争の破滅的な脅威に言及する際、彼らが実際に語っているのは、このことである。つまり、何百万ものひとが死ぬだろうが、われわれはともかくそれを実行し、反撃しなければならない、ということである。

事態をさらに複雑にしていることがある。金正恩が合衆国に甚大な被害を与える攻撃について語っているのを聞くと、彼はいったい自分の立場がわかっているのかと、驚かざるをえない。彼は、自分をふくむ自国が破壊されることをまるで自覚していないかのように語る。彼はまるで空想のゲームをしているかのようなのである。では、彼は、はったりをかけているのか。実際は核攻撃のことなど考えていないのか。冷戦期の基本的原則がＭＡＤ（相互確証破壊）であったとすれば、今日の〈テロとの戦争〉の原則はその反対、ＮＵＴＳ（核使用対象選択）であるように思われる。後者は要するに、局所攻撃によって敵の核施設を破壊することが可能であり、敵の反撃にはミサイル迎撃システムによって防衛する、という考えである。厳密にいえば、合衆国の戦略はこれとは違っている。合衆国は、ロシアおよび中国との関係においてはあたかもＭＡＤの論理を信じているかのように行動するが、その一方で、イランや北朝鮮との関係においてはＮＵＴＳを実践したがるのである。ＭＡＤの逆説的なメカニズムは「みずからを実現する予言」という論理を、「みずからを無意味にする意図」という論理へと逆転する。つまり、ＭＡＤにおいては、まんいち核攻撃を決断すれば、敵側も最大の破壊兵器をもって応じるという事実によって、どちらも戦争をはじめられないという状態が保証される。それとは逆に、ＮＵＴＳの論理は、もし敵の反撃を許さないかたちで敵を攻撃できることが確実になれば、敵を武装解除に追い込むことができる、というものである。この二つの矛盾する戦略がひとつの超大国によって同時に採用されているという事実は、ここでの推論全体がもつ空想的な性格を物語っている。こうした状況でわれわれにできる唯一のことは、国際社会を最大限に動かして、核兵器や他の大量破壊兵器の使用をにおわす発言をすべて法的に禁止することである。そうした兵器の使用を検討する指導者や国家は――ただ検討しただけでも――社会ののけ者として、人間以下の忌ま忌ましい怪物として扱われるべきである。そうした指導者や国家をこらしめるためには、集団ボイコットから個人的に恥をかかせることまで、すべてがゆるされるべきである。

合衆国と北朝鮮のあいだの迫りくる軍事的対立は、二重の危険を含んでいる。両者は明らかに、はったりをかけており、実際の核攻撃の応酬にたよりはしないのだが、レトリック（言葉のあや）はたんなるレトリックとして機能することはなく、つねに抑えがきかなくなる。これに加えて、多くのコメンテイターが指摘しているように、ひとつ奇妙なことがある。トランプは金正恩と対等の立場に立つことに決め、虚勢の張り合いをしているのだ。こうして虚勢が膨れ上がっていくさまは、ヘーゲルが分析した、二人の主体のあいだの承認をめぐる闘争にますます似てくる。この闘争においては、生きるために妥協するよりも死を選ぶ覚悟を示した者が勝者となる。これによってトランプは、うかつにも、真の超大国にはふさわしくないゲームにはまってしまう。北朝鮮のような弱小国相手なら、分別のある、厳格な警告で十分だろう。それ以外のやり方は馬鹿げている。

二〇一八年初頭に韓国と北朝鮮が歴史的融和に向けて第一歩を踏み出したとき、剣呑な雰囲気は魔法にかかったように相互尊敬と相互援助の雰囲気に変わった。ひとを不安にさせたのは、まさにこの変化の速さであった。われわれはまるで、唐突な逆転劇のためにその変化をまじめに受け取れなくなる奇妙なゲームに参加しているかのようであった。だが、そうした逆転は、イスラエルとイランのあいだ、合衆国とロシアのあいだでも可能だろうか。トランプがノーベル平和賞候補であるという噂まで広まりはじめた。彼は受賞するのだろうか。フランス語には *Voyons voir* というすてきな表現がある。おおまかに訳せば、「なるようになるから、待って見ていよう」

となる。これまでノーベル平和賞を受賞したアメリカ大統領は四人いる。シオドア・ローズヴェルト、ウッドロー・ウィルソン、ジミー・カーター（退任後）、そして二〇〇九年のバラク・オバマである。「国際外交と諸国民のあいだの協力関係を強化する類まれな努力」、それがオバマの授賞理由であった。これはまやかしの説明であった。それは、オバマに将来そのように行動してほしいという希望の表現にすぎない。

トランプにノーベル平和賞を贈るという提案は信じがたいものだが、とはいえ、われわれはそれに対する反応として三つのことをすべきである。第一に、次のことを肝に銘じなければならない。朝鮮半島危機の平和的解決に向けた打開は、大きな妥協によって可能となったが、それをしたのはトランプではなく金正恩であった。つまり、金正恩は鍵となる譲歩をしたのだから、賞は金正恩とトランプに贈られるべきなのである。この考えのばからしさは明らかである。世界でもっとも圧政の強い体制の長に平和賞を贈ることなどありうるのか。われわれが恐れていたような狂ったふるまいをせず、突然Uターンをしたというだけで、金とトランプは本当に受賞にあたいするのか。さらにいえば、「トランプに平和賞を」という発案と、トランプがイランとの協定をけんか腰に撤回したこととは、どのように結びつけられるのか。この撤回が合衆国の西ヨーロッパ同盟国から反対されたという事実は、グローバルな地政学的再編成のための新たな可能性をひらく。これによって合衆国は、この協定に今後も固執する国々のコミュニティから孤立するだろう。そして合衆国はさらにこれをきっかけとして、たんなるグローバルな強国のひとつにすぎなくなるだろう。

しかしながら、（左翼リベラル派にとって）不愉快な真実は、トランプはたんに合衆国の好戦的で狂ったリーダーではなく、ヒラリー・クリントンとくらべてそれほどわるくない、ということである。クリントンはトランプよりも危険であると本当に信じているのかと、『ガーディアン』紙からきかれたスーザン・サランドンは、こう答えた。

彼女は危険きわまりない、わたしはそう思っていました。〔彼女が大統領になっていたら〕フラッキング〔ガス田掘削〕がまだ行われていたでしょうし、戦争になっていたでしょう。いまほどの平穏さはなかったでしょう。その当時は気づかなかったのですが、オバマ政権下で起こったことを思い出してください。彼女が大統領になっていたら、オバマと同じようにやったでしょう。それは卑劣なやり方です。オバマは、これまでになく多くの人々を国外に退去させました。彼がどうしてノーベル賞を受賞したのか、わたしにはわかりません。(7)

したがって、われわれは〔第二の反応として〕、トランプがその最悪の活動においてさえ、前任者たちの政治をおおむね引き継いでいるにすぎないということを、つねに肝に銘じておくべきである。

トランプは、金正恩との会談を発表したあと、イランとの合意を撤回することに決めた。このときわれわれは、二人のトランプを続けざまにみたような気がしたかもしれない。ひとりは、朝鮮半島の武装解除〔非核化〕に向けた行動に出る「平和な」トランプ、もうひとりは、イランとの協定を撤回し、それによって中東（およびほかの地域）に不安定な状態と戦争の脅威をもたらした「好戦的な」トランプである。だが、実際に存在するのは、両方のケースでまったく同じことをしていたひとりのトランプである。北朝鮮のケースにおいて彼は、経済制裁や軍事的威嚇のような極端な圧力をかけるところからはじめた。そして、彼は同じことをイランに対しても行っている。おそらくは、北朝鮮の場合にうまくいったのなら今度もうまくいくだろう……という希望的観測をもって。では、今度もうまくいくのだろうか。われわれは〔第三の反応として〕、二つのケースの差異を忘れるべきではない。北朝鮮は自国を超えた広範な地域には関心のない、孤立した国家であるが、イランは中東地域の紛争にふかく関与しているのである。この危険な混乱状況において、一筋の希望の光となるような出来事はめったにない。だが、トランプが金正恩との会談をキャンセルしたあとの二〇一八年の五月の終わりに、南北朝鮮の両首脳が以外にも直接会談をしたことは、そうした出来事のひとつであった。これはおそらく、唯一の進むべき道であろう——すなわち、合衆国の干渉を迂回して、超大国の「援助」なしに地域レベルで緊張を緩和することは。

だが、イランへの圧力がうまくいかないことを、合衆国が重々承知しているとしたら、どうだろうか。この圧力が、イスラエルとサウジアラビアと手を組むかたちで、イランへの宣戦布告の準備であるとしたら、どうだろうか。そうした軍事的対立が何をもたらすかを推測するのは、むずかしい。長期的にみて、ひとつの国が核（あるいは生物化学）兵器を手に入れるのを妨ぐのは不可能であることを考えれば、なおさらそうである。しかしながら、ノーベル平和賞候補としてのトランプという考え方がばかばかしいということは、容易にわかる。では、誰ならこの賞にふさわしいのか。それは、今後もまちがいなく受賞者にならないひとたちである。一九四〇年代後半にクレムリン病院の心電図部の長であったソフィア・カルパイを思いだそう。共産党のリーダー、アンドレイ・ジダーノフが心臓病で亡くなる数日前にあたる一九四八年七月二十五日と七月三十一日に、ジダーノフの心電図を仕事で計二回とったことが、彼女にとって（偶発的な）不運となった。ジダーノフが心臓の不調をうったえたあとにとられた最初の心電図は、要領を得なかった（心臓発作は確定も否定もできなかった）。それに対し、二回目の心電図からは明確な診断ができた（心室内の血栓は消えており、これは心臓発作が起こらなかったことを示していた）。一九五一年、彼女は次の理由で逮捕された。彼女は、ジダーノフの他の担当医と共謀してデータを改ざんした。つまり、心臓発作が起こっていたことを示す明白なデータを消した。これによってジダーノフは、心臓発作の患者に必要な特殊な治療を受けられなかったのだ、と。告訴された医師たちはみな、彼女を除いて、絶え間ない残忍なむち打ちなど、ひどい仕打ちを受けたすえに自白をした。「［彼女の上司］ヴィノグラドフの言によれば「プチブル的な道徳観をもった典型的な庶民」にすぎなかったソフィア・カルパイは、自白を強要するための冷蔵独房に不眠状態で入れられていた。彼女は自白しなかった(8)」。

彼女の忍耐がもたらした影響と意義は、いくら評価してもしきれない。彼女がもし調書に署名していたら、「医者の陰謀」という、彼女を起訴した連中の考える事件が成立していただろう。そうなれば早晩、数十万の死につながる、おそらくは新たなヨーロッパ戦争にさえつながる、一連の過程がはじまっていただろう（スターリンの計画によれば、「医者の陰謀」は、西洋の知識人諜報員がソヴィエトの指導者の殺害を試みたことを証明するはずのものであり、またそれゆえに、西ヨーロッパへの攻撃の口実となるはずのものであった）。スターリンが最後の昏睡状態におちいると、この事件はすぐに取り下げられたが、彼女はそのときまでがんばり通した。彼女の素朴なヒロイズムの重大さは、一連のささいな身振りに宿っている。そうした身振りは、「動き出した巨大な機械のギアにはさまった砂粒のように、ソヴィエト社会と政治が大惨事を迎えるのを阻止し、数百万とはいわないまでも数千人の無辜の民の命を救った(9)」のである。

大困難に負けないこうした素朴ながんばりこそ、最終的には、真のヒーローをつくりだすものである。われわれがこうした事例を知るのは、あくまでときたまであり、また、あくまで数年たったあとである。したがって、ノーベル平和賞の受賞者に最低限の妥当性を求めたいのであれば、その賞は、活動的な政治家の現在の行動を根拠にして（たとえば、その政治家が、みなが思っていたほど野蛮でないという理由で）、そのひとに贈られるべきではない。また、ある政治家に将来期待できる活動を根拠にして、そのひとに贈られるべきでもない。ノーベル平和賞は遡及的に「歴史をあとから振り返ることによって」、アルヒーポフやカルパイのような名もなきヒーローに与えられるべきである。

本題にもどろう。国民国家間の競争という論理は、きわめて危険である。なぜならそれは、環境との新しいかかわり方を確立するという緊急の課題に、スローターダイイクが「野生動物的〈文化〉の教化」と呼ぶラディカルな政治－経済的変革という緊急の課題に、もろに逆らうものであるからだ。今日にいたるまで、それぞれの文化は、その文化に属する人々を訓練あるいは教育し、国家権力のよそおいのもとでその人々のあいだに市民的な平和状態を確保してきた。だが、異なる文化や異なる国家のあいだの関係は、いつ起こるとも知れない戦争の危険に永遠にさらされている。平和の期間は一時的な休戦状態にすぎないのである。ヘーゲルが哲学的に説明しているように、国家単位の倫理は、至高の英雄的行為、すなわち、自分の国民国家のために命を賭する覚悟において頂点に達する。要するに、国家間の荒々しい野蛮な関係は、一国家の内部における倫理的な生き方の基盤となるのである。核兵器や遠距離核ミサイルを敢然と開発する今日の北朝鮮は、こうした絶対的な国民国家主権の論理を示す究極の例ではないだろうか。しかしながら、われわれが〈宇宙船地球号〉の乗組員であることを完全に受け入れた瞬間、急を要する課題が浮上してくる。それは文明自体を文明化するという課題、すべてのコミュニティに普遍的な連帯と協働関係を強要するという課題である。ただでさえ厄介なこの課題は、宗教や民族を基盤にした「英雄的」暴力の台頭と、自分の特定の〈大義〉のために自分（と世界）を犠牲にする心的傾向によって、なおいっそう困難なものになっている。

二〇一八年三月一日、ウラジーミル・プーチンは、ロシア議会の議員に向かってこう述べた。「ミサイルの試験発射と陸上試験によって、最新の兵器、核の力で動く戦略核ミサイルをつくることが可能となる。射程距離は無限である。ミサイルの飛行時間に制限はない。世界中どこをさがしても、このようなものはない」。喝さいにこたえて、彼は演説をこう締めくくった。「ロシアの核の力は、依然として世界一である。だが、誰もわれわれのはなしに耳を傾けなかった。いまこそ、われわれのはなしをきくがよい[10]」。

確かに、われわれはこうした言葉に耳を傾けるべきだろう。だが、その言葉はあくまで、他の二人の狂人と手を組むひとりの狂人の言葉とみなすべきである。以前、金正恩とトランプが、いつでも核ミサイルの発射ボタンを押せるぞといって争いあったことを思い出そう。そのときトランプは、自分のボタンのほうが金のボタンよりも大きいと主張したのだった。いまでは、プーチンがこの破廉恥な争い――これが、誰がよりはやく、より効果的にわれわれを破滅させられるか、という争いであることを忘れてはならない――に加わっている。おれのボタンがいちばん大きい……と主張しながら、である。もちろん、どの陣営も、自分は平和を望んでいるだけであり、売られたけんかを買っているにすぎないと主張できる（たとえば、プーチンはすぐにこう付け加えた。合衆国はその防御の楯によってロシア相手の核戦争に勝てると、トランプはいったが、自分はこの声明に反応しているだけだ、と）。なるほど。だが、これが意味するのは、この狂気はシステムそのものに内在する、システムにかかわったわれわれを捕らえる悪循環に内在する、ということである。この悪循環の構造は、「想定された信念」の構造――個々の参加者はみな分別をもって行動するが、自分以外の他者は無分別に行動すると想定する、そしてこの他者も、自分以外の他者は無分別に行動すると想定する――に似ている。わたしの若かったころ、社会主義時代のユーゴスラヴィアで、トイレットペーパーをめぐる奇妙な出来事があった。トイレットペーパーが不足するというわさが、突然ひろまりはじめた。当局はすぐに、トイレットペーパーは普通に使う分には十分備えがあると断言した。驚いたことに、この当局の発表は真実であり、また人々も真実であるとおおむね信じていた。しかしながら、一般の消費者は次のように考えたのかもしれない。わたしはトイレットペーパーが十分にあり、うわさが嘘だということをわかっているが、一部のひとたちがこのうわさを真に受けてパニックをおこし、トイレットペーパーの買いだめに走り、その結果実際にトイレットペーパー不足を引き起こしたら、どうだろうか。ならば、わたしもすぐに買いだめしたほうがよいだろう、と。この事態の発生においては、一部の他者がうわさを真に受けると信じる必要はない。うわさを真に受けるひとたちが存在すると、一部の他者があなたと同じように信じる、そう想定すれば十分なのである。いずれにせよ結果は同じである。すなわち、トイレットペーパーが実際に不足することは（ビットコイン現象はこの構造——主体がその存在を信じているということだけがその存在の実体であるもの——の極端なかたちではないか。ビットコインは基盤を欠いているため、ある時点で崩壊せざるをえない、というスローガンは、われわれの不安を表現している。それは、この崩壊に対する不安ではなく、それとは逆の不安、基盤を欠いたものがそれにもかかわらずいつまでも存続できる、という不安である）。

この狂気がはっきりみえてくるのは、次の単純な問いを発したときである。この核問題の行き詰まりのなかにいる主人公たち（金正恩、トランプ、プーチン）は、ボタンを押すときのことをどのように想像しているのか。彼らは、ほぼ百パーセントの確率で自国も報復攻撃によって破滅する、ということを自覚していないのか。彼らは自覚している……と同時に自覚していない。いいかえれば、彼らは明らかに統合失調症患者《スキゾフレニック》の立場から語っているのである。彼らは自分が破滅するのをわかっているが、まるで危険の外部にいるかのように、そしてまるで安全な場所から敵を撃てるかのように語るのである。この統合失調症の立場は、核戦争の二つの原則、MAD（相互確証破壊）とNUTS（核使用対象選択）を結びつけている。この二つの矛盾する戦略がひとつの超大国によって同時に採用されているという事実は、ここでの推論全体がもつ空想的な性格を物語っている。二〇一六年十二月、この支離滅裂さは、信じがたい滑稽さの極みに達した。トランプとプーチンは、ロシアと合衆国がこれまで以上に友好的な、新たな関係を築く時期に来ていると力説したが、それと同時に、軍事競争には全力で臨むと断言したのである――まるで超大国間の平和は、新たな冷戦によってしか可能でないかのように。アラン・バディウは、未来の戦争の輪郭はすでに描かれていると述べている。その輪郭とは、

一方の陣営には合衆国とその一味である西洋－日本、もう一方の陣営には中国とロシアがいて、原子爆弾はどこにでもある、という状況である。われわれはレーニンの言葉を思い出さざるをえない。「革命が戦争をとめるか、戦争が革命の引き金となるか、そのいずれかである」。来るべき政治的任務がかかげる最大の大志は、この言葉どおりに定義される。いまこそ、第一の仮説――革命が戦争をとめる――が〈歴史〉上はじめて実現されるべきである。いま実現されるべきは、第二の仮説――戦争が革命の引き金となる――ではない。第一次世界大戦という文脈においてロシアで具体化されたのは、そして第二次世界大戦という文脈において中国で具体化されたのは、事実上、第二の仮説であった。だが、その代償はなんとひどいも

のであったことか。その影響はなんと長期間続いたことか。(11)

われわれの文明を文明化するためには根本的な社会変革――革命――が必要であるという結論は、避けられない。新たな戦争が新たな革命をもたらすという希望をもつ余裕は、われわれにはない。新たな戦争が起これば、それは革命ではなく、おそらくそれ以上に、既存の文明の終わりを意味するからだ。そのとき生き残るのは（いれば、のはなしだが）、小さな権威主義者たちの集団だけであろう。しかしながら、この文明を文明化するプロセスをさまたげる主な障害は、宗教セクトによる原理主義的暴力ではなく、むしろ、それとはいっけん対立するもの、シニカルな無関心である。二〇一七年十月、ドナルド・トランプは、彼のいう「国家の恥辱および人類の悲劇」――オピオイド〔阿片に似た作用をもつ合成麻酔薬〕鎮痛剤が庶民に大量に処方されたことによる、合衆国におけるオピオイドの急激な流行、「アメリカ史上最悪の薬物危機」――への対応として、公衆衛生における緊急事態を宣言した。「合衆国はこれまで、こうした薬物の世界最大の消費国であり、国民ひとりあたりの消費量は他国のそれを超えている。合衆国社会のどの部分も――老いも若きも、富裕層も貧困層も、都市も田舎も――薬物中毒というこの疫病をまぬがれていない」。トランプほどマルクス主義者から遠い人物は想像できないが、とはいえ彼の宣言は、宗教とは「民衆の阿片」であるという、「ヘーゲル法哲学批判序説」におけるマルクスの有名な宗教観を喚起せずにはいない。その一節は引用に値する。

宗教は、抑圧された生きものの嘆息であり、非情な世界の心情であるとともに、精神を失った状態の精神である。それは民衆の阿片である。民衆の幻想的な幸福である宗教を揚棄することは、民衆の現実的な幸福を要求することである。民衆が自分の状態についてもつ幻想を棄てるよう要求することは、それらの幻想を必要とするような状態を棄てるよう要求することである。したがって、宗教への批判は、宗教を後光とするこの涙の谷〔現世〕への批判の萌しをはらんでいる。〔カール・マルクス『ユダヤ人問題によせて　ヘーゲル法哲学批判序説』城塚登訳、岩波文庫、一九七四年、七一―七二頁〕

われわれはここですぐに気づく。極度に危険な薬物を禁止することによってこのオピオイドとの闘いをはじめたいと望むトランプは、非常に低俗なマルクス主義者であり、宗教を法的に禁止することによって宗教の力を損なおうとした（エンヴェル・ホッジャや〈クメール・ルージュ〉のような）強硬派コミュニストに似ている、と。マルクスのアプローチは、それよりも巧妙である。つまり、コミュニストの目標は、宗教と直接戦うことではなく、宗教の必要性を生み出すもとになる、搾取や支配といった社会的状況を変えることなのである。にもかかわらず、マルクスはあまりにもナイーヴである。それは、彼の宗教観だけでなく、民衆の阿片がまとう様々な形態に関する彼の考えにもいえる。急進的イスラム教が民衆の阿片としての宗教の模範的事例であることは確かである。これは資本主義的近代とのあやまった向き合い方であり、これによってイスラム教徒は、自分の国がグローバル資本主義の影響によって荒廃するあいだにも、自分のイデオロギー的夢想のなかにとどまれるのである。そして、キリスト教原理主義にもまったく同じことがいえる。二〇一八年一月に次のような報道があった。エジプトの国会議員は、

無神論を違法とする法律を可決させたいと本気で考えている。エジプトでは、神および宗教への冒涜はすでに違法である。国家の厳しい法のもと、国民はしばしば、宗教を侮辱あるいは中傷したかどで逮捕されている。新たに提案された規則では、神を信じないことは違法となるだろう。たとえそのひとが神を信じていないと語らなくても、である。(12)

ここでは、二つの問いがすぐに浮上する。当局は、あるひとが無神論者であるか否かを、そのひとがそれについてなにも語らないのに、どうやって確定するのか。皮肉を込めてコメントしよう。容疑者のニューロンに宗教的経験の痕跡があるか否かの判断を試みる神経神学者なるひとたちがいて、当局は彼らの使う装置によって容疑者の脳をスキャンするのだろうか。第二の問い。当局はどのようにして、この極端な措置を正当化するのか。カーレド・サラーは「無神論者がやって来る」という論説のなかで、こう主張する。

テロリズムの危険はよく知られている。だが、多くのひとは、無神論がテロにおとらず破壊的であることを知らない。無神論はまた、われわれのアイデンティティを衰えさせ、歴史、規範、宗教的シンボル、予言者ムハンマドの仲間および信奉者たち、等々に対する既成の信

仰に異議を唱える。そして最終的に、あらゆる国々の土台とそれらの聖なる信仰の土台を崩壊させてしまう。(13)

それゆえに、テロの責任は、宗教的原理主義ではなく無神論にあることになる。たとえそのテロが宗教の名においてなされたとしても、である！　このような主張は、司祭たちのあいだに広まる小児性愛に対するアメリカのカトリック教会の反応を思い出させる。教会は、司祭に悪影響を与えた世俗的－快楽主義的文化に責任を負わせるうさんくさい研究を参照したのだった……。次のような悲しい事実がある。ここ十年のあいだに、イスラム嫌悪のひねりを加えた無神論（もちろんハリス／ピンカー／ヒチェンズ的な無神論のことである）が、アメリカの公衆のあいだでれっきとした選択肢となったため、〔宗教を前提とする〕宗教批判は「敵に奉仕する」可能性があるので重視しないという姿勢が、「ラディカルな」左翼サークルのあいだで流行っているのである……。しかしながら、今日の西洋世界には、宗教とは別のかたちの民衆の阿片が二つある。阿片と民衆である。ポピュリズムの勃興が証明しているように、民衆の阿片は「民衆」そのもの、つまり、われわれ自身の敵対関係をうやむやにする不明瞭なポピュリズム的な夢でもあるのだ。そして最後に、他の二つと同様に重要なことであるが、多くのひとにとって民衆の阿片とは、阿片そのもの、薬物への逃避である。これはまさに、トランプが語っている現象そのものである。

通常、（字義どおりの意味だけでなくイデオロギー的な意味での）オピオイド――「民衆」のような――を製造するためには、非常に洗練された技術的な装置が必要である。現代のヒーローとして突出した人物がいるとすれば、それは、カナダ人のゲイの完全菜食主義者《ヴィーガン》、クリストファー・ワイリーである。彼は二十四才のときに、ケンブリッジ・アナリティカと呼ばれる会社の設立につながるあるアイディアを思いついた。このデータ分析会社は、英国のEU帰属をめぐる国民投票の際、〈離脱〉キャンペーンにおいて大きな役割を果たしたのはうちだと主張したのだった。その後、彼は、ドナルド・トランプの選挙運動におけるデジタル戦略の重要人物となった。彼はスティーヴ・バノンの心理兵器をつくったのである。彼は以下のような計画を立てた。まず、フェイスブックに入り込んで、合衆国に住む数百万人分のフェイスブック・プロフィールを集める。次に、この人々の私的な個人情報を用いて、精巧な心理的、政治的プロフィールをつくる。そして、このプロフィールを標的にして、そこにみられる具体的な性格にうったえかけるようにデザインされた政治宣伝を流すのである。ワイリーはある時点でまぎれもなく平静を失っていた。「正気とは思えません。会社は二億三千万人のアメリカ人の性格特性《プロフィール》をつくりました。今度はペンタゴン(米国国防総省)と仕事がしたいかですって？　そうなったら巨大なニクソンみたいですね」[14]。

　このはなしがおもしろいのは、そこでは、通常は対立すると思われている複数の要素が結びついているからである。「オルタナ右翼」は、普通の、白人の、勤勉な、信心深い人々——単純な伝統的価値観を代表する、そして、同性愛者や完全菜食主義者のような、さらにはデジタルおたくのような堕落した奇人変人を毛嫌いする人々——のかかえる不安に注意を向ける運動として自己演出する。だが、われわれはわかっている。彼らオルタナ右翼の選挙での勝利は、彼らが敵視するあらゆるものを代表するそうしたおたくによって、まさに御膳立てされたものである……と。

この事実の意義は、たんなる逸話におさまらない。それはオルタ右翼ポピュリズムの無力さを示している。オルタナ右翼は、赤首〔南部の無教養な白人農場労働者〕からの支持を維持するために、最新のテクノロジーに頼らなければならないのである。加えて、この事実は、コンピュータおたくのような周縁的存在は「進歩的な」反体制《システム》の立場に立つという幻想を追い払ってしまう。

では、この阿片への逃避の必要性は、どこから来るのだろうか。フロイトをもじっていえば、これに答えるには、グローバル資本主義における日常生活の精神病理をみる必要がある。今日の民衆の阿片の、もうひとつのかたちは、フェイスブック、ツイッター、等々の似非社会的なデジタル世界への逃避である。マーク・ザッカーバーグは、二〇一七年五月のハーバード大学の卒業式のスピーチで、こう語った。「われわれの仕事は、目的意識を生み出すことです!」。フェイスブックによって、世界でもっとも広く使用されている、目的なく時間を浪費するための道具を生み出した男が、こんなことをいうとは!

ローラン・デ・ステルが論証しているように、化学はわれわれの一部分になってきている。つまり、われわれの生活の多くの側面が、睡眠薬や抗うつ剤の日常的な服用から強い麻薬まで、薬物によって感情を管理するという特徴を帯びているのである。われわれは不可解な社会的権力によってコントロールされているだけではない。われわれの感情そのものが化学的な刺激に「委託《アウトソース》されて」いるのである。この化学的干渉のねらいは二重であり、また矛盾している。われわれが薬物を使うのは、外的な刺激（ショック、不安、等々）をコントロールするため、外的刺激に対して鈍感になるためであり、また、落ち込んでなにもやる気が出ないときに人工的に興奮を生み出すためでもある。したがって、薬物は、日常生活にとっての二つの相反する脅威、過剰な興奮とうつ状態とに対抗するために用いられる。そして、ここできわめて重要なのは、この薬物の二つの使用法と、われわれの私的生活および公的生活との関係に注目することである。西洋の先進国では、われわれの公的生活は、ますます集団的な興奮（たとえば、本物の政治参加によってもたらされる興奮）を欠いたものになってきている。その一方で、薬物はこの欠如を、私的な（正確にいえば、個人的な）かたちの興奮によって補ってくれる。つまり、薬物は公的生活に麻酔をかけ、私的生活を人工的に興奮させるのである[15]（いまの西洋に、情熱的なおおやけへの関与として残っているのは、ポピュリズム的な嫌悪くらいしかない。そしてこれは、第二の民衆の阿片、民衆そのものにつながっている）。この緊張関係が極度に充満している国は、韓国である。最近ソウルに旅行をしたフランコ・ベラルディ〔イタリアのマルクス主義者〕のレポートを引用しよう。

韓国は世界のゼロ地点〔急激な変化がはじまる場所〕、地球の未来の青写真である［…］。植民地化と戦争のあと、独裁政治と飢餓状態のあと、韓国の精神は、自然の身体の重圧から解放され、順調にデジタル空間へと移行していった。その際、文化的抵抗の度合いは、世界のほかのどの国民よりも低かった。空虚な文化空間のなかにあって、韓国人の経験は極端な個人主義の特徴を帯びている。そして同時に、それは集団的精神の究極のケーブル通信化へと向かっている。この孤独なモナドたちは、手にもった小さなスクリーンから流れてくる映画、ツイート、ゲームとたえず敏感に交流しながら、都市空間のなかを歩いている。彼らは完璧に孤立しており、データが流れ込んでくる滑らかなインターフェイスに完璧につなぎとめられている［…］。韓国の自殺率は世界一高い。韓国では、四十才以下のひとの死因でいちばん多いのは自殺である。興味深いことに、韓国の自殺者数は過去十年で二倍に増えた［…］。二つの世代のあいだで、生活状態は、歳入、栄養状態、自由、外国旅行の機会の視点からみて確実に向上している。だが、この改善の代償は、日常生活の砂漠化、生活リズムの極端な加速化、人生の極端な個人化、際限のない競争を意味する不安定な就業であった［…］。仕事のリズムの激化、風景の砂漠化、感情生活の仮想化は、ひとつにまとまって、意識的に拒むこともも抵抗することもむずかしい、一定のレベルの孤独と絶望を生み出している。(16)

ソウルをめぐるベラルディの印象から得られるのは、みずからの歴史を奪われた場所、いいかえれば、世界なき場所というイメージである。われわれの住まう社会空間は、ますます世界を欠いたものとして経験されていると、バディウは指摘している。ナチの反ユダヤ主義でさえ、たとえそれが恐ろしいものであったとしても、ひとつの世界をもたらした。それは「ユダヤ人の陰謀」という名の敵を設定することによって、世界の危機的状況を説明したのであり、ひとつの目標とそれに到達するための方法を明示したのである。ナチズムは、主体がグローバルな「認識の枠組み《コグニティヴ・マッピング》」を得られるようなやり方で、現実を開示した。そしてこの枠組みには、主体が有意義なかたちで世界に関われる場が用意されていた。資本主義の大きな危険のひとつは、おそらく、ここに位置づけられるべきであろう。資本主義は、グローバルなものであるとはいえ、厳密な意味で世界を欠いたイデオロギー態であり、多くの人々から、意味のある認識の枠組みを奪っている。であるなら、これこそは、数百万の人々が現代の阿片に逃げ込む理由である。つまり、その理由はたんに新たな貧困や将来の不透明性にあるのではなく、堪えがたい超自我的な圧力にあるのだ。この圧力は二つの側面をもっている。職業的に成功せよという圧力と、人生をめいっぱい楽しめという圧力である。より不安をかきたてるのは、おそらく、第二の圧力のほうだろう。私的な快楽への引きこもり自体が野蛮な命令の内容となるとき、われわれの生活には何が残されているのか。要するに、トランプは――〔超自我的な圧力としての〕彼の行動の仕方、彼がとめどなく発するツイート、等々は――彼が癒そうとしている病理の、そもそもの原因ではないのか。

一九六〇年代には、初期のエコロジー運動のモットーとして「グローバルに考え、ローカルに行動せよ！」といわれた。トランプはみずからの主権の政治学を北朝鮮の立場の鏡像としながら、北朝鮮とは正反対のことをする、合衆国をグローバルな権力に変える、と約束するが、ここには「グローバルに行動し、ローカルに考えよ」という意味が込められている。ここではこう付け加えるのをおそれるべきではない。このローカルな場所には適切な名前が付けられている。われわれがローカルに考えるのは、プラトンの比喩でいえば、イデオロギーの洞窟に〔囚人のように〕捕らえられているからである。では、われわれはどのようにしてこの洞窟の外へ出るのか。われわれはここで、自由と隷属の複雑な弁証法に出会う。

洞窟からの退出がはじまるのは、囚人のひとりがその足かせから自由になるだけでなく（ハイデガーが示したように、〔囚人の後方にある火の光によって囚人の前方の壁に投影された、様々な器物の〕影に対するリビドー的な固着から自由になるには、それでは不十分である）、洞窟の外に追い出されるときである。これは明らかに、主人が（リビドー的のみならず、認識論的、政治的、存在論的に）機能するための場所であるにちがいない。ここでいう主人は、次のような主人でしかない。彼はわたしにするべきことをいわないし、わたしは彼の道具にはならない。そうではなく、彼はたんに「わたしをわたし自身に連れもどす」主人であるにちがいない。ある意味で、われわれはこういえるかもしれない。このことは、プラトンの想起《アナムネーシス》の理論（いわば、知らなかったことを思い出すこと）につなげられる、と。また、ここで含意されているのは、本来の主人はわたしに語りかけずに、ただ「わたしはこれができる〔洞窟から出られる〕」ということを断定する、あるいはわたしが「わたしはこれができる」と断定するのを可能にする、ということだ、と。(17)

この〔フランク・〕ルーダの主張は、複雑でとらえにくいものである。わたしが洞窟でひとり残されたら、たとえ足かせがなくとも、わたしはそこにとどまるほうを選ぶ、そのため、主人はわたしを追い出さねばならない――ルーダはたんにこう主張しているのではない。わたしは、追い出されたいと自発的に申し出ねばならないのである。これは、精神分析を受ける主体が（非常に特殊な方法によってではあれ）精神分析家を自分の主人として自発的に受け入れ、みずからすんで分析を受けるのに似ている。

まさにこの論点において、精神分析でいう主人を参照することから、ひとつの問いが発生する。これが意味するのは、主人を必要とするひとたちは――つねに――被分析者〔分析を受けるひと〕の立場に立つ、ということなのか。もし（ニーチェの定式を用いていえば）ひとがあるがままの自分になるためにそうした主人を――政治的に――必要とするのであれば、そして、このことと、囚人を洞窟から解放すること（足かせを外してもらったのにその者が洞窟から離れようとしないときに、その者を追い出すこと）とが構造的に結びつくのであれば、このこと〔ひとが自分自身になるために主人を必要とすること〕と、被分析者は本質的に志願者＝ボランティア（たんなる奴隷や無給の使用人ではなく）であらねばならないという考えとをどのように結び合わせるか、という問いが浮上する。したがって、ひとことでいえば、ここでは主人と志願者（たち）の弁証法が必要である。なぜ弁証法なのかといえば、主人はある程度、志願者を志願者として構築し（志願者を、以前の、いっけん疑問の余地のないようにみえる立場から解放し）、その結果、志願者は主人の命令に自発的に従うようになり、それによって主人は最終的に余分なものになる――とはいえ、それはおそらく一定の期間だけであろうが――からである。このあとも、ひとはこのプロセス自体を繰り返さねばならない（ひとは洞窟から完全に離れることはできない、そのため、主人（およびそれと結びついた不安）と再‐会しなければならない。すなわち、ひとをとりまく情況がふたたび膠着した、あるいは活力をそぐほど習慣化した場合、主人の介入が必要とされるのである）。

さらにこの事態を複雑にするのは、資本主義が、無給の、それゆえ構造的にいえば「自発的な＝ボランティアの」労働に大幅に依拠していることである。レーニン流にいえば、ボランティアと「ボランティア」〔普通の意味でのボランティアと無給労働者という意味でのボランティア〕が存在するのである。したがって、われわれは主人の様々なタイプを区別するだけでなく、そのタイプを（もし精神分析とのつながりがこのように当を得たものであるなら）、ボランティアつまり被分析者の様々な識別と結びつける必要がある。被分析者、ボランティアのほうも、ともかく分析されねばならないのである。これは、主人と奴隷の弁証法に関する古典的な解釈を復活させているようにみえるかもしれない。だが、われわれは次の点を忘れてはならないと思う。奴隷は、自分を奴隷と認識した瞬間から、もはや奴隷ではない。それに対し、資本主義におけるボランティア労働者は自分をそうした労働者として認識できるが、これによってはなにも変わらないのである（資本主義が呼びかける相手は、「無」、ボランティア、等々としての人々である）。

この自発性（volunteering）の二つのレベル（これは同時に自発的隷従 *servitude volontaire* の二つのレベルでもある）が異なっているのは、隷従の文脈（片や市場メカニズムへの隷従、片や解放という大義への隷従）からみた場合だけではない。それらの形態そのものが異なっているのである。資本主義的隷従においては、われわれは単純に自由を感じる。それに対し、本来的な解放においては、われわれは自発的隷従を〈大義〉への献身として――たんなる自分の要求の満足として、ではない――受け入れる。資本主義がシニカルに機能する今日、わたしは自分がしていることをよく自覚しつつもそれをし続ける。つまり、わたしの認識がもつ解放的な効力は停止されている。それに対し、本来的な、解放の弁証法においては、自分の置かれた状況を自覚することは、それだけで解放への第一歩となる。資本主義においてわたしが奴隷状態にあるのは、まさにわたしが「自由を感じる」ときである。この感情こそ、わたしの隷従の形態そのものなのである。それに対し、解放のプロセスにおいては、自分を「奴隷のように感じる」とき、わたしは自由となる。いいかえれば、奴隷状態にあるという感覚はすでに、わたしが主体性の核において自由である事実を物語っているのである。自分の発話行為のポジションが、〔大義に献身する〕自由な主体の発話行為のポジションであるとき、はじめてわたしは、自分の〔資本主義的〕隷従を忌むべきものとして経験できるのである。したがって、われわれはここで、メビウスの帯の二つのヴァージョンを手にする。資本主義的自由を最後まで追っていくと、それは結局隷従の形態そのものに反転する。そして、われわれがもし資本主義的な自発的隷従からの離脱を望むのであれば、われわれの自由の主張は、自由とは反対の形態、〈大義〉への自発的献身という形態をとる必要がある。

マルクスがブルジョア的な人権を「自由‐平等‐友愛 *liberté-égalité-fraternité*、およびベンサム〔私的利益の追求〕」〔『資本論』第二編第四章では「自由、平等、財産、およびベンサム」〕の権利として定義したとすれば、そのプロレタリアート的な、そして本当の意味で左翼的なヴァージョンは「解放－平等－自由（liberty-equality-freedom）および……テロ」となるべきだろう。ここでいうテロとは、ブルジョア的生活の自己満足とその利己的な争いから無理やり引き離されるという意味でのテロであり、普遍的解放に高潔に関与せよという圧力としてのテロである。ベンサムかテロか、これはおそらく、われわれにとって究極の選択だろう。なぜテロは必要なのか。今日われわれを洞窟に縛り付けている足かせは、伝統的なイデオロギーの足かせではないからである。この変化について、ロバート・ピピンは最近こう指摘している。

われわれの置かれた状況の複雑さは、まったく先例のない事態を生み出している。この事態を説明できるのは、否定的《ネガティヴ》なものの「積極的な《ポジティヴ》」役割を説明する力をもった［ヘーゲルの］哲学と、集団的活動および集団的主体性の現実しかない。近代社会における生活は、独特に分裂した、臆見《ドクサ》の支配する集団的状態の必要性を、つまり『精神現象学』で語られた自己欺瞞のドラマにおける様々な登場人物の反復を、生み出したように思われる。これは、われわれの実際の行為からみてわれわれが本当の意味で関与してはいない根本的な原理原則に、自分は誠実に関与しているのだと思いこむ、そうした生の状態である［…］。原理原則は意識的に誠実に承認され、明言されている。だが、いざ実際の原理原則が与えられても、それを、生きがいのある首尾一貫した生の形態に組み込むことはできない。こうした文脈での自己欺瞞の社会的条件をみれば、次のことがみえてくる。ここでの問題は、多くの個人はたまたま自己欺瞞におちいるということなのだが、そのような正しい説明がなされていないのである。

この分析は倫理をめぐるものではなく、個人に焦点をあててはいない。それは歴史的精神 *Geist* の問題として理解されねばならない[18]。

この一節における重要なポイントは、ピピンが否定的なものの「積極的な」役割と、「集団的活動および集団的主体性の現実」を強調していることである。ここでいう「否定的な」ものとは、明示的なイデオロギー構成と、現実世界におけるその実践とのあいだの不調和、ずれである。それが「積極的な」役割をもつとは、この不調和によってイデオロギーの完全な実行が妨げられるという意味ではなく、この不調和によってイデオロギーが「生きがいのある」ものになる、この不調和はイデオロギーが実際に機能するための条件である、という意味である。もしこの否定的な側面が取り去られれば、イデオロギー体系そのものが崩壊するのである。「集団的活動および集団的主体性の現実」を強調するのは、要するに、ここではたんに個人の欠陥が問題なのではない、ということである。仮に問題は個人の欠陥にあるとされれば、責任の所在は、堕落し不道徳な個人に置かれ、問題の解決は個人の道徳心の向上に求められてしまうだろう。われわれがここで扱っているのは、「客観的な」社会的精神そのものに刻印された不調和、社会的慣習の構造そのものに刻印された不調和である。そうした自己欺瞞の集団的形態は、客観的な社会のあり方として機能する。またそれゆえに、それは、たとえ誤ったものであるとしても、ある意味で「真実」なのである。

シモーヌ・ド・ボーヴォワールは『アメリカその日その日』(一九四八年)でこう書いている。「人種主義者の多くは、たとえ心理学的な理由づけがなされていなくても、黒人が劣等であるのは事実であると、科学的な厳密さを無視してかたくなに主張する。この主張が本当であると納得するには、アメリカじゅうを旅行するだけでよい」[19]。人種主義をめぐるボーヴォワールの論点は、よく誤解されている。たとえば、ステラ・スタンフォードはこう主張している。「どう考えても、この劣等性の「事実」を受け入れる［…］ボーヴォワールの姿勢は正当化できない」。「彼女の実存主義哲学の枠組みをふまえて、われわれは期待していたのかもしれない。彼女なら、劣等と優等という既存の生理学的差異の解釈について語ってくれるはずだ、と［…］。あるいは、「既定の事実を確認する」かのような、真偽の疑わしい人間の特性を名づける「劣等」と「優等」という価値判断の行使が誤っていることを指摘してくれるはずだ、と」[20]。ここで何がスタンフォードを悩ませているのかは、明らかである。当時（およびその後）のアメリカ南部において、黒人が多数派である白人によって劣等人種として扱われていたこと、そして、ある意味で黒人は実際に劣等であったことは、単純な社会的事実であるが、スタンフォードは、黒人の現実の劣等性をめぐるボーヴォワールの主張のねらいが、そうした社会的事実にはおさまらないことをわかっている。だが、黒人の現実の劣等性に関する人種主義的な主張を避けたいという思いに駆られたスタンフォードは、批判的解決として、黒人の劣等性を白人人種主義者による解釈と判断の問題として相対化し、その劣等性を黒人の存在そのものをめぐる問題から引き離す。だが、この穏便な区別は、人種主義のきわめて辛辣な側面を見逃している。すなわち、黒人の「存在」（白人やそのほかの人種でも同じだが）は社会的‐象徴的なものである、ということを。黒人が白人によって劣等人種として扱われるとき、これによって黒人はまさに社会的‐象徴的アイデンティティのレベルにおいて劣等になる。いいかえれば、白人の人種主義イデオロギーは、行為遂行的《パフォーマティヴ》な効力を発揮するのである。それはたんに、黒人とはいかなる存在であるかを解釈するのではない。それは、黒人の存在そのものと社会的存在を規定するのである。

なぜスタンフォードやそのほかのボーヴォワール批判者が、黒人は実際に劣等であったというボーヴォワールのテーゼに抵抗するのか、われわれはいまやその理由を確定することができる。この抵抗はそれ自体イデオロギー的である。このイデオロギーの底には、ここで譲歩したら、われわれは個人の内的自由、自律性、尊厳を失ってしまうという不安があるのだ、と。そうした批判者が、黒人は劣等ではなく、黒人に向けられた白人の人種主義言説の暴力によって「劣等化された」にすぎないと主張するのは、そのためである。つまり、黒人に押し付けられる評価は、黒人の存在の核にまで影響するものではない、したがって黒人は自由で自律的な行為主体として、行為、夢、計画を通じてその押し付けに抵抗できる（また実際にそうする）、というわけだ。

そうした集団的な自己欺瞞に関するヘーゲルの説明は、彼の提示する制度的な解決よりも、はるかにわれわれの時代との関連性が高い、そう指摘するピピンは正しい。しかしながら、ピピンの状況判断には、ひとつの問題がある。彼の判断は、ヘーゲルのいう「前進的」弁証法――ここでは支離滅裂さの発見が自己無効化につながる――と一致しているが、その一方で、現実生活においては、イデオロギーの不調和は現実生活の安定性そのものなのである。イデオロギー体系の不調和という実感がその体系の崩壊につながるのは、あくまで特定の状況――イデオロギー的感性の変化——においてである。たとえば、奴隷制はキリスト教的倫理とは明らかに相いれないものであったが、大多数の人々がそれをけしからんと思うまでには長い時間がかかったのである。

ローマ教皇フランシスは、神学的、政治的問題に関して、たいていは正しい直観的判断を下している。しかしながら、彼は最近、重大な間違いをした。〈主の祈り〉〔イエスが弟子たちに教えた祈祷〕には、神に「われわれを誘惑におとしいれない」ように求める箇所があり、一部のカトリック教徒はその一行を変更すべきであると提案したのだが、フランシスはそれを支持したのである。「これはよい翻訳ではありません。なぜならそれは誘惑を引き起こす神について語っているからです。わたしは誘惑に屈する人間です。わたしがいかに誘惑に屈したかをみるために、神がわたしを誘惑におとしいれるのではないのです。父はそのようなことはしません。父はすぐに、われわれが立ち直れるように助けてくれます。われわれを誘惑におとしいれるのはサタンです。誘惑はサタンが行うことです」。それゆえに教皇はこう提案する。われわれはみなフランス・カトリック教会を見習うべきである。フランス・カトリック教会はすでに代替案として「われわれは誘惑に屈しないようにこころしよう」というフレーズを用いている、と。[21] この考え方は説得力があるようにみえるが、それはキリスト教と倫理における深遠な逆説を見落としている。神は楽園においてわれわれを誘惑にさらしているのではないか。神はアダムとイブに、知恵の木の実を食べてはならぬと警告する。では、なぜ神はそもそもこの木を楽園に置き、なおかつ、それに注意を向けさせたのか。神は、人間の倫理が〈堕落〉のあとではじめて発生しうることを知っていたのではないか。キェルケゴールからポール・クローデルにいたる多くの鋭敏な神学者やキリスト教作家は、誘惑が基本的に〈善〉のかたちで発生することをよくわかっていた。いいかえれば、キェルケゴールがアブラハムについて述べたように、アブラハムが息子イサクを殺すように神から命令されたときの苦境は「ぜひ注目してほしいのだが、倫理的なことが誘惑でもある、そうしたたぐいの試練」なのである。[22] 誤った〈善〉の誘惑は、あらゆるかたちの宗教的原理主義の特徴ではないだろうか。

驚くべきといえるかもしれない歴史的な例をあげよう。ラインハルト・ハイドリヒ〔チェコの統治にあたっていたドイツの政治家、ユダヤ人大量殺戮の推進者〕の殺害である。ロンドンのチェコスロヴァキア亡命政府は、彼を暗殺することに決めた。暗殺チームを指揮していたヤン・クビシュとヨーゼフ・ガブツィクは、プラハ近郊にパラシュートで降りた。一九四二年五月二十七日、ハイドリヒは、自分の勇気と民衆に対する信頼を誇示するためにオープンカーに乗り、オフィスに向かっていた。同乗していたのは、運転手のクラインだけであった。車がプラハ郊外の交差点に入ったとき、ガブツィクが車の前に躍り出て、軽機関銃を構えた。しかし、銃は弾詰まりを起こした。ハイドリヒは、すぐに逃げるように運転手に命令せず、代わりに車を止めさせ、攻撃者に立ち向かうことにした。この瞬間、クビシュが車の後部に爆弾を投げた。爆発によってクビシュ本人とハイドリヒは負傷した。爆発のけむりが晴れると、ハイドリヒが手に銃をもって壊れた車から姿を現した。彼はクビシュを半ブロックほど追跡したが、傷のためによろめきだし、倒れた。ハイドリヒはクラインに、ガブツィクを走って追えと指示した。ハイドリヒは手に拳銃をもったまま、左わき腹をおさえていた。ひどい出血であった。ひとりのチェコ人の女が救護のために駆け寄り、通りかかった配達用のワゴン車を止めた。ハイドリヒは最初、運転台に乗せられたが、ワゴン車のゆれで傷が痛むとうったえたので、後部席にうつ伏せに寝かされた。そしてまもなく、近くの病院の救急室に運ばれた（ちなみに、ハイドリヒは数日後に死んだのだが、助かるチャンスはおおいにあった。そうなっていたら、この女は、彼の命を救った人物として歴史に名を残していただろう）。軍国主義的なナチ支持者ならハイドリヒの勇気を特筆大書するであろうが、わたしが惹かれるのは、無名のチェコ人女性の果たした役割である。ハイドリヒは警察や兵士の保護がないまま血を流して横たわっていた。彼女はこのハイドリヒを助けたのである。彼女は彼が何者であるかを知っていたのか。知っていたとすれば、そして彼女がナチ支持者でなかったとすれば（この二つの推量はきわめて妥当なものである）、彼女はなぜ彼を助けたのか。これは、困っている隣人がいれば、彼 he あるいは彼女 she（あるいは、早晩用いざるをえなくなるであろう代名詞を使えば、ze）がだれであろうと助けるという人間的な思いやりから来る、単純な本能的反応であったのか。この思いやりは、この「隣人」が数千人（のちには数百万人）の死の責任を負うべきナチ高官の犯罪者であるという認識を凌駕するべきなのか。われわれがここで直面しているのは、抽象的なリベラル・ヒューマニズムか、ラディカルな解放闘争の含意する倫理か、という究極の選択である。リベラル・ヒューマニズムの論理を最後まで追っていけば、われわれは最悪の犯罪者をゆるすことになる。同じように、局所的な政治的関与の論理を最後まで追っていけば、われわれは最終的に、解放運動の普遍性に行き着くことになる。後者の場合、あわれなチェコ人女性は、思いやりの感情に逆らって、ハイドリヒにとどめを刺そうとしただろう。

こうした袋小路は、われわれが積極的に関与する実際の倫理的生活の構成要素である。われわれがもしこうした袋小路を問題含みのものとして排除すれば、あとに残るのは、生命のない、善意に満ちた聖なるテクストである。この排除の背後に潜んでいるのは、「ヨブ記」というトラウマである。「ヨブ記」では、神とサタンがヨブの信仰を試すために、あからさまにヨブの生活を破滅させようとする。それゆえに「ヨブ記」は異教的な涜神的物語として聖書から除外すべきであると、かなりの数のキリスト教徒が主張している。しかしながら、われわれは、政治的公正に基づくそうした倫理の浄化に屈するまえに、いちど立ち止まって、それによって失われるものについてよく考えるべきである。もしキリスト教の経験を生きたものにしておきたいのなら、われわれは、そこからあらゆる「問題含みの」部分を取り除きたいという誘惑に抵抗しよう。本物の生の耐えがたい緊張をキリスト教に付与しているのは、まさにそうした部分なのだから。

同じことは、一国家の存立可能性についてもいえる。フレドリック・ジェイムソンが鋭く指摘しているように、ソフォクレスの『アンティゴネー』は、慣習（人倫 *Sittlichkeit*）の有機的統一性の崩壊をめぐる物語ではない。つまり、この統一性が公的慣習と私的（家族的）慣習に分裂することをめぐる物語ではない。むしろ、『アンティゴネー』が描いている倫理的対立は、公的秩序を構築するものである。『アンティゴネー』は国家権力の崩壊ではなく、その構築をめぐる物語なのだ。この〔国家の存立に関する〕制約のためにピピンもまた、今日の自己欺瞞を量的な用語（「はるかに広範囲におよぶ現象」など）で説明するときに、この自己欺瞞の全容をとらえそこなっていると思われる。

ヘーゲルによって探求されたたぐいの集団的な自己欺瞞は、〔今日では〕ヘーゲルの時代のものとは異なった、おそらくそれよりもはるかに広範囲におよぶ現象である〔…〕。〔バーナード・〕ウィリアムズは、それについてこう示唆している。「政治世界の役者は、ソープオペラの役者のように舞台に載せられている、あるいは、そのようにふるまう。その役どころにおいて彼らは、自分ではあやまりだとわかっている（つねに、あるいはおおむねとはいえないが、ともかく、あやまりだとわかっている）立場を自分は代表しているのだといった、シニカルなふるまいはしない。また、演劇性、誇張、「気取り《ポージング》」、そして「過剰に異議を唱える」言語表現《レトリック》を考慮すれば、彼らはみずからの役どころに心地よく、本来的になじんでもいない」。ウィリアムズの記述は非常に印象深いものである。「彼ら〔政治世界の役者たち〕は、ファーストネームで呼ばれている。あるいは、ソープオペラの登場人物と同じようなおどけたニックネームやおおざっぱな性格、他の登場人物の行動と図式的に結びついた勝利感や屈辱感におちいりやすい気質をもっている。人々は、ソープオペラの登場人物を信じるように、彼らを信じている。つまり人々は、彼らを不完全に信じるという誘いにのるのである」。ウィリアムズはさらにこう続ける。「政治家、メディア、聴衆は共謀して、重要な現実が考慮されているふり、現実に即した言葉が責任をもって話されているふりをする。もちろん、現実に即した言葉は話されていない。ここでの戦略は、全体として、そうした言葉を話すことを避ける試みなのである」。〔…〕このことは、次のようにいうことによって、もっともうまく説明できる。精神 *Geist*、この例では、ひとつのネーションの共同体精神は、その自己表象において集団的な自己欺瞞に関与している。[…] これはまさに、個性のない大衆社会における、われわれの置かれた状況である。この状況において、ヘーゲルにしたがって本物の共同性とみなせるもの――つまり人倫 *Sittlichkeit*――が不在であることは、ひとつの実感であり、たんなる漠然とした事態ではない。(23)

しかしながら、今日の「個性のない大衆社会」において人倫の不在が「ひとつの実感であり、たんなる漠然とした事態ではない」からといって、人倫がここで、みずからに含まれた不調和をぼやかすために遡及的に構成される夢のように機能している可能性は、排除されない。さらに、政治世界の役者をソープオペラの登場人物として描く、引用されたウィリアムズの文章は、美しく書かれてはいるものの、期待どおりのことを本当に伝えているのか。その文章は本当に、新たなかたちの道徳の腐敗を記述しているのか。「政治家、メディア、聴衆は共謀して、重要な現実が考慮されているふり、現実に即した言葉が責任をもって話されているふりをする」という事実は、あらゆるイデオロギーが実際に機能する際の特徴ではないか。どのイデオロギーにおいても、欺かれる者と欺く者との明確な区別は不鮮明になる。なぜなら、欺かれる者は、幻想に従い、欺かれたいと望みさえするからである。今日起こっているのは、かつてと同じことの、たんなる量的な拡大ではない。そうではなく、質的に新しい、不調和の形態である。それはすなわち、あからさまに認められる、またそれゆえに無意味なものとして扱われる、不調和である。したがって、ここでの逆説は、今日では〔不調和というイデオロギーの特徴が強化されているにもかかわらず〕、イデオロギーが旧来どおり機能していたときよりもある意味で欺瞞の度合いがすくない、ということである。つまり、だれも実際には欺かれていないのである。

だからといって、われわれは以前の時代ではルールや禁止事項を真剣に受け取っていたが、今日ではそれらを堂々と破る、ということではない。変わったのは、見かけを規定するルールである。いいかえれば、公的な空間に現れうるものが変わったのである。二人の合衆国大統領、ケネディとトランプの性生活を比較してみよう。周知のように、ケネディはさんざん浮名を流した。だが、新聞やテレビはそれを完全に無視した。それに対し、トランプの一挙手一投足（昔の行いも今の行いも）はメディアに追いかけられている。トランプのおおやけの場での発言が、ケネディの場合なら想像すらできない破廉恥なものであることは、いうまでもない。品位ある公的空間と、そのわいせつな裏面とを分かつギャップは、いまや、ますます公的空間のなかに移されており、その結果、次のようなあいまいな事態がもたらされている。公的なルールが首尾一貫していないこと、そしてそのルールを破ることは、あからさまに受け入れられている、あるいは、すくなくとも無視されているが、同時に、われわれはみな、この首尾一貫性のなさをはっきり自覚しているのである。

この時点で、われわれは最高のアイロニーに到達する。イデオロギーは、今日におけるその機能にみられるように、イデオロギーとは正反対のものとして、イデオロギー的ユートピアの根源的な批判として現れるのである。今日の支配的イデオロギーは、なんらかのユートピア的な未来をめぐる積極的なヴィジョンではなく、シニカルなあきらめ、「現実どおりの世界」を受け入れることであり、それは次のような警告をともなっている。世界をあまりにも大きく変えようと欲すれば、全体主義の恐怖を生むだけである、と。別の世界をめぐるあらゆるヴィジョンは、イデオロギーとしてかたづけられる。アラン・バディウはこのことを見事に、適格に表現している。今日におけるイデオロギー的検閲の主な機能は、実際の抵抗をつぶすことではなく――これは抑圧的な国家装置の仕事である――希望をつぶすことである。つまり、あらゆる批判的プロジェクトは最終的に強制収容所的なものへ向かう道を開くのだと、有無をいわせず非難することである、と。これはまさに、トニー・ブレアが最近次のように問うたとき念頭に置いていたことである。「わたしならポストイデオロギー的と呼ぶであろう政治を定義することは、可能だろうか」[24]。

イデオロギーがその伝統的な様態においてどのように機能するかを理解するには、「それをみないためには、馬鹿になる必要がある！」という有名な表現を次のように反転するべきである。「……をみるためには、馬鹿になる必要がある」と。では、何をみるのか。それは、混乱した状況に意味を与える補足的なイデオロギー的要素である。たとえば、反ユダヤ主義においては、「ユダヤ人」を、裏で糸を引き社会生活をあやつる黒幕としてみるためには、馬鹿になる必要があるのだ。しかしながら、今日では、イデオロギーの支配的な、シニカルな機能自体が「それをみるには、馬鹿になる必要がある」と主張する。では、「それ」とは何か。ラディカルな変革という希望である。

原注

序論――はじめにわるいニュース、次によいニュース……とはいえ、後者は前者よりわるいかもしれないが

（1）Alain Badiou, *La vraie vie* (Paris: Fayard, 2016).
（2）George Glider の言葉。John L. Casti, *Would-Be Worlds* (New York: John Wiley & Sons, Inc., 1997), p. 215 に引用されている。
（3）Peter Sloterdijk, *Regeln für den Menschenpark* (Frankfurt: Suhrkamp Verlag, 1999) を参照。
（4）Peter Trawny, *Freedom to Fall: Heidegger's Anarchy* (Cambridge: Polity Press, 2015), p. 98.
（5）Martin Heidegger, *Anmerkungen II, in Schwarze Hefte 1944-1948*. Trawny, *Freedom to Fall*, p. 60 から引用した。
（6）われわれがどの程度メディアに操られているかは、報道の仕方のずれから容易にうかがえる。たとえば、東ウクライナの紛争は、数か月間、世界の平和にとっての脅威として扱われたが、そのあと単純に（すくなくとも第一面からは）消えていった。それは暗黙のうちにひとつの常態とみなされたのである。ウクライナが西側に防衛のための武器の援助を要求すると、紛争の報道が突然、再開された。そしてわれわれは、闘争がこの間も続いていたことを知ったのである。
（7）この情報はリュブリャナの Zdravko Kobe に負っている。

（1）http://yournewswire.com/bill-gates-we-need-socialism-to-save-the-planet/ を参照。注目したいのは、おもしろいことに、ゲイツ自身の正確な言葉が確かめられないことである。

（2）この見解については、とくに *International Critical Thought* の第七巻第一号（二〇一七年、三月）、なかでも Domenico Losurdo, William Jefferies, Peggy Raphaelle, Cantave Fuyet のテクストを参照されたい。

（3）Julia Buxton, ‘Venezuela After Chavez’, *New Left Review* 99, p. 25.

（4）Alenka Zupančič, ‘Apocalypse, again’（未発表原稿）

（5）ニコラス・ジャバー（Nicholas Jubber）は、*The Timbuktu School for Nomads* (London: Nicholas Brealey, 2016) において、アフリカ・サハラ砂漠中央部におけるトゥアレグ遊牧民の日常生活についてくわしく説明している。この遊牧民は、今日の急激なグローバル化によって文字どおり完全に「置き去りにされた」集団である（ある資料によれば、彼らの名前——トゥアレグ Tuareg——もまた、もともとは「神に置き去りにされた」という意味である）。彼らの遊牧生活の特徴が、つねに移動状態にあるもっとも「進歩した」個人のノマド的な生活と似ているようにみえるのは、驚きである。こう想像してもよいだろうか。トゥアレグは、もし今日のデジタル装置（モバイル・フォーン、タブレット、等々）を渡されたら、不断の移動性をともなった「ポストモダン」社会に浸りきるのは楽だと思うだろう、と。

（6）このポイントは Karl-Heinz Dellwo に負っている。

（7）https://www.project-syndicate.org/commentary/lesson-of-populist-rule-in-poland-by-slawomir-sierakowski-2017-01 から引用した。

（8）Wolfgang Streeck, *How Will Capitalism End?* (London: Verso Books, 2016), p. 57.

（9）Rebecca Carson, ‘Fictitious Capital, Personal Power and Social Reproduction’（未発表原稿、二〇一七年）

（10）Ibid.

（11）Ayn Rand, *Atlas Shrugged* (London: Penguin Books, 2007), p. 871.

（12）Nina Power, 'Dissing', *Radical Philosophy* 154, p. 55.

（13）https://www.thelightphone.com/#lpii.

（14）デイヴィッド・ハーヴィ（David Harvey）との私信。

（15）William James, 'On Some Mental Effects of the Earthquake.' http://storyoftheweek.loa.org/2010/08/on-some-mental-effects-ofearthquake.html から引用した。

（16）http://www.businessinsider.com/china-social-credit-score-like-black-mirror-2016-10.

（17）Alfie Bown, *The Playstation Dreamworld*（Polity Press から刊行予定）から引用した。

（18）http://www.theverge.com/2017/3/27/15077864/elon-musk-neuralink-brain-computer-interface-ai-cyborgs.

（19）Julian Assange, *When Google Met WikiLeaks* (New York: OR Books, 2014).

（20）Mike Wehner, 'Scientists remotely hacked a brain, controlling body movements.' http://bgr.com/2017/08/18/brain-hack-science-limb-control/ から引用した。

（21）http://www.cnn.com/2017/10/17/politics/president-donald-trump-alexis-tsipras-greece-evil/index.html.

（22）Jonathan Dickstein and Gautam Basu Thakur, *Lacan and the Posthuman* (London: Palgrave-Macmillan, 2017) を参照。

（23）以下の物語の筋においては、多くの友人、とくに Matthew Flisfeder と Todd MacGowan のアイディアに依拠した部分がある。

（24）Todd MacGowan との私信。

（25）この映画は、ますます完成度が高まっているシリコン製ドールの傾向、すでに急激に発展を遂げているその傾向をたんに応用している。Bryan Appleyard, 'Falling in Love with Sexbots', *Sunday Times*, 22 October 2017, pp. 24-5 を参照されたい。「セックス・ロボットがまもなく現れるかもしれない。また、男性の四〇パーセントは購入を考えている。一方通行の愛は、未来に残された唯一のロマンスかもしれない」。この傾向が強まる理由は、それが実際にはなにも新しいものをもたらさないからである。それは、実在のパートナーを自分の空想の支えに還元するという、男性に典型的にみられる過程を現実化しているにすぎない。

（26）Matthew Flisfeder, 'Blade Runner 2049 in Perspective.'（未刊行の原稿）
（27）Ibid.
（28）Todd MacGowan との私信。
（29）このポイントはモスクワの Peter Strokin に負っている。
（30）https://www.theguardian.com/film/2017/oct/06/blade-runner-2049-dystopian-vision-seen-things-wouldnt-believe から引用した。
（31）https://www.theguardian.com/film/2017/oct/06/blade-runner-2049-dystopian-vision-seen-things-wouldnt-believe から引用した。
（32）わたしの解釈に対する批判のひとつは、予想どおり、わたしはマルクス主義者として、映画のグノーシス主義的な側面を無視している、というものであった。代表的な例をあげよう。

一、名前。ジョシはヨシュア（イエス）に酷似している。ジョシという名前は太陽と関連があり、光をもたらす者を意味する。それはキリスト教や秩序と関連した太陽にかかわるシンボルである。デカードはデカルトと響きが似ている（これはフィリップ・K・ディックの意図であったとどこかに書いてあったが、わたしに確信はない）。ニアンダー・ウォレス。ニアンダー＝新しいひと。ウォレス＝外国人。Kはおそらくカフカの『城』および『審判』から来ている。

二、明確に参照されている宗教およびグノーシス主義。ユダヤ教の伝統では、最初のカップルはリリスとサマエルである。この二人を夫婦とすることは世界の安寧にとってなにかしら危険なので、神は二人を別れさせ、彼らがふたたびいっしょになるのを妨げた、といわれている。彼らがふたたびいっしょになれば、世界の安寧はふたたび脅かされるだろう。グノーシス主義者たちは、キリスト教徒の神は実際には前者がサマエルと呼ぶ盲目の神であると考えた。ウォレスは盲目である。彼は「ゴッド・コンプレックス」をもっていると説明されている。彼のもとには黒天使（ラヴ）がいる。そして彼はレプリカントの繁殖という考えにとりつかれている。彼はまた、レプリカントが人間の代わりとなること、星々と「ストーム・ヘヴン」を征服することを望んでいる。

さらにジョシは、レプリカントが繁殖できるようになれば、それはレプリカントがたましいをもつことを意味し、それによってすべては混乱におちいる、と宣言する（http://thephilosophicalsalon.com/blade-runner-2049-a-view-of-post-human-capitalism/ における Cosmin Visan を参照）。

ざっくばらんにいえば、わたしにこうしたポイントにさして興味をもっていない。容赦のないアパルトヘイト推進者であるジョシがヨシュア／イエスおよびキリスト教的秩序を表しているのだとして、それはいったいいかなる類のキリスト教なのか。トランプを支持するオルタナ右翼のキリスト教なのか。デカードとレイチェルがサマエルとリリスにつながるカップルであるとして、前者のつがいによって発生する脅威は、いかなる意味で、後者のつがいによって発生する脅威と比較できるのか。等々、疑問が浮かぶのである。

第二章　権力の気まぐれ

（1）http://www.marxistsfr.org/ebooks/lenin/state-and-revolution.pdf から引用した。〔レーニン『国家と革命』角田安正訳、講談社学術文庫、二〇一一年、一六四—五頁〕
（2）Ibid.〔前掲書、一六四—五頁〕
（3）Ibid.〔前掲書、一六七—八頁〕
（4）Jacques Lacan, 'La Troisième', in *La Cause Freudienne* (Paris, 2011), 79, p. 32.
（5）Jean-Claude Milner, 'Back and Forth from Letter to Homophony', in *Problemi International* no. 1 (Ljubljana, 2017), p. 96.
（6）Ibid., p. 97.
（7）Ibid., pp. 96-7.
（8）http://www.independent.co.uk/news/science/fury-at-dna-pioneers-theory-africans-are-less-intelligent-than-

westerners-394898.html を参照。

（9）http://www.marxistsfr.org/ebooks/lenin/state-and-revolution.pdf から引用した。〔レーニン『国家と革命』九三、九五頁〕

（10）Jean-Claude Milner, *Relire la Revolution* (Lagrasse: Verdier 2016), p. 246.

（11）Jean-Claude Milner, 'The Prince and the Revolutionary.' http://crisiscritique.org/ccmarch/milner.pdf から引用した。

（12）Louis Antoine de Saint-Just, 'Rapport sur les factions de l'étranger' , in *Œuvres complètes* (Paris: Gallimard 2004), p. 695.

（13）ヘーゲルの『論理学』とマルクスの『資本論』との関係に関して、われわれは、感傷的に判断してはいけないし、ヘーゲルの『論理学』を読んでいない者は『資本論』を理解できないというレーニンの言葉に畏怖の念を抱いてもいけない。レーニン自身は『論理学』を読んでいたが、実際には理解していなかった（彼は交互作用 *Wechselwirkung* というカテゴリーにつまずいたのだった）。加えて、彼は実際には『資本論』も理解していなかった。ここでは事態を正確にとらえるべきである。レーニンが理解できなかったのは、マルクスによる経済学批判の「超越論的」——あえてこの言葉を使おう——側面である。すなわち、マルクスの『経済学批判』はたんに経済学に関する批判的分析ではなく、同時に、資本主義における社会的存在全体（イデオロギーをふくむ）の基本的な輪郭を描くことを可能にするある種の超越論的な形式でもある、という事実である。

（14）Milner, 'The Prince and the Revolutionary.'

（15）https://www.haujournal.org/index.php/hau/article/view/hau7.2.021/2980 から引用した。

（16）Milner, 'The Prince and the Revolutionary.'

（17）Yannis Varoufakis, *Adults in the Room* (London: Penguin, 2017), p. 6.

（18）Ernest Mandel, *Trotsky as Alternative* (London: Verso Books, 1995), p. 81.

（19）http://french.about.com/od/grammar/a/negation_form_2.htm を参照。

（20）Kojin Karatani, *Transcritique: On Kant and Marx* (Cambridge, MA: MIT Press, 2003), p. 183.〔柄谷行人『トランスクリティーク——カントとマルクス』批評空間、二〇〇一年、二七〇頁〕

(21) https://www.theguardian.com/commentisfree/2017/apr/25/le-pen-far-right-holocaust-revisionist-macron-left.

(22) http://www.spiegel.de/international/europe/interview-with-french-president-emmanuel-macron-a-1172745-2.html から引用した。

(23) https://www.theguardian.com/film/2017/nov/26/susan-sarandon-i-thought-hillary-was-very-dangerous-if-shed-won-wed-be-at-war を参照。だが『ガーディアン』はこのあとすぐジェイムズ・ルービンによるリベラルな立場からの反撃を載せ、『ガーディアン』たるところをみせた。https://www.theguardian.com/us-news/2017/nov/28/susan-sarandon-is-wrong-about-hillary-clinton.

(24) https://www.project-syndicate.org/commentary/poland-hungary-authoritarian-appeasement-by-slawomir-sierakowski-2017-06 を参照。

(25) https://www.marxists.org/reference/archive/mao/selected-works/volume-8/mswv8_34.htm から引用した。

(26) https://visegradpost.com/en/2017/10/25/viktor-orban-designates-globalization-and-financial-speculators-as-threats-for-identity/.

(27) このオルバン批判に触発されて、保守派は次々と反応した。彼らはわたしをこう非難した。わたしは難民をめぐるあらゆる問題を無視し、難民のヨーロッパへの流入を単純に許容している。これは周知のとおりヨーロッパの終焉につながる、と。わたしを敵視するひとたちは、完全にポイントを見落としている。わたしは問題（難民とヨーロッパとのあいだの文化的齟齬など）を十分認識している。それゆえ、わたしは左翼リベラルからも意地悪く攻撃されるのである。わたしはこう主張したい。ここでは議論にタブーを設けるべきではない（移民の流入がなにか得体の知れない計画の一端であるかを探求することも許されるべきである）。だが、その一方で、ここから反ユダヤ的／反イスラム的な陰謀論へとすすむのは、大きな飛躍である、と。ふたたびラカンに即していえば、こうなる。難民の流入がたとえヨーロッパを不安定化するための邪悪な陰謀の一端であるとしても、それによって、オルバンと他のヨーロッパ諸国にいる彼の仲間によって喧伝された反ユダヤ的／反イスラム的イデオロギーは正当化されることはけっしてない。このイデオロギーはそれ自体、間違っている。それは、部分的に正確であるかいなかに関係なく、それ自体、本質的に病理的なのである、と。

(28) David Wallace-Wells, 'Uninhabitable Earth', *New York Magazine*, 9 July 2017. http://nymag.com/daily/intelligencer/2017/07/climate-change-earth-too-hot-for-humans.html で閲覧可能。

(29) 'Billionaire bunkers: How the 1% are preparing for the apocalypse.' http://edition.cnn.com/style/article/doomsday-luxury-bunkers/index.html で閲覧可能。

(30) Bernie Sanders, 'The Republican budget is a gift to billionaires: it's Robin Hood in reverse.' https://www.theguardian.com/commentisfree/2017/oct/16/republican-budget-gift-billionaires-bernie-sanders で閲覧可能。

(31) Jamie Peck. https://www.theguardian.com/commentisfree/2017/oct/20/womens-convention-bernie-sanders で閲覧可能。

(32) https://foreignpolicymag.files.wordpress.com/2018/05/cdu.jpg?w=1500&h=1000&crop=0,0,0,0.

(33) http://yanisvaroufakis.eu/2012/02/14/the-global-minotaur-interviewed-by-naked-capitalism/#more-1753 から引用した。

(34) https://www.theguardian.com/world/2018/may/11/europe-prepares-countermeasures-against-us-iran-sanctions.

(35) https://www.theguardian.com/commentisfree/2018/jun/02/roseanne-barr-working-class-voice-vanishes-tv を参照。

(36) Ibid.

(37) Ibid.

(38) Ibid.

(39) Yanis Varoufakis. https://www.theguardian.com/commentisfree/2018/jun/11/trump-world-order-who-will-stop-him から引用した。

(40) Milner, *Relire la Revolution*, p. 259.

(41) Ibid., pp. 260-1.

(42) Neil Harding, *Leninism* (Durham: Duke University Press, 1996), p. 309 から引用した。

(43) Ibid., p. 152.

(44) Ibid., p. 87.

（45）Ibid.
（46）http://tomclarkblog.blogspot.com/2010/12/curzio-malaparte-bolshevik-coup-detat.html から引用した。
（47）Ibid.
（48）https://archive.org/stream/CurzioMalaparteTechnique-CoupDEtatTheTechniqueOfRevolution/Curzio+Malaparte+-+Technique+Coup+D%27Etat+-+The+Technique+Of+Revolution_djvu.txt から引用した。

第三章　アイデンティティから普遍性へ

（1）Robert Barnard, *A Talent to Deceive: An Appreciation of Agatha Christie* (London: Fontana Books, 1990), p. 202.
（2）Bernard Brščič, 'George Soros is one of the most depraved and dangerous people of our time'（言語はスロヴェニア語）, *Demokracija*, 25 August 2016, p. 15 から引用した。
（3）アレンカ・ジュパンチッチ（Alenka Zupančič）（私信）
（4）エルサレムをイスラエルの首都として認めるというトランプの決定でさえ、このシオニズム的反ユダヤ主義の論理に完全に合致している。
（5）ちなみに、わたしは『今日のロシア』（*Russia Today*）のウェブサイトにときおりコメントを寄せているので、「自由を守る」という理想を掲げる、「〈ヨーロッパ的価値観〉」と呼ばれる奇妙な団体によって、プーチンの「役に立つ馬鹿たち」のリストに載せられていた。人生に驚きは付き物である。わたしはプーチンを批判してきただけでなく、彼に「プートガン」という名前を付けた（プーチンとエルドガンの合成である）。そして、繰り返し、かたくなにヨーロッパの伝統の核にある解放的な力を擁護してきた。それなのに、わたしはいまやプーチンの「役に立つ馬鹿」なのである！　ともあれ、ひとつだけ確実にいえることは、〈ヨーロッパ的価値観〉の連中は役立たずの馬鹿である、ということだ。
（6）V. I. Lenin, 'The Right of Nations to Self-Determination' (1914), in *Collected Works*, Vol. 20 (Moscow: Progress

Publishers, 1972), pp. 303-454 を参照。
（7）http://www.pbs.org/wgbh/amex/brown/filmmore/reference/interview/washington05.html におけるマーガレット・ワシントン（Margaret Washington）。
（8）Jamil Khader, ‘Against Trump’s White Supremacy: Embracing the Enlightenment, Renouncing Anti-Eurocentrism’ を参照（未発表原稿から引用した）。
（9）リベラルな政治的公正の言論に対する冷酷な批判的分析については、Reni Eddo-Lodge, *Why I’m No Longer Talking to White Men About Race* (London: Bloomsbury, 2017) を参照。
（10）Jamil Khader, ‘Against Trump’s Supremacy.’
（11）https://cominsitu.wordpress.com/2017/07/05/the-myth-of-cultural-appropriation/ から引用した。
（12）Michaele L. Ferguson, ‘Neoliberal feminism as political ideology’, *Journal of Political Ideologies*, Vol. 22, No 3 を参照。
（13）Ibid.
（14）Ibid.
（15）このはなしとその解釈は、アレンカ・ジュパンチッチに負っている。
（16）http://www.identitytheory.com/interview-john-summers-baffler/ を参照。
（17）https://www.theguardian.com/society/2018/mar/01/how-americas-identity-politics-went-from-inclusion-to-division から引用した。
（18）このアイディアはムラーデン・ドラーが示唆してくれた。
（19）https://www.theguardian.com/world/2018/may/07/viktor-orban-hungary-preserve-christian-culture から引用した。
（20）Claude-Lévi Strauss, *Structural Anthropology* 2 (Chicago: University of Chicago Press, 1983) を参照。
（21）Wang Lixiong and Tsering Shakya, *The Struggle for Tibet* (London: Verso Books, 2009), p. 77.
（22）特定の生息環境を保全したい環境主義者と、スコットランドのこうした生息環境で居住している現実の人々とのあいだの対立については、以下の文献で明快に説明されているので参照されたい。James Hunter, *On the*

Other Side of Sorrow (Edinburgh: Birlinn, 2014).

（23）Ramesh Srinivasan, *Whose Global Village? Rethinking How Technology Shapes Our World* (New York: New York University Press, 2017) を参照。

（24）Ibid., p. 209.

（25）Ibid., p. 213.

（26）Ibid., p. 224.

（27）Susan Buck-Morss, *Hegel, Haiti, and Universal History* (Pittsburgh: University of Pittsburgh Press, 2009), p. 151.

（28）Ibid., p. 133.

（29）Ibid., pp. 138-9.

第四章　エルンスト・ルビッチ、セックス、間接性

（1）https://www.theguardian.com/lifeandstyle/2018/mar/17/elena-ferrante-even-after-century-of-feminism-cant-be-ourselves を参照。

（2）以下に続く部分で、わたしは、二〇一七年一月二十八日にベルリンのキーノ・バビロンで開催されたルビッチをめぐる協同討議の場での、ユーヴァル・クレムニッツァ（Yuval Kremnitzer）のすばらしい発言に依拠している。

（3）このポイントはイェラ・クレチッチ（Jela Krečič）に負っている。

（4）Guillermo Arriaga, *21 Grams* (London: Faber and Faber, 2003) p. 107.

（5）http://news2read.com/lifestyle/1736162/carnality-and-consent-how-to-navigate-sex-in-the-modern-world# から引用した。

（6）http://www.bbc.com/news/world-us-canada-43218355 から引用した。

(7) https://www.theguardian.com/books/2018/jan/23/germaine-greer-criticises-whingeing-metoo-movement と https://www.theguardian.com/books/2018/jan/23/germaine-greer-criticises-whingeing-metoo-movement を参照。

(8) Robert Pfaller, *Das schmutzige Heilige und die reine Vernunft* (Frankfurt: Fischer Verlag, 2012).

(9) Joseph Kerman, *Opera as Drama* (Berkeley: University of California Press, 1988).

(10) 本書の一一三―四頁〔原書の pp. 66-7〕を参照。

(11) Moshe Lewin, *Lenin's Last Struggle* (Ann Arbor: University of Michigan Press, 2005)(一九六八年に出版された、フランス語で書かれた原書の英訳)を参照。

(12) Ibid., p. 84.

(13) Ibid., p. 132.

(14) 'Better Few, But Better.' www.marxists.org/archive/lenin/works/1923/mar/02.htm で閲覧可能。

(15) この考えはイェラ・クレチッチに負っている。

(16) ちなみに、ミアとセバスチャンの傍若無人ぶりは、二つの出来事によって明確に示されている。ミアがセバスチャンとのデートに遅れて、映画上映中の映画館で彼を探すとき、彼女はスクリーンの前に立ち、聴衆に迷惑をかけることなどおかまいなしに、彼の名前を叫ぶ。セブがボールダーにいる彼女を訪ねたとき、彼は彼女の両親の家の前に車を止め、休息している近隣住民に迷惑をかけることなどおかまいなしに、やかましくクラクションを鳴らす。

(17) わたしの解釈は Duane Rousselle(https://dingpolitik.wordpress.com/2018/02/17/black-panther-as-empty-container/)、Christopher Lebron (http://bostonreview.net/race/christopher-lebron-black-panther)、そしてトッド・マクゴワン (Todd McGowan)とのEメールのやりとりに依拠している。

(18) https://en.wikipedia.org/wiki/Black_Panther_(film) をもとに、まとめ直したものである。

(19) われわれは、単純ではあるが核心を突いた問いを考慮していない。ワカンダはその政治的構造からみてどのような国なのか。それは明らかに君主制であり、そこでは王がその側近のエリートたちに相談したのちに政治的決定を下す。ここには、人民の意志を参照する仕組みはない。では、経済的構造についてはどうか。映画は完全にこの部分を無視している。ワカンダの繁栄の基盤である（超）自然の富は、誰が管理しているのか。いうまでもなく、それはやはり王とその側近である……。

（20）そして、この結論はわれわれをレーニンに連れもどす。レーニンは敵と容赦なく戦う覚悟ができていた。だが、闘争が終わったとき、彼はけっして政治的対立と個人的うらみとを混同しなかった。それどころか、彼は敗者となった敵を助けたのである。この政治的対立と個人的うらみとのあいだのへだたりを、スターリンは完全に消し去った。彼にとって「政治的なことは個人的なこと」というモットーは、そのままの破廉恥な意味で真実であった。

結論――われわれはいつまでグローバルに行動し、ローカルに考えられるのか

（1）https://www.marxists.org/reference/archive/hegel/works/ae/part2-section3.htm#c3-3-b から引用した。〔G・W・F・ヘーゲル『美学講義　中巻』長谷川宏訳、作品社、一九九六年、一九七頁〕

（2）https://www.marxists.org/reference/archive/hegel/works/hp/hpsocrates.htm から引用した。

（3）https://monoskop.org/images/0/05/Hegel_GWF_Aesthetics_Lectures_on_Fine_Art_Vol_1_1975.pdf から引用した。

（4）Alenka Zupančič, 'Back to the Future of Europe.'（未発表原稿）

（5）http://www.latimes.com/opinion/op-ed/la-oe-marche-left-fake-news-problem-comedy-20170106-story.html.

（6）David Rennie, 'How Soviet sub officer saved world from nuclear conflict', *Daily Telegraph*, 14 October 2002.

（7）https://www.independent.co.uk/arts-entertainment/tv/news/susan-sarandon-hillary-clinton-america-war-president-donald-trump-feud-bette-and-joan-a8077651.html から引用した。

（8）Jonathan Brent and Vladimir P. Naumov, *Stalin's Last Crime* (New York: HarperCollins, 2003), p. 307.

（9）Ibid., p. 297.

（10）http://abcnews.go.com/International/russian-president-vladimir-putin-unveils-nuclear-weapons-listen/story?id=53435150 を参照。
（11）Alain Badiou, *Je vous sais si nombreux* ... (Paris: Fayard, 2017), pp. 56-7.
（12）http://www.newsweek.com/egypt-atheism-illegal-crackdown-non-believers-religion-islam-772471.
（13）https://www.egypttoday.com/Article/2/40633/OPINION-The-atheists-are-coming.
（14）https://www.theguardian.com/news/2018/mar/17/data-war-whistleblower-christopher-wylie-faceook-nix-bannon-trump を参照。
（15）この苦境の的確な分析としては、Laurent de Sutter, *Narcocapitalism* (Cambridge: Polity Press, 2018) を参照。
（16）http://th-rough.eu/writers/bifo-eng/journey-seoul- 1 から引用した。
（17）フランク・ルーダ（Frank Ruda）との私信。本章における注番号の付いていない引用は、すべてここからのものである。
（18）Robert Pippin, ‘Hegel on the Varieties of Social Subjectivity’, in *German Idealism Today,* ed. Markus Gabriel and Anders Moe Rasmussen (Boston: De Gruyter, 2017), pp. 132-3.
（19）*America Day by Day* の1節。Stella Sandford, *How to Read Beauvoir* (London: Granta Books, 2006), p. 42 から引用した。
（20）Ibid., p. 49.
（21）https://www.theguardian.com/world/2017/dec/08/lead-us-not-into-mistranslation-pope-wants-lords-prayer-changed.
（22）Soren Kierkegaard, *Fear and Trembling* (Princeton: Princeton University Press, 1983), p. 115.
（23）Pippin, ‘Hegel on the Varieties of Social Subjectivity’, pp. 134-5.
（24）http://www.newyorker.com/culture/persons-of-interest/the-return-of-tony-blair から引用した。

訳者あとがき

ポストヒューマニティへの移行をそのひとつの相とする「社会の根本的な変化」は「真昼の盗人のように」起こるとジジェクはいうが、「真昼の盗人」とはそもそもどのような存在だろうか。ここで思い出されるのは、ジジェクが『暴力――6つの斜めからの省察』（青土社、二〇一〇年）の冒頭でふれている「泥棒ではないかと疑われた工員をめぐる」小話である。「毎晩、仕事を終えた彼は、工場を出るとき、手押し車を入念に調べられた。が、守衛はなにも発見できない。手押し車はいつもからなのである。しかし、ついに謎が解ける。工員が盗んでいたのは、手押し車そのものだった……」。この工員は「真昼の盗人」の恰好の例ではないか。盗人は普通夜やって来る。彼は盗みを見られないために夜陰に身を隠す。それに対して、真昼の盗人は盗みを見られているのに、盗人として認識されない。『暴力』において真昼の盗人は暴力の隠喩であったが（システムや言語といった「客観的暴力」は目の前にあるのに暴力として認識されない）、本書では、それをグローバル資本主義の隠喩としている。資本主義の崩壊は公然と起こっているのに、それとして認識されない。工員のいっけんまじめな仕事ぶりが盗みそのものであるように、グローバル資本主義のいっけん強力な支配と発展はポスト資本主義そのものである。このことを見抜くために必要なのは、冷徹な「情勢」分析と……何だろうか。この盗み＝崩壊が白昼堂々と進行しているのにそれを見えなくしているもの、つまりイデオロギーを批判することである。

ジジェクは四章構成をとる本書を、三幕の悲劇と一幕の喜劇になぞらえている。なるほど「ポストヒューマニティ時代」の「情勢」は悲劇の様相を呈していなくもない。オイディプスは自分の行為があだとなって破滅する。だが、彼はそのことを、行為した時点では知らない。同じことは人間にもいえないか。人間はあらゆる分野においてデジタル化（生物学的知能とデジタル知能との融合、デジタル・ネットワークによる人間存在の外在化……）を推し進める。この営為は人間の終焉をもたらすだろう。だが、人間はそのことを、オイディプスのようにあくまであとになってから知るのである。ただし、この隠喩としての悲劇にそれほどこだわる必要はない。「ポストヒューマニティ時代」が仮に悲劇と呼びうる何かを帯びているのだとしても、それが人間の終焉に対するあわれみとおそれの感情のカタルシスを達成しているかどうかは、わからないのだから。

むしろ重要なのは喜劇という隠喩のほうかもしれない。それはもちろん第四章がエルンスト・ルビッチを扱っていることを意味しているが、本書にはもうひとつ喜劇的といえるものがないか。それはほかでもないイデオロギー批判である。『暴力』においてジジェクは、『ロミオとジュリエット』という悲劇のなかにあってその枠組みをぶちこわすような人物マーキューシオのせりふをもじって「リベラリズムか、原理主義か、どっちもくたばれ！」といった。この姿勢は本書でも変わらない。重要なのは、その批判がけっして対象をその外側からたたく批判ではない、ということとだ。それは一言でいえば、対象それ自体に内在する否定性を明るみに出す「客観的ユーモア」のかたちをとる。たとえばルサンチマンに駆られた宗教的原理主義は、本来他者に対するねたみとは無縁の（合衆国のアーミッシュのような）「真の原理主義」を裏切っている。他文化に対して寛容な多文化主義は、実は他者に対する優越性の感覚に支えられている……というふうに。思うに、本書における「契約セックス」をめぐる分析——それは端的にいって笑える——はこの「客観的ユーモア」の類まれな実践である。

『絶望する勇気——グローバル資本主義・原理主義・ポピュリズム』（青土社、二〇一八年）の第二部は、「イデオロギーの影絵芝居」と名付けられていた。ジジェク自身はなんの説明もしていないが、ほのめかされているのはプラトンの洞窟の比喩であると考えられる。イデオロギーにどっぷりつかったわれわれは、いわば洞窟に住まう囚人のように、後方からさす火の光によって前方の壁に投影された様々な器物の影を見ているにすぎない、というわけである。このほのめかしの意図は、本書において遅ればせながら明らかになったというべきだろう。というのも本書の結論部では、このイデオロギーの洞窟からの退出がどうすれば可能となるかが論じられているからである。それに必要なのはヘーゲルおよびラカンのいう「主人」である、と。

議論の詳細は本書を参照されたいが、重要なポイントはこの「主人」が精神分析セッションにおける分析家のような存在として規定されていることである。これを奇異だと思う読者もいるかもしれないが、これはまさにフロイトに忠実な議論ではないか。フロイトはいっている。「精神分析治療の意図は、自我を強め、自我を超自我からさらに独立させ、自我の認識領域を拡大し、自我の組織を完成し、その結果自我がエスの新しい諸部分を獲得できるようにするということにあるのです。かつてエスであったものを自我にしなければならないのです。それはたとえばオランダのゾイデル海干拓のような文化事業なのです」（『精神分析入門（下）』高橋義孝・下坂幸三訳、新潮文庫、三二八頁）。ジジェクの依拠するフランク・ルーダによれば、「主人」とはわたしを洞窟から追い出して「わたしを私自身に連れもどす」存在なのだが、この「私自身」をよくいわれる「本来のわたし」、なんらかの文化に基づくセルフ－アイデンティティ、ましてやエゴイズムや個人主義の強化などと取り違えてはならない。私見を述べれば、ここでいう「私自身」とは、「エス」という「心的領域における自我とは無縁の部分」のあったところに存立するわたしだからである。ルーダがこの「私自身」への回帰を自分の「知らなかったことを思い出す」というプラトンの想起《アナムネーシス》になぞらえているのは、そのためであろう。

「主人」を通じた「洞窟」からの退出は、すくなくとも二つのことをもたらす。ひとつはより大胆なセクシュアリティに関与せよ、消費者として自由に選択しエンジョイせよ、法やルールを侵犯せよ、といった命令でわれわれをさいなむ、ポストモダン的な超自我からの独立。もうひとつはジジェクのいう「普遍性の獲得」である。ここでは本書で言及されているひとつの例にふれるにとどめよう。この「普遍性の獲得」は「マルコム・XがXという名前を自分につけたときに追求した明察」であるとジジェクはいうのだが、わたしの考えでは、このX——黒人に自分自身を再発明する唯一無二のチャンスを与えるルーツの喪失状態——とは「エス」のことであり、それはマルコムにとっての「ゾイデル海」にほかならなかったのである。

「ポストヒューマニティ」という語の接頭辞「ポスト」によって開かれる地平がこの「エス」のようなものであるとしたら、どうだろうか。この「エス」、いわば人類にとっての「ゾイデル海」において人類が新たな「文化事業」をはじめねばならないのだとしたら、そしてそのためには「ポストヒューマニティ時代の権刀」にあらがわねばならないのだとしたら、どうだろうか。本書はこうしたジジェク的修辞疑問（「そうであってかまうものか」）を暗黙裡に提示しつつ、さらにそれを字義通りの問いかけ（「そうだとすれば、われわれはどうなるのか」）として引き受けることをわれわれに強いる。

『絶望する勇気』と同様に本書においても草稿を点検する段階で乙幡千聡さんの協力を得ることができた。厚く感謝したい。

『真昼の盗人のように』はここで素描した以外の点からみても『絶望する勇気』の続編としての側面をもっている。この二冊が約一年のあいだをおいてそろって邦訳出版されたことの意義はその意味でも大きい。それは担当編集者である足立朋也さんの、本書の価値を見抜いたうえでの決断が可能にしたことである。

二〇一九年六月

中山徹

ま行

ら行

わ行

た行

な行

は行

主要人名索引

［著者］スラヴォイ・ジジェク　Slavoj Žižek
1949年スロヴェニア生まれ。哲学者。リュブリャナ大学社会科学研究所上級研究員、ロンドン大学バークベック人文学研究所インターナショナル・ディレクター。ラカン派精神分析学と共産主義を武器に、哲学や政治理論における新地平を切り拓き、文学や映画を縦横無尽に論じている。

［訳者］中山　徹（なかやま・とおる）
1968年茨城県生まれ。専門はイギリス文学。一橋大学大学院言語社会研究科教授。単著『ジョイスの反美学』（彩流社）のほか、『脆弱なる絶対』『操り人形と小人』『暴力：6つの斜めからの省察』『絶望する勇気』（いずれも青土社）などスラヴォイ・ジジェクの翻訳を多数手掛ける。

真昼《まひる》の盗人《ぬすっと》のように　ポストヒューマニティ時代《じだい》の権力《けんりょく》

2019年7月18日　第1刷印刷
2019年7月30日　第1刷発行

著　者　スラヴォイ・ジジェク
訳　者　中山 徹

発行者　清水一人
発行所　青土社
〒101-0051　東京都千代田区神田神保町1-29　市瀬ビル
電話　03-3291-9831（編集部）　03-3294-7829（営業部）
振替　00190-7-192955

印　刷　ディグ
製　本　ディグ

装　幀　今垣知沙子

Printed in Japan　ISBN978-4-7917-7183-7